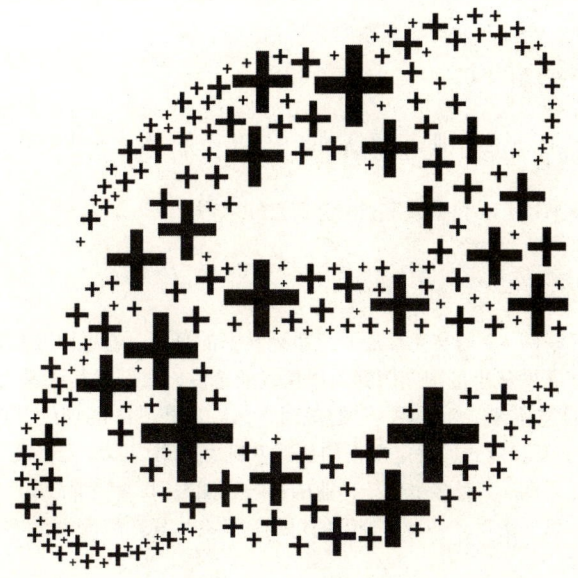

"互联网+"与文化发展研究系列丛书

重构·颠覆
文化产业变革中的互联网精神

文化部"十三五"时期文化改革发展规划重大课题

范周 著

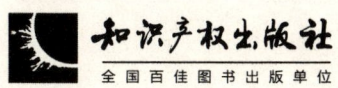

全国百佳图书出版单位

图书在版编目（CIP）数据

重构·颠覆：文化产业变革中的互联网精神／范周著 . — 北京：知识产权出版社，2016.1

（"互联网+"与文化发展研究系列丛书／范周主编）

ISBN 978-7-5130-3902-4

Ⅰ.①重… Ⅱ.①范… Ⅲ.①互联网络—文化产业—研究—中国 Ⅳ.① G124

中国版本图书馆 CIP 数据核字（2015）第 271343 号

内容提要

本书为"互联网+"与文化发展研究系列丛书的总卷，通过回顾互联网在我国的发展历程，展现互联网从小范围应用到大规模发展背后，我们对其认识上的阶段性特点。在此基础上，通过梳理"互联网+"的提出背景，寻找其中的理论支撑，提出本书对"互联网+"的定义和范式，奠定全书的论述基础。全书内容丰富，案例鲜活，有血有肉，涵盖了"互联网+"对多个传统行业的影响和颠覆时，特别强调了对文化产业的变革，可读性强，思想性强，是一本难得的对现实具有指导性的读物。

责任编辑：李石华　　　　　　　　　　　责任出版：孙婷婷

重构·颠覆：文化产业变革中的互联网精神
CHONGGOU DIANFU : WENHUA CHANYE BIANGE ZHONG DE HULIANWANG JINGSHEN

范　周　著

出版发行：知识产权出版社 有限责任公司		网　　址：http://www.ipph.cn
电　　话：010-82004826		http://www.laichushu.com
社　　址：北京市海淀区马甸南村 1 号		邮　　编：100088
责编电话：010-82000860转8072		责编邮箱：303220466@qq.com
发行电话：010-82000860转8101/8029		发行传真：010-82000893/82005070
印　　刷：保定市中画美凯印刷有限公司		经　　销：各大网上书店、新华书店及相关书店
开　　本：720mm×1000mm　1/16		印　　张：25
版　　次：2016年1月第1版		印　　次：2016年1月第1次印刷
字　　数：350千字		定　　价：45.00元

ISBN 978-7-5130-3902-4

出版权专有　　侵权必究

如有印装质量问题，本社负责调换。

自 序

互联网进入中国的时间,算起来不过短短 20 多年[1],回顾过去,网络发展之迅猛、普及之广泛、影响之深远都大大超出人们的想象。网络技术更新换代的速度令人目不暇接,互联网的影响力从虚拟向现实辐射,各种新兴业态和商业模式从网络经济的范畴延伸到实体经济,并与传统产业融合,形成了一种与过去生产和消费方式迥异的新经济形态。

2015 年 3 月,国务院总理李克强在《政府工作报告》"新兴产业和新兴业态是竞争高地"中提到:"制定'互联网+'行动计划,推动移动互联网、云计算、大数据、物联网等与现代制造业结合,促进电子商务、工业互联网和互联网金融健康发展,引导互联网企业拓展国际市场。"这是"互联网+"首次出现在政府的官方文件中,标志着"互联网+"被纳入国家经济的顶层设计,不仅对中国的互联网行业有推动作用,更对中国经济社会的创新发展有重大意义。在我国经济发展新常态的宏观背景下,经济发展方式由要素驱动、投资驱动转向创新驱动已成为客观要求。从这个角度看,"互联网+"不是简单地以网络技术为手段,发挥互联网的工具性

---

[1] 1994 年 4 月,中关村地区教育与科研示范网络工程进入 Internet,从此中国被国际上正式承认为有 Internet 的国家。

效用，而是要在发展理念、运作模式、商业文明等深层次领域里实现互联网与传统行业的对接，引领了创新驱动发展的"新常态"。2015年中央经济工作会议提出，要在适度扩大总需求的同时，提高供给体系的质量和效率，供给侧结构性改革成为适应和引领经济发展新常态的重大创新。在今年的世界互联网大会上，"供给侧改革"也被频频提及。事实上，很多互联网领域的企业在这方面已经开始了实践。以电子商务为例，很多企业通过收集消费者的点击数据、咨询数据、销售数据等作为评价消费者偏好的依据，进而调整企业的生产结构，构建全新的供应链，这让"扩大有效供给"这一经济发展新举措找到了坚实的基础。

与此同时，文化产业的发展同样面临着新的形势和要求。近年来，我国文化产业在政府大力支持、企业的积极推动下，保持高位发展的状态，文化产品不断丰富，文化市场体系基本建立，群众文化需求基本得到满足。文化产业在发展过程中所表现出的短板也不断显现，如何找寻并明确其内生性增长动力机制，成为文化产业进一步发展的关键。随着互联网、移动互联网的不断普及与应用，"互联网+"所表现出的高渗透性、高创新性与文化产业的发展有着密不可分的关系。互联网与文化发展中的各个行业门类的融合激荡，均表现出颠覆和重构的趋势特征。"互联网+"作为新常态下引领创新驱动发展的重要力量，为中国文化产业的发展创造了新的机遇。

因此，深入探讨"互联网+"的内涵与外延、全面分析世界各国互联网与传统产业融合发展的竞争态势、深入解剖当下"互联网+"对文化事业和文化产业各门类服务模式、生产模式、传播营销模式、人才培养模式、文化消费构成等固有模式的颠覆性影响，既是文化产业自身实现转型升级的内在需要，也是引导文化消费、满足人民群众多样文化需求的必然选择，更是研判中国文化发展的未来趋势、为文化产业与"互联网+"的联姻奠定初步理论基础、提供实际借鉴的重要手段和方法。

时下，越来越多的人开始加入到"互联网+"的研究阵营中来，"互联网+"已经从行业热词正式升级为全民热词。关于何为"互联网+"，学界和业界基于自身的研究领域和所处行业,均从不同的角度阐释了这个问题。由于涉及门类众多,影响范围广泛,研究层次多样,目前尚没有统一的答案。

在吸纳众多专家学者研究经验的基础上,通过梳理我国互联网发展历程和各领域对"互联网+"的认识、考察国内国外互联网与传统产业和新兴产业的融合态势,本书就此提出观点:"互联网+"指的是以终端、软件、网络三大技术的创新和相关基础设施的安装为基础,充分发挥信息在资源配置中的作用,将互联网成果与业已成型产业链上的各个环节深度融合,并由此拓展,广泛作用于经济、政治、社会、文化等诸多领域的一种社会运行状态。在当前经济语境下,其核心是以虚拟信息的不间断交换置换实体经济的效率损耗,延缓经济增速的下降趋势,提升实体经济的生产力和创造力。

在这个定义中,我试图从技术基础、本质特点、实现路径、最终形态、现实意义等五个方面阐述"互联网+"的内涵。一方面,信息要素在"互联网+"中所发挥的作用不容置疑,互联网与产业链环节的深度融合,其核心就是要充分发挥信息这一核心要素在资源配置中的作用。另一方面,上述定义也强调了这样一个潜在事实:"互联网+"对社会的影响是一场寓大于小的渐进式的改革:纵向上,从微观的行业改进,到中观的产业革新,再到宏观的经济运行状态重构;横向上,从商业模式的优化,到体制机制的调整,再到社会文化和精神的嬗变。简言之,我认为"互联网+"的进程具有阶段性的特点,在具体过程中,大致可以分为三个阶段,即:从互联网对传统产业的改良和新兴业态的出现,到社会供需关系的巨大调整,再到机制体制的倒逼式改革、互联网化社会雏形的显现,最终未来社会将很有可能不存在互联网企业与非互联网企业之分,而是形成具有普遍互联网思维特点的社会组织形态,此时社会生产力得到极大提高,互联网成为社会进步与革新的基础。

伴随着诸多网络热词的出现,很多人将"互联网+"看作是一时的风潮,仍然将其看作是单纯的工具应用,并没有充分认识到"互联网+"在社会经济变革中所蕴藏的潜力。对此，我认为"互联网+"作为经济新常态下的时代命题，有其一定的历史必然性。马克思主义理论认为：历史上一些重大而又关键的技术进步、生产力飞跃，往往会导致生产关系的大幅度甚至根本性的调整。毋庸置疑，互联网在促进生产效率、产业结构升级等方面已经展现出了极为重要的促进作用。不仅如此，在新型城镇化的背景下，互联网也将成为促进城市发展、改善城市管理现状、提升城市发展质量的内在要求。对于城市建设而言说，互联网不仅是一种思维方式，还提供了不少技术手段。在2015年12月20日召开的中央城市工作会议上，中央力挺智慧城市的建设，强调要加强城市管理数字化平台建设和功能整合，建设综合性城市管理数据库，发展民生服务智慧应用。从这个角度看，互联网与城市发展进程已紧密相连。本书通过回顾互联网在我国的发展历程，从思维方式、社会治理、商业模式、生活方式等角度阐述"互联网+"对社会发展产生的方方面面的影响。其中，"互联网+"所带来的思维方式的变化是最为根本性的，这也从另一个侧面佐证了"互联网+"对社会经济发展发挥作用有其特殊的内在机制。

现如今，"开放、平等、协作、分享"的互联网精神正在潜移默化地影响着各个门类的传统行业。本书选取制造业、零售业、物流业、通信业、餐饮业等10个领域，从文化视角探讨"互联网+"是如何对各行各业产生颠覆性影响的，为我们深刻理解"互联网+"的机制和作用提供了重要参考。同时，在全球网络竞争日趋激烈的背景下，与国际进行对标是我国进一步提升网络实力的重要前提。因此，本书从亚洲、欧洲、美洲、大洋洲、非洲五大洲选取了14个具有代表性的国家，结合各国独特的经济发展、社会基础、科技条件、人文环境等国情，勾勒出了一幅全球互联网与传统行业融合发展的文化地图，为我们进一步开展"互联网+"的研究提供真实客观的样本，也再一次为"互联网+"在当代世界发展中所具有的现实可能性提供依据。作为一名文化研究领域的学者，我更加关注文化领域在"互联网+"背景下所面临的新形势，这也是本书之所以取名"颠覆·重构——文化产业变革中的互联网精神"的原因。本书通过对互联网与阅读、公共文化、影视、动漫、游戏、旅游等文化产业相关联领域融合发展的全景式扫描，并与国家战略相结合，展现出互联网在文化产业自身转型升级过程中的引领性作用。

一言以蔽之，本书一则在时间上回溯了互联网在我国从萌芽到大规模应用的发展过程，以期反映国人对网络认识程度的逐步深入；二则在空间上加以拓展，试图为读者了解国际互联网产业的竞争态势提供一个切入口；最后在深度上，无论是国内文化产业与互联网的融合综述，还是国外互联网与各行各业发展概览，本书都尽可能从文化研究的角度进行阐述，我认为在新的趋势下，文化产业的发展既要充分借助互联网的巨大优势，更要充分考虑到文化发展自身的特殊性，从而为我们在新常态背景下探索出"互联网+"与文化发展的现实路径提供有参考意义的思路。

"互联网+"不仅是技术的变革，更是观念的革新；不仅是简单的相加，更是全方位多领域的融合。中国正处于从工业经济向信息经济加速演变的历史转折点，互联网与各行各业的融合变化是根本性的、长期性的，而文化发展与"互联网+"的有机结合是文化产业发展实践的产物，更需要在实践中加以不断完善、不断探索。在成稿的过程中，我深刻感受到：在全球风起云涌的网络竞争中，文化产业的发展绝对不能"独善其身"，互联网的快速崛起已经展现出其在经济社会发展中巨大的能量，文化产业更应当因事而谋，应势而动，顺势而为，以更加积极主动的姿态拥抱互联网，探索新的发展路径。

在写作过程中，本书借鉴了政界、学界、业界诸多优秀的研究成果和认知，各位专家学者的观点对本书的成型具有极为关键的启发和指导意义，在此深表感谢。囿于知识储备不足及个人专业所限，本书虽经反复编辑和修改，但其中的分析和论述难免存在疏漏，不足之处恳请读者批评指正！

2015 年 11 月

目录

第一章 "互联网+"从何而来

第一节 提出背景 /003
一、国际背景 /003
二、国内背景 /010

第二节 历程梳理 /023
一、我国互联网发展的演进过程 /023
二、我国互联网应用的阶段特点 /034
三、我国互联网领域的政策变迁 /039

第二章 "互联网+"是什么

第一节 已有认识 /051
一、官方解释 /051
二、学界研究 /057
三、业界探讨 /064

第二节 本书观点 /070

一、技术基础 /070

二、本质特点 /078

三、实现路径 /082

四、最终形态 /087

第三章 "互联网+"有何影响

第一节 互联网带来的全新思维方式 /095

一、互联网思维的五大特点 /097

二、连接——大数据思维 /099

三、融合——跨界思维 /101

四、包容——平台思维 /104

五、体验——用户思维 /105

六、更新——迭代思维 /107

第二节 社会治理方式的不断颠覆 /110

一、自下而上的颠覆 /111

二、公众参与方式的变化 /112

三、管理组织的机制改革 /114

四、"官""民"关系的变化 /116

五、民主建设进程的推进 /118

第三节 互联网催生下的全新商业模式 /122

一、互联网对商业发展的总体影响 /122

二、聚少成多——长尾模式 /125

三、巧妙变化——免费模式 /126

四、服务为王——体验模式 /128

五、资源聚合——平台模式 /129

第四节　互联网深入改变生活方式 /131

一、互联网对生活的无孔不入 /132

二、人际交流：知己遍天下和孤独症患者 /133

三、消费方式：无所不有和质量问题 /135

四、教育方式：碎片化学习和教育的本质 /137

五、医疗方式：技术的进步和医患关系 /138

六、出行方式：方便快捷和基础设施的建设 /140

第四章　国内传统行业的颠覆与重构

第一节　"互联网+制造业"：信息流通让生产更高效 /145

一、正在被颠覆的传统制造业 /145

二、传统制造业该如何重构 /148

第二节　"互联网+零售业"：线上线下融合发展 /152

一、正在被颠覆的传统零售业 /152

二、传统零售业该如何重构 /154

第三节　"互联网+物流业"：让货物流通更便捷 /158

一、正在被颠覆的传统物流业 /158

二、传统物流业该如何重构 /161

第四节　"互联网+通信业"：让交流更加通畅 /164

一、正在被颠覆的传统通信业 /164

二、传统通信业该如何重构 /166

第五节　"互联网+餐饮业"：人人都是美食家 /169

一、正在被颠覆的传统餐饮业 /169

二、传统餐饮业该如何重构 /172

第六节　"互联网+金融业"：让金融服务更高效 /175

一、正在被颠覆的传统金融业 /175

二、传统金融业该如何重构 /178

第七节 "互联网+医疗业"：重塑医疗新生态 /181
一、正在被颠覆的传统医疗业 /181

二、传统医疗业该如何重构 /183

第八节 "互联网+农业"：开启小农经济大变局 /186
一、正在被颠覆的传统农业 /186

二、传统农业该如何重构 /188

第九节 "互联网+交通"：让出行更便捷 /191
一、正在被颠覆的传统交通行业 /191

二、传统交通行业该如何重构 /194

第十节 "互联网+能源"：提炼绿色新动能 /196
一、正在被颠覆的传统能源行业 /196

二、传统能源行业该如何重构 /198

第五章 全球互联网与行业融合发展综览

第一节 亚洲（一）：互联网为创业创新提供新机遇 /203
一、印度：互联网释放创业新空间 /203

二、以色列：创业之国，创新之都 /206

第二节 亚洲（二）：移动互联对传统产业的变革 /210
一、日本：时代发展和网络技术催生互联网金融 /210

二、韩国：移动互联引领产业新发展 /213

第三节 欧洲：创意与技术双轮驱动经济发展 /216
一、英国：当文化创意遇上数字科技 /216

二、德国："工业4.0"引发的产业变革 /219

第四节 北美洲：从"万物互联"走向"万物智能" /224
一、美国：人工智能在探索中发展 /224

二、加拿大：互联互通，三网融合 /227

第五节　南美洲：网络技术提振经济发展 /230

一、巴西：公共网络建设 /230

二、阿根廷：新技术助力农业新发展 /233

第六节　大洋洲：信息化助力现代农业发展 /235

一、澳大利亚：生态农业和信息化有机结合 /235

二、新西兰：将信息化融入生态农业旅游 /238

第七节　非洲：银行与电信业的大融合时代来临 /242

一、肯尼亚：移动金融服务兴起 /242

二、尼日利亚：电子商务逐步发展 /245

第六章　"互联网+"与文化产业发展

第一节　我国文化产业发展现状综述 /251

一、基本态势：我国文化产业迈入全面快速发展新轨道 /251

二、融合发展：互联网背景下传统文化产业发展新常态 /255

三、双重属性：文化产业发展中需要注意的几个新问题 /261

第二节　"互联网+文化产业"：协同创新，携手共进 /267

一、互通共融："互联网+"与文化产业链条的内在联系 /268

二、颠覆创新：当文化产业牵手"互联网+" /271

三、如虎添翼："互联网+"对文化产业发展的影响 /278

第三节　在文化产业转型升级当中需要处理好的关系 /281

一、数字手段广泛运用，文化产业与文化事业如何协调 /281

二、人人都有话语权，舆论监督与文化治理如何平衡 /282

三、盗版成本极度低，原创审美与技术复制如何取舍 /283

四、产业开发渐成熟，传承保护与市场开发如何选择 /285

五、眼球经济成主流，渠道优势与内容为王如何评断 /287

第七章 "互联网+"与文化建设各门类融合综述

第一节 网罗城镇 /291
一、人与新型城镇化 /292
二、城镇化五彩斑斓里的"互联网+产业" /293
三、"互联网+"思维下的城镇社会治理 /294

第二节 大悦读时代 /296
一、当传统出版遭遇互联网 /296
二、互联网时代的阅读难题 /297
三、互联网阅读的 2.0 时代 /298

第三节 重构与融合：电影产业新格局 /301
一、制作环节的链条重组 /302
二、营销发行的反客为主 /303
三、放映环节的院线变革 /303
四、衍生产品的多元变化 /304

第四节 "互联网+电视"：电视的变革与迁徙 /305
一、互联网思维引发传统电视变革 /306
二、"互联网+"时代的电视新业态 /307
三、互联网背景下的电视新未来 /307

第五节 互联网时代的动漫游戏新生态 /309
一、互联网动漫的异军突起 /309
二、"泛娱乐"下的游戏产业景象 /311
三、3.0 时代的动漫游戏产业新生态 /312

第六节 互联网时代：公共文化服务的治理变革 /314
一、思维变革 /315
二、内容变革 /317

三、管理变革 /318

第七节 互联网时代旅游新玩法 /319
一、站在风口上的旅游业 /319
二、"互联网+"改变了旅游什么 /320
三、"互联网+旅游"的"新玩法" /321

第八节 互联网：整合营销生态 /323
一、营销媒介：重现定位后的颠覆变化 /323
二、营销受众：全民消费新时代 /324
三、营销内容：创新才能重生 /325
四、营销效果：数据化成为可能 /326

第九节 文化产业众筹——从兴趣到信任 /328
一、"互联网+金融"是什么 /328
二、遍地开花的众筹 /329
三、互联网+兴趣+信任：众筹不仅仅只是筹钱 /330

第十节 互联网+教育 /333
一、互联网带动文化人才教育走向虚拟化 /334
二、"互联网+教育"的三大挑战 /334
三、"互联网+"对教育的影响 /336

第八章 未来的地球村

第一节 生活方式的颠覆 /341
一、衣、食、住、行、游、购、娱的全方位颠覆 /342
二、生活方式背后的社群关系变化 /343
三、社群关系变化带来的价值观变化 /345
四、颠覆背后的隐患 /346

第二节 企业组织的颠覆 /348

一、从组织形态到运营方式的变化 /349

二、企业组织背后的商业模式变化 /351

三、商业模式变化带来的产业模式的变化 /353

四、颠覆背后的隐患 /354

第三节 经济结构的颠覆 /356

一、互联网加速三大产业的融合发展 /356

二、产业融合背后的经济结构的调整 /358

三、经济结构调整带来的管理方式的变化 /360

四、颠覆背后的隐患 /362

第四节 治理方式的颠覆 /364

一、民众自主性最大程度地被激发 /365

二、政府管理职能的隐形化 /367

三、社会结构的变革 /369

四、颠覆背后的隐患 /373

主要参考资料 /375

后　记 /382

第一章

"互联网+"从何而来

"互联网+"的理念是互联网发展到现在的必然选择，是完全符合互联网发展趋势的。其核心是利用互联网的创新技术、应用和模式实现传统各行业以及整个社会各个层面的转型升级。其本质是一种创新行为和活动。

第一节 提出背景

一、国际背景

（一）互联网经济迅猛发展，成为全球经济的新增长极

20世纪末，在全球经济的版图上，美国取得了前所未有的繁荣。毋庸置疑，这首先得益于当时计算机的兴起和互联网的普及，作为一种新兴的技术手段，电脑延续了美国的经济繁荣，并巩固了其全球科技领先的霸主地位。20多年来，信息技术迅猛发展，网络设施更新换代的速度令人目不暇接，互联网的影响力逐渐从虚拟向现实辐射，各种新兴的业态和商业模式也从网络经济延伸到了实体经济的范畴，并与传统产业融合，形成了一种与过去生产和消费方式迥异的经济形态。

风起于青萍之末，浪成于微澜之间。这种以信息要素为核心驱动力的生产形式，被称为"信息生产力"，在全球经济新一轮的大发展和大变革中起到了推波助澜的作用。美国著名的商业咨询机构波士顿咨询公司在2012年曾发布过一份颇有影响的研究报告。该报告研究的样本涉及50多个国家，评估的维度主要聚焦于三个方面：①已建成的互联网基础设施数量；②网络零售和网络广告的投入；③政府、企业和消费者参与互

联网的程度。通过分析，报告指出：早在2010年，互联网经济的规模已达到2.3万亿美元，这一数字超过了当时意大利和巴西两国的GDP之和，其比例占到了G20国家GDP总和的4.1%。报告据此预测，到2016年，全球主要国家在互联网产业领域的经济总量将超过4万亿美元，这一数字比2010年的2.3万亿美元几乎多一倍。如果把互联网当作国家实体，其经济规模的排名将仅次于美国、中国、日本和印度，成为全球"第五大经济体"，而德国排在其后面。据此，报告得出结论：互联网经济体正在成为全球新的增长极。为了较为直观地描述"互联网经济体"的巨大影响，报告将其与已有的产业门类进行了对比——在英国，互联网经济体对GDP的贡献率已超过建设和教育领域；在美国，互联网经济体对GDP的贡献率已经超过联邦政府；在中国和韩国，互联网经济体位居本国前六大行业之列。

综观当今世界的经济大局，互联网的巨大影响力已经遍及各个领域。从全球经济演变的角度来看，历次经济变革的本质无不是由科技突破所带来的生产力和生产关系的改变。从农业生产力到工业生产力，再到信息生产力，每一次生产力的升级和变革都会引起经济和社会发生质的飞跃。从历史的角度看，不难发现：农业社会通过制造工具，扩展人的体质功能；工业社会通过制造动力工具（如发明蒸汽机），超越人类体力极限，大大扩展了人类作用的范围；而到了信息社会，通过制造智能工具（如发明电子计算机），信息社会不仅突破了人类的体力范围，甚至远远超越了智力极限。因此，人类社会的演化主要是通过科技发展不断拓展自身体力和智力极限，从而提升生产力，形成与生产力相适应的生产关系，进而推进经济、社会和文明发展的进程。

从产业构成方面看，农业经济、工业经济和信息经济长期共存。随着科技革命推动下的生产力和生产关系的变革，不同形态的产业主导力量也在进行着有序的更新和转换。从18世纪中叶工业革命开始至今，全球经济结构经历了显著变化，农业、制造业和信息业的比重发生了重大变化。

1800 年工业革命开始之初，农业经济占较大的比重；到 1900 年，制造业的比重上升到与农业相当的规模；进入 20 世纪 50 年代，制造业所占比重继续上升，工业经济开始占据主导地位；到 2020 年，信息经济极有可能将开始占据主导地位。这一点在当今世界各大洲的经济发展现状上得到了充分的体现。譬如，经济落后的非洲依然是农业经济占主导地位，制造业和信息业均处于落后态势；中国和拉丁美洲大部分国家仍然是以工业经济为主导；而以 G7 为代表的发达国家经济结构则已经开始转变为以信息经济为主导。

（二）发达国家纷纷欲借网络布局未来产业

2007 年，由美国次贷危机引发的金融危机在全球迅速蔓延，并逐渐向实体经济渗透，给世界经济带来了极为严重的影响。然而，也正是这场危机的出现，让很多国家意识到虚拟经济与实体经济脱节所产生的后果，并促使其重新开始重视实体产业的发展。为了重振经济，发达国家不约而同地采取了工业与信息技术相结合的发展策略，提出通过计算机技术促进工业的转型和升级，调整产业结构，并确立了以信息技术为核心的"IT 救市"计划。2009 年，美国总统奥巴马将"智慧地球"与克林顿时期提出的"信息高速公路"放在了同等重要的位置，并将其上升为美国的国家战略；2009 年新西兰政府推出的《新西兰数字战略 2.0》，英国出台的《数字英国》战略，韩国出台的《IT 韩国未来战略》以及 2011 年德国提出的《工业 4.0》发展战略，都旨在通过加强信息技术的研发和应用，抢占未来科技和产业发展的制高点，培育战略性新兴产业，实现经济振兴。[1] 在这其中，美国、德国和英国都从战略的高度对互联网作为未来经济发展的主要方向给予了肯定，从国家层面对互联网经济的发展发挥了巨大的推动力。

1　王喜文. 数字英国：力图打造世界"数字之都" [J]. 信息化建设, 2010 (11).

1. 美国：全球网络信息技术的发源地与互联网最大的参与者

美国是全球网络信息技术的发源地。半个世纪以来，美国本土诞生了一大批先进的互联网公司，如苹果、谷歌、微软、英特尔、IBM、高通、思科、Facebook 等。这些 IT 业的巨头牢牢掌握着全球互联网产业链的各个主干和关键环节，尤其在芯片制作、通信网络、操作系统、数据库、搜索引擎等最为核心的技术领域拥有着非常明显的优势，甚至可以说主导着互联网发展的进程。[1] 作为全球互联网产业的最大参与者，早在 20 世纪 50 年代，美国就引领了历次全球 IT 产业革命，而每一次 IT 产业革命都进一步巩固了美国经济全球霸主的地位。从 PC 革命、互联网革命到云技术革命，美国始终扮演着信息经济全球发动机的角色。美国互联网经济体能够长期引领全球，主要取决于持续创新能力与体制、对互联网中枢的掌控，以及清晰有力的国家战略。

多年来，无论是美国著名互联网公司的亲身实践，还是政府部门的大力支持，都在客观上共同推动了互联网技术的发展，尤其在诸如云计算、可穿戴设备、大数据等互联网技术的关键领域。譬如，首次提出"智慧地球"概念的 IBM 公司，倡导将感应器嵌入各种实体中，运用云计算等技术，实现人类以"更加精细和动态的方式管理生产和生活"。如今，IBM 的云计算产品已经遍布能源、医疗、交通、零售等重要领域，并且为了巩固其在云计算领域的领先地位，IBM 先后投入 30 多亿美元并购多家与云计算相关的企业。此外，美国不少的大型公司非常乐于赞助与大数据相关的竞赛和活动，尤其是在高等院校的大数据研究方面。另一方面，美国政府在技术领域也在不遗余力地推动。早在 2011 年，美国政府将云计算纳入国家战略，在其发布的《联邦云计算战略》中，明确了云计算的概念、标准和发展模式，并且全面勾画出了美国政府推进云计算发展的时间表和路线图，并要求：美国政府每年总计约 800 亿美元的 IT 开支中有 1/4 左右

---

1 惠志斌.美国网络信息产业发展经验以及对我国网络强国建设的启示［J］.信息安全与通信保密，2015（2）.

的部分可以迁移至云计算。[1] 2012 年，美国发布了旨在推动大数据技术研发和应用的政府文件《大数据研究和发展倡议》，该《倡议》提出："将通过收集庞大而复杂的数字资料，从中获得知识和洞见以提升能力，并协助加速在科学、工程上发现的步伐，强化美国国土安全，转变教育和学习模式。"[2] 与此同时，美国多个机构均承诺，将在数据收集和分析领域投入上亿美元资金，促进大数据技术在能源、教育、医疗、环保、文化和国家安全等领域的创新和突破。

2. 德国：工业 4.0 背后的现实命题

德国在高科技产业方面的发展，可以追溯到 2006 年的《国家综合性方案》。该方案明确提出发展高科技产业，此后，德国又于 2010 年提出"高科技发展战略"，其主要亮点就是将产业发展进一步细化，并将"工业 4.0 战略"确定为十大未来项目之一。按照规划，在未来 10~15 年的时间里，德国政府将投资 2 亿欧元，通过广泛应用互联网信息技术，发挥其在生产自动化、个性化方面的优势，降低生产成本，提高生产效率，大幅度提高生产力。[3] 时至今日，德国的高科技产业已经发展成为仅次于机械制造的产业门类，成为德国工业界雇员人数最多的行业。然而，德国发展科技产业的雄心绝不止于此。2014 年，德国《数字日程》计划正式公布。该计划明确指出，德国政府将全力推动工业数字化，支持云计算和大数据等技术研发，资助新兴企业等，其目标是到 2017 年成为欧洲数字经济增长的龙头。为了更好地实现德国"数字强国"的战略目标，该计划还强调了数字化技术设施建设的重要性，提出到 2018 年以前铺设每秒数据传输流量至少达到 50 兆的网络、实现手机宽带上网、调整知识产权保护等内容。

众所周知，德国制造业在世界上颇具竞争力，在全球制造装备领域一

---

[1] 庄嘉. 美国云计算发展战略[J]. 全球科技经济瞭望, 2012 (5).
[2] 周婷婷. 大数据时代数据运用的理念与实践研究——以英国《卫报》为例[J]. 江汉学术, 2015 (1).
[3] 胡杰. 从德国"工业 4.0"看未来中国未来制造业的发展[J]. 民营科技, 2014 (12).

直拥有领头羊的地位。2013年，在汉诺威工业博览会上，德国政府正式提出"工业4.0"战略，并且这一战略得到了德国科研机构和产业界的普遍认同，尤其在德国工程院、弗劳恩霍夫协会、西门子公司等的推动下，已经上升为国家级战略。德国研究者和企业家认为，"工业4.0"概念是以智能制造为主导的第四次工业革命或革命性的生产方法，其目的是为了推动德国工业向智能化转型，借助信息技术等虚拟手段，提升德国工业的整体竞争力，进而帮助德国在新一轮的工业革命中拔得头筹。2014年11月，李克强总理访问德国，期间中德双方发表了《中德合作行动纲要：共塑创新》（以下简称《纲要》）。《纲要》涵盖了中德将要进行全面战略合作的20多个细分领域，纳入了超过200项的具体行动措施。根据《纲要》，未来"工业4.0"领域的合作将成为中德两国产业合作新的方向，并提出了中国工信部、科技部与德国联邦经济和能源部、联邦教研部将建立"工业4.0"对话机制、"工业4.0"议题纳入中德标准化合作委员会等具体措施。[1]而借鉴德国"工业4.0"计划，是"中国制造2025"的既定方略。

3. 英国：数字化战略走出经济危机

在19世纪和20世纪，英国凭借着率先完成的工业革命的助力，成为世界上经济实力最强大的国家之一。然而，在这场席卷全球的社会变革中，尽管英国最早实现了工业化和城市化，但也一度遭受着由工业革命带来的环境污染等问题，伦敦"雾都"的称号正是由此而来。受制于环境因素的制约，英国经济过度依靠煤炭资源的产业结构亟须调整和升级。到21世纪，国际金融危机的出现又导致英国实体经济遭受重创，持续的萎靡不振迫使英国政府寻求新的发展模式。

与德国相似，为了促进经济长期稳定地增长，英国政府于2009年逐步开始调整经济发展的方向，并在具体的产业发展上出台了多项振兴计划。在诸多规划中，《数字英国》计划的出台备受关注，属于一份纲领性

---

[1] 中德合作行动纲要：共塑创新[N].人民日报，2014-10-11.

的文件。该计划提出:"通过改善基础设施,推广全民数字应用,提供数字保护,将英国打造成世界的'数字之都'。"同时,该计划还概述了英国在互联网与通信广播产业方面广泛的战略规划。[1] 尽管该计划在公布后受到了不少争议,但不可否认的是这一计划在后金融危机时代被英国政府寄予了厚望。正如当时的英国首相布朗所期待的那样,"《数字英国》将是英国取得成功的手段,并可在未来产生巨大的经济效益"。

从全世界来看,英国较早地提出了"创意经济"的概念,对创意在经济发展中的动力一直有着深刻的认识。2015 年,英国技术战略委员会"创新英国"发布《英国 2015~2018 年数字经济战略》。报告显示,2015~2018 年间,为全力推动数字化业务以及数字化机构的发展,英国政府将每年投资 3000 万英镑(约合 2.77 亿元人民币)。这项投资将被用来资助"数字弹射中心""开放式数据研究所""英国科技城"等数字化机构的发展,以及鼓励"数字化创新者"尽快将其创意付诸实践。[2] "创新英国"战略作为英国政府扶植科技行业的又一政策,政府提供的经费为创意者想法的实现提供了基础,能够切实有效地帮助初创企业中的科技创新人才进一步发挥创意,并与潜在合作伙伴建立联系,进而促成创意的落地,并引导行业内的其他生产者和消费者。此外,英国政府的资金支持还将对物联网行业的发展起到至关重要的作用。预计 2020 年将有 300 亿台设备接入互联网,届时物联网服务的附加值每年可达 2 万亿美元。

根据波士顿咨询公司在 2012 年发布的报告显示,在 G20 国家中,英国是互联网经济对社会贡献最大的国家。当时,英国互联网经济规模已达 1917 亿美元,在英国 GDP 中所占比重达 8.3%,高居 G20 国家的榜首。根据报告,如果将互联网看作一个产业,它甚至可以称为英国的第五大产业,其规模超过了保健、建筑和教育领域。[3] 对此,有学者认为,英国

---

[1] 王喜文. ICT 战略的国家间比较 [J]. 信息化建设,2011(1).
[2] 郑晓雯. 英国斥资推动发展数字经济 [N]. 人民邮电报,2015-03-18.
[3] 互联网经济占中国 GDP 5.5% 为第六大产业 [N]. 法制晚报,2012-03-20.

长期保持领先的关键就在于英国政府不断推动宽带的普及和宽带速度的提升。

二、国内背景

（一）新常态下，互联网是国民经济新引擎

作为20世纪的重大科技发明，互联网在世界经济的发展、政治的角逐、文化的交流和社会的变革等多个方面都产生了深刻的影响。20世纪80年代中后期，互联网在我国刚刚萌芽，多数人对这一新生事物抱着好奇和观望的态度，等待着看它将要爆发出怎样的能量。1994年，北京中关村地区教育与科研示范网接入国际互联网，凭借着一条64K的专线，中国实现了与国际互联网的连接。1997年，我国制定《国家信息化"九五"规划和2010年远景目标》，该文件提出"将互联网列入国家信息基础设施建设，通过大力发展互联网产业，推进国民经济信息化进程。"[1] 经过20多年的发展，互联网从简单的工具性应用，到基础设施的广泛普及，进而演化为当下火热的互联网经济体概念，其自身完成了一次更新和变革。2014年11月，李克强总理在出席首届世界互联网大会时指出："互联网是大众创业、万众创新的新工具"。其中"大众创业，万众创新"正是2015年政府工作报告中的重要主题，被称作中国经济提质增效、转型升级的"新引擎"。在此次政府工作报告中，李克强首次提出"制定'互联网+'行动计划，推动移动互联网、云计算、大数据、物联网等与现代制造业结合，促进电子商务、工业互联网和互联网金融健康发展，引导互联网企业拓展国际市场。"[2] 由此，互联网被普遍认为是有望成为经济转型和产业升级的重要助推力。

---

[1] 周笑冰.韩国政府的游戏产业扶持政策及启示［J］.特区实践与理论，2012（6）.
[2] 田红鹏，范振可，冯健.一种基于WiFi控制的四旋翼飞行器设计与实现［J］.物联网技术，2015（8）.

1. 互联网经济增速强劲，宏观经济运行中的亮点突出

2014年，我国国内生产总值增长7.4%，这是中国经济增速自告别"8时代"后再次换挡，回落到7.5%以下。单从数字看，7.4%的年度增速是1990年以来的低点。但是，随着政府工作报告的正式认可，以"大众创业、万众创新"形成经济发展新动力正在酝酿，为中国经济的平稳运行奠定了一定的基础。在"经济新常态"背景下，互联网与各行各业的融合已然成为重要的经济增长点，未来产业结构的转型升级和国内生产总值的提升，势必要更多地依靠互联网及相关产业融合联动产生的重要拉动作用。经过20多年的发展，以互联网为代表的信息产业对国民经济的贡献程度巨大，且增速强劲。按照工信部的定义，互联网及相关行业，主要是指电子信息产业。单从数据上看，电子信息行业已成为我国经济发展和产业转型的主要支点。根据工信部的统计，2014年，我国规模以上电子信息产业企业个数超过5万家，其中电子信息制造业企业1.87万家，软件和信息技术服务业企业3.8万家；从产业规模来看，全年完成销售收入总规模达14万亿元，其中，电子信息制造业实现主营业务收入10.3万亿元，软件和信息技术服务业实现软件业务收入3.7万亿元；从投资额来看，行业投资增长速度在服务业中最大。[1] 2014年信息传输、软件和信息技术服务业投资额达4187亿元，比上年增长38.6%，其增长速度在服务业众多行业中投资增速最大。在2014年中国第三产业投资281915亿元中，信息传输、软件和信息技术服务业投资占比达1.49%。此外，随着2014年信息基础设施投资进一步完善，累计完成固定投资826.5亿元，互联网及数据通信投资也得到了快速增长，增幅高达63.5%，同比提高8.4个百分点。从社会零售消费来看，互联网也发挥着积极作用。2014年全国网上零售额相当于社会消费品零售总额的10.63%，上升2.68个百分

---

[1] 刘莉. 我国规模以上电子信息企业超过5万家[N]. 科技日报, 2015-04-22.

点。[1]因此，互联网经济已经成为国民经济中不可忽视的重要组成部分，对促流通、扩消费、惠民生等方面产生了积极作用。

2."互联网+"与传统产业融合发展，引领经济发展新形态

当前，以互联网为代表的新一代信息技术处于跨界融合爆发期，互联网已经悄然渗透至各行各业，并诞生出诸多新兴业态，引发了新一轮的产业变革。以互联网与工业的深度融合为代表，经历过"去工业化"的发展浪潮，如今发达国家纷纷提出了"再工业化"的口号。然而，"再工业化"并不仅仅是一个新概念或新口号，而是有着完全不同于20世纪第一轮"工业化"的本质特点。譬如，德国提出的"工业4.0"，其融合的路径是以制造业为基础体系，逐步将制造业的具体环节和链条借助信息技术的优势，与互联网深度融合，其核心是生产方式的动态化改进，进而通过微观环节的效率提升带动制造业整体生产力的升级和跨越。又如，美国提出的"工业互联网联盟"，则是侧重于强调发挥互联网的优势，激发传统形态下的制造业潜在的创造力和竞争力。与德国推崇的"硬制造"不同，美国所追求的是更多的侧重于软性的服务创新。与德国的"工业4.0"和美国的"工业互联网"相对比，我国提出的"互联网+制造业"则是将"智能制造"作为"工业化和信息化"深度融合的主要方向，既要最大限度地保留工业体系下流水线生产的批量优势，又要充分挖掘和发挥互联网下个性化、精细化的生产特点，实现"大规模定制化生产"。《中国制造2025》计划的实质也是通过互联网与工业深度融合，在世界发达国家纷纷角逐"再工业化"竞争的战场上，凭借互联网手段、互联网模式、互联网思维"弯道超车"，抢占产业变革的先机。

除此之外，"互联网+零售"形成了电子商务，激发的消费需求带动了一大批中小微企业的生产；"互联网+银行"形成了互联网金融，第三方支付、小额贷款、众筹等多种金融方式不仅拓展了融资对象的范畴，而

---

1 刘莉.我国规模以上电子信息企业超过5万家[N].科技日报，2015-04-22.

且带火了一大批与支付紧密相关的行业；"互联网+农业"，一方面通过数据监测系统等信息技术的使用，大大提高了农产品的存活率和保鲜率，另一方面也打破了农产品供需信息不对等的难题，创新出了多种生产模式。总之，几乎互联网对业已存在的每一个领域都在潜移默化地发挥着作用，教育、医疗、汽车、化工、能源……未来，"互联网+"的跨界思想，将有可能成为传统行业提质增效、转型升级、创新发展的又一重要路径，互联网的"大经济"概念将日益成为主导的新经济形态。

3. 互联网对国民经济影响力逐渐增大，主动适应新常态

改革开放30多年以来，中国经济快速发展，2010年，中国经济GDP达到58786亿美元，超过日本4044亿美元，成为世界第二大经济体，不仅在经济数量上发生了巨变，更在发展质量上产生了飞跃，尤其在经济发展模式、产业结构业态和经济增长动力等方面均呈现出诸多不同于以往的特征。[1] 2014年11月，习近平主席在APEC工商领导人峰会开幕式主旨演讲中，阐述了新常态下中国经济的三个新特征："一是从高速增长转为中高速增长；二是经济结构不断优化升级，第三产业消费需求逐步成为主体；三是从要素驱动、投资驱动转向创新驱动。"[2] 这三个特征构成了今天经济新常态的"新"字的内涵。综观当前全球经济，很多国家的经济增长的速度逐渐放缓，但在互联网领域却仍保持着较高的增长。在此背景下，拥有6亿多互联网用户的中国已然成为世界各国关注的焦点。2014年7月，麦肯锡全球研究院发布了题为《中国的数字化转型：互联网对生产力与增长的影响》的研究报告。这一报告通过研究和对比全世界较为发达的20多个国家的发展现状，认为当今世界经济中与互联网相关的产值在全球的经济体中已占据第五位，互联网对宏观经济的影响力正在不断增强。而中国互联网经济占GDP的比重已经超过美国，这一比重从2010年的3.3%猛增至

---

1 马光远. 全面准确理解中国经济新常态[N]. 经济参考导报，2014-11-10.
2 窦卫霖，李霁阳. 刚柔相济——习近平主席在APEC会议上讲话的话语分析[J]. 对外传播，2014（12）.

2013年的4.4%，而发生这一变化的原因首先是基于中国庞大的互联网用户总量，其次是互联网正在与居民的日常生活发生紧密的联系，由此带动了生产和生活方式的变化。在此基础上，该报告针对互联网在中国GDP增长中的贡献程度也做出可能性的预测。报告称：在2013~2025年期间，互联网将帮助我国国内生产总值提升0.3~1.0个百分点，在国内生产总值增长总量中的贡献率将达到7%~22%。

互联网经济的巨大动力，不仅在于其对GDP的影响力，更在于其对改变经济增长方式发挥的作用。与依靠资源等粗放型经济的发展模式不同，互联网能够在生产、流通、消费、再生产等各个环节提供新的动力。由于互联网在信息的实时交换、广泛收集、病毒传播等方面有着极大的优势，在一定程度上缩短了信息差距，使生产和消费之间的信息更加透明，资源的配置更加有效，进而加剧了市场竞争，促使一部分对消费者需求反应迅速、对市场反馈对接精准的高效企业得以胜出，市场环境得到优化，并推动了生产力水平和劳动者技能的整体提升。未来，随着互联网技术的升级换代，人们获取信息的成本将更加低廉，基于互联网技术的革新将助推中国经济从低效率、高成本、高能耗向科技主导、创意主导和消费主导的方向过渡，由资源依赖型、投资依赖型转向创新拉动型和消费拉动型的经济增长模式。

（二）市场变革，互联网信息消费蓄势待发

改革开放30多年以来，中国经济持续高速发展。尤其在过去的十几年里，中国的装备制造业以每年25%的速度迅猛增长，中国逐渐成为全世界最重要的制造中心之一，并跻身于全球经济大国之列。然而，在经济社会高速发展的同时，中国也面临着产业附加值低、资源消耗大的问题。自2011年"十二五"规划提出"优化产业结构、提升核心竞争力"以来，一条快速铺就的信息之路逐渐展现出在社会发展中的潜在影响力，尤其是在经济增速放缓的压力下，信息消费异军突起。所谓"信息消费"，实际上

是一个比较宏观的概念，既包括硬件的消费，如购买智能手机，下载各类终端应用，支付网络安装费，购买智能电视、平板电脑等设备，同时也包括对软件产品和服务的消费，如电子商务、在线阅读、网络视频、线上订票、团购、云服务等。以电子商务为例，根据国家统计局公布的数据，2015年第一季度，信息消费市场网络零售保持强劲的发展势头。第一季度全国网上商品零售额增长41%，占社会消费品零售总额的比重达到8.9%，对社会消费品零售总额增长的贡献率达到27.1%，拉动社会消费品零售增长近2.9个百分点。同时，根据商务部发布的数据，2015年第一季度5000家重点零售企业网上商店销售额增长39.7%，增速较去年同期加快14.5%。[1]由此，随着"互联网+"时代的到来，消费市场结构正在悄然发生变化。

随着新一代互联网领域的技术进步，形式多样的互联网产品广泛进入人们的生活，大数据应用、物联网设备、智能穿戴设备、云家电等消费形式逐渐兴起。这些看似遥远的消费方式拥有非常诱人的发展前景，在未来很有可能成为促进全民信息消费的又一重要力量。2014年春运期间，以搜索引擎为核心业务的百度公司基于其数据流量的平台优势，研发了名为"百度迁徙"的项目。该项目自2014年1月启动，通过大数据技术和地理位置服务两者的结合，形成了国内首个关于人流迁徙的可视化应用。具体而言，该项目是以数以亿计网民每天平均70亿次的定位数据为研究对象，通过计算机特殊算法的分析处理，挖掘网民的动态迁徙数据，形成实时、动态的人流迁徙轨迹。这一项目的意义，首先是为公众直观地了解大数据技术、近距离接触网络可视化应用进行了一次全民的科普。更为重要的是，这一项目也为政府有关部门对春运运力的科学规划与合理调度提供了可靠的依据，同时能够跟踪全国各省市劳动务工人员的实时流动状态，为劳动部门提供人力资源咨询。这一尝试为未来的大数据参与公共服务进行了一次实践，也展现了"互联网+"时代的社会管理将可能出现的场景。

---

[1] 2015年第一季度中国商务运行基本特点[EB/OL].（2015-04-20）[2015-10-22]. http://china.huanqiu.com/News/mofcom/2015-04/6237916.html.

此外，像目前逐渐开始流行的云存储、健康手环、智能手表等可穿戴式设备都是未来信息消费的典型产品。因此，从这个角度看，信息消费也是一个动态的概念。

2013年，国务院发布《关于促进信息消费扩大内需的若干意见》（以下简称《意见》）。《意见》明确提出："到2015年，我国信息消费规模超过3.2万亿元，年均增长20%以上，带动相关行业新增产出超过1.2万亿元，其中基于互联网的新型信息消费规模达到2.4万亿元，年均增长30%以上。"[1] 2014年，工业和信息化部与国家开发银行签订了《推进信息消费试点城市建设的金融合作协议》，支持相关信息消费重点项目建设。在一系列利好政策的推动下，物联网、云计算、大数据等信息技术加速渗透，很多新型消费热点如移动互联网、跨境电商、农村电商、智慧城市等不断涌现。进入2015年，互联网领域的国家政策密集出台。从政府工作报告首提"互联网+"行动计划，到国务院出台《关于深化体制机制改革加快实施创新驱动发展战略的若干意见》，明确提出加快实施创新驱动发展战略，再到《"互联网+"行动指导意见》的出台，直至《关于促进大数据发展的行动纲要》的通过，都不断地将信息技术与互联网推向了国家战略高度。在国家政策的大力推动下，信息消费在我国的热度不断上升。加之传统行业与通信互联网行业纷纷布局，进一步带动了消费市场的升级。根据商务部在今年4月发布的《2015年消费市场发展报告》的数据，2015年我国信息消费将成为消费增长的重要引擎。根据预计，2015年信息消费规模将超过3.2万亿元，较2014年将增长20%以上。[2] 这与2013年国务院发布的《关于促进信息消费扩大内需的若干意见》中关于信息消费发展目标的设定相一致。与此同时，文化创意、体育健身、智慧生活、时尚设计成为信息消费

---

1 高少华.政策导向开启3.2万亿盛宴 信息消费推升经济增长新势头[N].中国信息报，2013-09-04.

2 2015年信息消费规模将增两成[EB/OL].（2015-05-04）[2015-12-05]. http://www.gov.cn/xinwen/2015-05/04.content_2856493.htm.

领域的新亮点。

值得关注的是，和传统消费形式相比，信息消费具有明显不同的特点。首先，信息消费有助于提振内需，助推传统产业的改造和提升，大大地扩展消费的领域和热点，提供新的生存空间。我国市场规模巨大，当前居民消费正处于转型期，在农业现代化加快发展、新型城镇化不断推进、信息化与工业化深度融合的关键阶段，信息消费具有良好发展基础，对推动经济转型升级具有非常重要的意义。但同时，也应该客观地看待我国在引导和推进信息消费的过程中所面临的问题，如信息消费的基础设施不够完善、重要设备支撑能力有待提升、信息产品和服务创新性薄弱等等。[1] 因此，国家应当从加快信息基础设施的演进升级、增强信息产品的供给能力、培育信息消费新的需求、提升公共服务的信息化水平等方面，着力解决信息消费所存在的问题，将信息消费作为扩大内需、经济转型的重要抓手，发挥信息消费在国民经济中的重要作用。

（三）创客时代，互联网成为大众创业急先锋

在互联网与各行各业融合的时代背景下，信息消费的产品业态和商业模式还远未成型。然而，正是因为空白市场的存在，给数以万计的创业者留下了无穷的想象空间。2014年9月，李克强总理在夏季达沃斯论坛上提出："要在960万平方公里的土地上掀起'大众创业''草根创业'的新浪潮，形成'万众创新''人人创新'的新态势。"因此，2014年被称为中国的"创客元年"。2015年的政府工作报告又提出：推动"大众创业、万众创新"，"既可以扩大就业、增加居民收入，又有利于促进社会纵向流动和公平正义"。随着李克强总理视察北京、深圳等地的知名"创客空间"，了解年轻创业者的奇思妙想和丰富成果，互联网领域的"创客运动"蓬勃开展起来，俨然形成了一种新的价值导向和生活方式，创业和创新活力的

---

[1] 黄鑫.建立促进信息消费长效机制[N].经济日报,2015-08-15.

激发，也使得"创客"成为2015年最具特点的年度关键词之一。

1. 互联网经济如火如荼，重塑劳动力市场格局

随着各类互联网设备及应用的自动化和智能化，很多在过去需要人工操作的事务逐渐由机器取代。在计算机技术处于世界领先地位的美国，这一趋势尤为明显。根据美国劳工统计局发布的数据分析，由于互联网技术的成熟和智能终端的普及，网络与人们日常生活的联系日益紧密，让诸如计划行程、维护日历、备忘录提醒、消费记录、家政服务、预定车位等事务变得极为容易。据统计，美国在2000年到2010年，至少有1100万个文秘等行政类岗位被互联网服务所替代，譬如，在这一时期，电话接线员、旅游代理等职位均减少了一半以上。对于这种现象，经济学家安德鲁·麦卡菲不无担忧，他说"我们正不顾一切地与机器竞争"。在分析了多种职业需求的基础上，安德鲁·麦卡菲将这一类被互联网应用和服务取代的群体称为"常规认知工人"，并认为目前网络信息技术的发展水平已经足够智能，可以胜任到程式化的工作并自动重复。

在互联网席卷全球的今天，这样的现象并非个案。在美国作家安德鲁·基恩所著的《网络不是答案》一书中，基恩提出这样的观点：网络并没有创造工作，反而提高了失业率，缺乏规制和管理的网络经济让大多数人沦入贫穷。他举例说：在网络零售巨擘亚马逊公司，高效能的营运模式大大挤压了零售业的工作机会，小的零售商每达到1000万美元的销售业绩需要雇用47名员工，亚马逊只需14人；而在交通领域，优步（Uber）未上市前市值达182亿美元，约是两大租车公司安维斯（Avis）与赫兹（Hertz）的总和，两家公司员工合计有6万人，但Uber只有1000人；主营假期出租自有房屋的网站空中食宿（Airbnb），市值估计100亿美元，相当于老牌饭店集团希尔顿的总值，但希尔顿雇员超过15万人。[1] 被称为"硅谷最火的风险投资人"、脸书（Facebook）和推特（Twitter）两家明

---

[1] 美新书：网络无益经济发展反会令更多人失业[EB/OL].（2015-01-05）[2015-12-05]. http://world.huanqiu.com/exclusive/2015-01/5343267.html.

星公司总顾问的互联网革命先驱马克·安德森，在《华尔街日报》发表的文章中写道："越来越多的商业和工业机构由软件和网络服务运行，这些机构从电影院到农业到国防，不一而足。"甚至，他将这种趋势描述为"软件正在蚕食世界"。诚如他所言，如火如荼的互联网经济逐渐打破了劳动力市场的格局，并重塑业已形成的劳动力市场，其影响将随着时间的推移而愈加明显。然而，笔者认为以上观点所述尽管是事实，但也不必过于强调互联网对失业的影响，而抹杀其正面的力量。根据麦肯锡研究院的一份研究报告显示："随着中小企业互联网技术的普及，每失去1个岗位，就会创造出2.6个新的工作机会。"[1] 因此，常规性的工作被转移到网上，节省了时间、资金、人力等成本，这是经济发展中对降低成本的本质追求，必然会造成企业在某些方面用人需求的减少。值得注意的恰恰是，互联网技术在将现有商业活动的自动化水平提升的同时，其造成的暂时的"损失"将会由网络经济催生的新业态的收益和消费所弥补。

尽管互联网的存在确实在某种程度上造成了相对劳动力的过剩，但是互联网也创造出了更多新的岗位和业态。根据波士顿咨询公司在2015年8月发布的一份报告显示，随着互联网经济的快速发展，中国的就业市场逐渐呈现出新的特点。在互联网时代，随着接入互联网的企业、个人越来越多，网络的平台效应越发明显，"平台型就业"和"创业式就业"的热潮快速发展。该报告称，中国的互联网行业经济规模在2011~2014年间维持了50%的年均复合增长率，2014年已经达到8700亿元人民币，占当年GDP的1.4%。据此测算，2014年互联网行业在中国直接创造了约170万个就业机会。而随着行业的进一步发展，就业规模将继续扩大，预计到2020年有望直接为约350万人带来就业机会。[2] 带来这种变化，主要有以下原因。一方面，网络的"聚合效应"和"放大效应"，能够将平时并不

---

[1] 姜奇平. 生活方式2015：亲自创造美好生活——3.0版，数字化时代的生活设计[N]. 互联网周刊，2015（1）.

[2] 左岸. 互联网改写就业市场格局 三大趋势浮现[J]. 通信世界，2015（23）.

引人注意的需求经过数量的累积进而得到关注和放大，催生新的岗位，提供服务的一方不断挖掘和满足消费者的个性化需求，逐渐形成一个新的业态。尤其是移动设备的广泛普及，各类需求独特、时间灵活的工种竞相诞生，"按需开工"的兴起就是这一趋势的产物。"按需开工"为想要增加收入的大众提供了更多可灵活就业的途径，普通人可以通过互联网的各类服务出售自己的零散时间，从而赚取收入。另一方面，互联网技术与各种产业的广泛融合，使得行业之间的界限日益模糊，弱化了过去由于行业隔阂对劳动力流动性的约束，使得跨越行业界限的协作成为可能。换言之，从业者发挥所长、对接市场需求不必完全依附于企业，自由工作者的比例日益扩大。以淘宝为例，从网店的日常运营到线下的物流配送，包括为之提供网店装修的美工服务商和平台运营的基础设施提供商，以及根据淘宝网店发展的不同需求细分的新行业，淘宝充分显示出其巨大的平台效应，衍生出一个完整的生态圈。据统计，淘宝平台已经创造了860万个就业机会，在未来一年还将再增加313万个新的就业机会。[1]

以上数据从一个侧面印证了2014年麦肯锡研究院发布的报告《中国的数字化转型：互联网对生产力与增长的影响》的结论。报告认为，在中国宏观经济增速放缓、社会劳动人口数量开始下降的背景下，互联网对国内劳动力市场的影响总体上是中性略积极的。互联网对就业总量的影响并无显著的劳动力过剩之说，互联网对就业市场的结构性变化却是难以避免的。

2.政策部署竞相助力，互联网成为创业热潮新阵地

随着全面深化改革的进行，政府大力推行简政放权，通过取消和下放大量政府审批事项释放和激发市场活力。互联网经济风生水起，以文化创意、网络科技、生活服务等为代表的新兴行业正在成为就业市场吸纳人才的新出口。近几年，网络零售、视频网站、在线旅游、金融众筹等新兴行业发展迅猛，已经形成了一批颇具市场规模的企业。而这其中，

---

[1] 波士顿咨询：互联网＋为中国就业市场带来三大影响［EB/OL］.（2015-08-13）［2015-12-05］. http://news.xinhuanet.com/tech/2015-08/13/c_128123611.htm.

很多企业的创业者都呈现出高学历、年轻化的特点。无论是国家层面，还是地方政府，尤其是在"创客"密集的北上广深等一线城市，都极为重视来自民间的创业创新力量，通过政策和资本双管齐下，共同推动其发展。

2015年，"大众创业、万众创新"首次写入政府工作报告。随后，国务院发布《关于发展众创空间推进大众创新创业的指导意见》，提出要"顺应网络时代大众创业、万众创新的新趋势，加快发展众创空间等新型创业服务平台，营造良好的创新创业生态环境"。这是全国首个推进大众创业、万众创新的系统性文件。紧接着，国务院印发的《关于大力推进大众创业万众创新若干政策措施的意见》，从9大领域、30个方面，明确了96条政策措施，从建立创业扶持的新机制、财税金融新政策、创业服务新模式等方面，为创意创业提供了保障。此后，各地也纷纷出台政策推动创新创业发展。根据发改委公布的材料显示，截至2015年6月，全国各部门、各省（区、市）出台的支持创业、创新、就业的政策措施共1997条。其中，十八大以来，以部门名义出台的有119条，北京、上海、深圳、广州、武汉、成都、西安等7个创业创新相对活跃的城市出台的有129条。[1] 进入下半年，国务院下发《关于积极推进"互联网+"行动的指导意见》，提出11项具体行动，要求"推动互联网由消费领域向生产领域拓展，加速提升产业发展水平，增强各行业创新能力，构筑经济社会发展新优势和新动能"。[2] 2015年8月，为加强统筹协调，形成工作合力，国务院印发《推进大众创业万众创新部际联席会议制度》，文件指出：联席会议由发展改革委、科技部、人力资源社会保障部、财政部、工业和信息化部等20多个部门和单位组成。中央政府在不到半年内下发的多份指导意见，彰显了国家层面的重视态度，致力于打通顶层设计的"最先一公里"和政策落

---

[1] 国务院政策例行吹风会材料［EB/OL］.（2015-06-05）［2015-12-05］. http://www.china.com.cn/zhuanti2005/txt/2015-06/05/content_35748893.htm.

[2] 邵景均.积极推进"互联网+"行动［J］.中国行政管理，2015（8）.

实的"最后一公里"。

  一系列政策的出台，激发了一批有创意、敢尝试、能吃苦的创业者纷纷走上创客之路，从生活各个角度推动文化和科技、创意设计与科技、社会服务与科技的融合，为社会创新提供新动力，充分释放了草根创新的潜在活力。对互联网前景的向往让越来越多的人开始在这个领域找寻发展目标和方向。根据《2015互联网创业白皮书》的调查，北京、上海、广州三地依旧是互联网创业的首选之处。2014年，三地新成立公司合计占比达到73.84%，电子商务是最热门的创业领域，占比为13%，紧随其后的是本地生活领域和互联网金融服务领域。从公司发展看来，2014年，全年共有36家互联网公司上市，相比2013年同比增长幅度达到93.75%，覆盖了企业服务、游戏动漫、电子商务和教育等14个领域。2014年，以百度、阿里、腾讯、奇虎360、小米为首的互联网巨头企业加快了互联网行业的并购与投资布局。以五大公司为源头的互联网企业也催生了无数创业者投入"双创"的洪流之中。从数据上可以看出，BAT——中国三大互联网公司百度公司（Baidu）、阿里巴巴集团（Alibaba）、腾讯公司（Tenent）的英文首字母缩写在创业人数和创业公司数上都位居前列，其中"阿里系"的310家创业企业和"腾讯系"的274家在总数上几乎不相上下。

第二节 历程梳理

一、我国互联网发展的演进过程

中共中央网络安全和信息化领导小组办公室主任、国家互联网信息办公室主任鲁炜在网络安全和信息化专家座谈会上的讲话中指出:"中国互联网20年发展史是一部贡献史。作为国民经济重要驱动力量,互联网对中国经济持续快速发展做出了重要贡献;作为不可或缺的生活形态,上网提供了快捷便利的信息服务;作为文化消费的重要途径,互联网提供了丰富的文化产品;作为联系群众、服务群众的窗口,互联网是党和政府走好群众路线的重要平台;作为6亿网民共同的精神家园,互联网成为激发正能量、传递正能量、汇聚正能量的重要渠道。"

(一)研究实验:国家建设互联网的启蒙教育

1969年,互联网诞生于美国。这一新兴的科技手段迅速成为全世界的关注焦点,欧洲、北美、亚洲的部分国家和地区纷纷选择加入互联网的大家庭,而拥有世界第一人口数量和消费市场的中国自然也憧憬着体验这一新兴的文明成果。然而，互联网在中国的引入却经历了一个极为艰难的开始，这其中既存在经济的考量，更涉及政治的博弈。诚如中国互联网的开创者之一、中科院胡启恒院士所说："互联网进入中国，不是八抬大轿抬进来的，是羊肠小道走出来的。"

20世纪80年代中后期，中国互联网建设刚刚进入研究实验阶段，主要目的是服务科研和管理工作，一些科研部门和高等院校共同研究互联网（Internet）联网技术。1987年9月20日，一封内容为"Across the Great Wall we can reach every corner in the world"（越过长城，走向世界）的电子邮件，经过德国学术机构的"中转"成功发送，这是中国首封电子邮件，拉开了中国人使用互联网的序幕。此后，我国加大了网络技术研究的力度。在当时，科研人员很难预料到20年后的今天互联网会与人们的生活如此紧密。这一阶段可谓是中国互联网混沌初期的启蒙教育，小部分人群开始接触互联网，却全然不曾意识到这一新生事物的到来将产生怎样的影响。

科研深入的背后是国家层面对信息网络的认识在不断加深。继1993年美国提出建设信息高速公路计划之后，中国也在同年提出建设实施"三金"工程，即建设中国的"信息准高速国道"，此举宣告了我国互联网基础设置建设的起步。1993年12月，国务院批准成立的国家经济信息化联席会议，成为我国互联网领域专门管理的雏形。

而在互联网的商业应用方面，这一时期的互联网公司寥寥可数，但却成为今天互联网设备制造领域的佼佼者，这与他们较早进入该领域有着密不可分的关系。1984年，中国科学院计算技术研究所投资20万元成立中国科学院计算技术研究所新技术发展公司，并于次年推出中国第一款具有联想功能的汉卡产品。该公司即为"联想"公司的前身。到1990年，联想公司开始生产个人电脑，并于1994年在香港证券交易所上市。1988年，中国最大的通信设备厂商华为成立。2014年7月，在爱立信、华为、诺基亚西门子、阿尔卡特朗讯、中兴通讯全球五大电信设备商中，华为已超越爱立信成为全球第一大电信设备商。

然而，在这一时期中国并没有正式连入 Internet。由于种种原因，我国搭建的专线面临诸多限制，并不能连接到除美国能源科学网外的其他地方。尽管如此，这条专线的意义仍然非比寻常，因为它使得国内几百名科学家得以使用电子邮件。

（二）CN 回归：国人互联网意识的初步萌发

1994 年，被称为中国互联网的元年。这一年，中国正式开通了与 Internet 的全功能连接，成为国际互联网大家庭中的第 77 个成员。在网络世界中，各个国家都有属于自己独特的网络标识，顶级域名在某种程度上代表了一种文化认同和自身价值的定位。早在 1990 年，被称为"中国互联网之父"的钱天白教授代表中国正式在国际互联网络信息中心的前身注册登记了我国的顶级域名 .CN。但是由于当时中国尚未正式接入 Internet，顶级域名 .CN 服务器只能委托放在德国卡尔斯鲁厄大学。1994 年 5 月 21 日，中国科学院计算机网络信息中心对中国国家顶级域名服务器完成了全部设置，改变了中国的 CN 域名服务器放在国外的历史。从国家安全的角度来看，一旦发生特殊事件，如果国外域名公司不再为我国用户提供域名解析服务，那么所有我国企业和个人注册的国外域名将得不到解析，无法被访问，而 .CN 域名则可以通过采取一定措施保证在国内仍然畅行无阻。

根据中国互联网信息研究中心公布的数据显示，截至 2005 年 12 月，我国 CN 域名的注册量首次突破百万大关，在亚洲国家的顶级域名注册量中位居第一，在全球排名第六。仅仅 3 年，到 2008 年 7 月，CN 域名的注册量超过 1218 万个，首次跃居世界第一。中国互联网络信息中心（CNNIC）发布的第 36 次《中国互联网络发展状况统计报告》数据显示：到 2015 年 6 月，我国域名总数为 2231 万个，其中 ".CN" 域名总数年增长为2.4%，达到1225万个，在中国域名总数中占比达54.9%。[1]

（三）走向社会：互联网的产业形态初步显现

跨入元年之后，国人在互联网领域的热情被逐渐激发起来，这一时期也是中国互联网领域商业化探索元年。1994年，中国科学院高能物理研究所推出中国第一套网页，中国第一个BBS站点——由国家智能计算机研究开发中心研发的曙光BBS站正式开通。互联网虽然孕育在科研领域，但大展拳脚却首先是在商业领域。在中国互联网商业化历程中早期的拓荒者里，瀛海威的创建是最具标志性的事件，其作为当时国内唯一立足大众信息服务、面向普通家庭开放的网络，为之后中国互联网的早期创业者吹响了序曲。该公司前总裁张树新被称为"中国信息行业的开拓者"。经过短短两年的发展，瀛海威成为中国最早也是最大的民营网络服务提供商（ISP）、网络内容提供商（ICP）。同年，丁磊离开宁波电信局，马化腾架设起历史上最豪华的四线站台，张朝阳回国创业，马云等人创办"中国黄页"，开创了最早的一批互联网公司。其后不到三年时间，瀛海威盈利500万元，联想推出第一台服务器，次年推出联想笔记本……截至1996年底，中国互联网用户数已达20万，通过互联网开展的服务逐步增多，互联网开始进入公众生活。

互联网与公众生活的初步关联，在短短几年内产生了诸多的业态。譬如，在新闻媒体方面，到1995年底，中国第一批网络媒体达到7~8家。1997年，由《人民日报》主办的人民网正式加入互联网，成为中国本土开通的首家中央新闻网站。而在网络社交方面，1995年，以清华大学、北京大学为代表的校园BBS开辟了新的学习交流乐园，水木清华BBS曾经是中国最有人气的BBS，代表着中国高校的网络社群文化的兴起。同一时期，中国第一家网络咖啡屋在北京开业，与网络有关的娱乐休闲业开始出现在

---

1 马荟. 2001:整装待发[J]. 互联网周刊, 2008（20）.

大众的视野中。

在这一阶段，互联网与大众的生活看似随意地发生着化学反应，有着冒险气质和敏锐洞察力的人们逐渐意识到互联网带来的改变有可能蕴藏着巨大的能量。1997年，中国互联网络信息中心发布了《中国互联网络发展状况统计报告》（以下简称《报告》），这是自互联网进入中国以来首次全国性、官方的统计报告。根据《报告》数据，截至1997年10月，中国上网用户数达62万人。仅仅过了4年，到2001年6月，我国上网用户数约2650万人，增长了约44倍，除计算机外同时使用其他设备（移动终端、信息家电）上网的用户人数为107万。而在.CN域名的注册方面，2001年达到了128362个，激增了33倍。

（四）创业泡沫：今日互联网格局的前世之路

随着互联网向社会大众的开发，上网服务不再是高级知识分子专享的特供品，而是更多地显示出其作为社会公共基础设施属性的一面。瀛海威等企业的出现，让一批富有创业激情的年轻人开始憧憬着未来能在互联网产业的大潮中一展身手，也让越来越多的企业家把目光投向了这一全新的经济领域。这一时期，互联网带给国人的影响，已经从意识层面转为实际生活中，上至国家管理互联网的思路愈加清晰，下至产业领域的跃跃欲试，很多人试图抓住互联网带来的商机。这些都让普通老百姓体会到了互联网给现实生活带来的神奇。其中最明显的便是商业网站的出现，以及这个时期崭露头角的创业公司，它们敲响了中国互联网创业热潮的前奏。

1995年，张朝阳创办搜狐前身爱特信公司，成为中国第一家以风险资金建立的互联网公司。公司推出搜索引擎搜狐，由此打开了中国网民通往互联网世界的大门。1997年，搜狐、网易、新浪等一批互联网门户的前身开始出现在大众视野中。丁磊创办的网易公司先后推出免费主页、免费域名、免费邮箱、虚拟社区等多个互联网服务项目，引导大众体验多样化的网络服务。1998年，门户网站的价值在互联网业界得到普遍认可，新浪、网易等深度影响中国人获取信息的门户网站正是在这一年由其他模式转型而来。除此之外，新华网、光明网、国际在线等中央级新闻门户也逐渐建立。同年，电子商务开始兴起，马云与其他17位创建人在杭州发布了首个网上贸易市场"阿里巴巴在线"；马化腾正式注册成立"深圳市腾讯计算机系统有限公司"。

1999年，随着互联网在全球的大热，这一年成为美国互联网公司IPO规模最大的一年，有超过200家科技公司上市。互联网的风行也让中国互联网产业也迎来了一次巅峰，阿里巴巴、百度、盛大、天涯社区等互联网公司相继成立。1999年7月12日，中华网在纳斯达克首发上市，当天股价从20美元攀升至67美元，这是在美国纳斯达克第一个上市的中国概念网络公司股。同年，新浪获得2500万美元的海外风投。到2000年，中国互联网行业一派轰轰烈烈的景象，在境外风投的疯狂热捧中，国内互联网产业的泡沫达到顶点。新浪率先登录纳斯达克，网易、搜狐也先后取得上市资格。尽管以互联网为代表的新经济一直受到资本的热捧，但是由于当时的新经济缺乏合理的商业模式和切实可靠的经营业绩支撑，资本的狂热带来的只能是估值的泡沫。

从2000年3月开始，纳斯达克股指一路大跌，三大门户网站刚刚迈出重要的一步就遭遇到了全球互联网产业的"寒冬"。新浪的股价一度跌到1.06美元，搜狐股票跌到60美分，网易在上市首日一度只有53美分，被业内称为"流血上市"。以科技股为代表的纳斯达克股市的崩盘让中国互联网产业的泡沫彻底幻灭，国内IT产业如同"多米诺骨牌效应"一般一片低迷。根据美国并购专业网的统计，2000年的网络经济泡沫令全球至少有4584家互联网公司被并购或者倒闭。

2000年，中国互联网市场进入"冬天"，但在这一年政府对信息产业的关注和管理却是意义重大、影响深远的一年。在这一年，各级政府密集出台数十个与互联网相关的政策法规和管理标准，从政府到企业，从商业到生活，从金融到教育，内容涉及之广、行业涉及之多，均属首次。2000年9月，国务院颁布国内第一部管理电信业的综合性法规——《中华人民共和国电信条例》，标志着中国电信业的发展步入法制化的进程。2000年底，《中共中央关于制定国民经济和社会发展第十个五年计划的建议》发布，文件提到"大力推进国民经济和社会信息化，是覆盖现代化全局的战略举措"。这一说法在2001年得到充分推进，在中央和地方政府的倡导下，企业信息化、教育信息化、政务信息化先后步入正轨。2001年，《信息产业"十五"规划纲要》正式发布，这是我国自确立信息化战略以后首次制定行业专项规划，为互联网产业的有序发展奠定了基础。总之，一系列政策的出台，标志着我国政府对互联网产业的认知度和重视度提到了前所未有的高度，对互联网的管理也日益走向规范化、制度化。

（五）信息超载："第四媒体"地位终获认可

随着各大新闻门户网站在这一时期的蓬勃出现，网络海量的信息资源优势、病毒式的传播能力逐渐显现，国内媒体研究领域开始有学者将互联网看作是继报纸杂志、广播、电视之后的第四种大众媒介手段。1998年，在联合国新闻委员会召开的年会上，"第四媒体"这一称谓正式提出，并在国内被广泛使用。次年，国内多家颇具影响的网络媒体企业和机构首次聚会，会议通过了《中国新闻界网络媒体公约》，强调营造中国网络媒体公平竞争的发展环境，呼吁全社会重视和保护网上信息产权。这是国内较早注意到网络时代知识产权保护问题的一次会议。2000年，国务院新闻办公室正式批准人民网、新华网、中国网、央视国际网、国际在线网等可以进行登载新闻业务，此类网站率先成为国内获取登载新闻许可的新闻网站。

这一时期，国内互联网在传播领域发生了多起重大的里程碑事件，网络作为"第四媒体"的传播力和影响力在诸多重大新闻事件的报道中发挥出了不可小觑的力量。其标志性的事件就是在1999年，新浪网在国内率先报道"北约导弹击中中国驻南联盟大使馆事件",网络媒体的传播力量得到充分体现。此后,中央首次提出以现代化信息技术加强和改进对外传播手段。从电子版到第四媒体再到网络媒体,其背后折射的是人们从传播角度对互联网的认识不断深化。与此同时,网络媒体也在舆论监督领域发挥了重要的作用。2003 年,湖北青年孙志刚在广州收容所遭殴打致死的事件成为媒体热议的焦点。这一事件在被地方媒体曝光后,吸引了各大网络媒体的纷纷介入。在强大的舆论压力下,有关部门随即立案侦查。这一事件的发酵,引起了政府部门的高度关注,并促进了我国对流浪人员的收容管理制度的更新。同年 6 月,国务院废止《城市流浪乞讨人员收容遣送办法》,同时发布《城市生活无着的流浪乞讨人员救助管理办法》。透过这一事件,中国网民开始通过网络表达对社会问题的关注,网络成为大众参与热点话题讨论、营造中国舆论生态的重要阵地。此后,随着"躲猫猫""王家岭矿难救援""方舟子打假""钓鱼执法"等一系列社会不公平事件被网络公开和揭晓,很多腐败行为被曝光,弱势群体借由网络得到关注和帮助,互联网的舆论监督价值得到了普遍认可。

(六)全面复苏:分享与开放价值的再放大

2003 年,中国互联网开始了复苏之路,在网络游戏、网络视听等服务的促进下,中国互联网逐步走出寒冬。根据 CNNIC 在 2003 年 7 月发布的《中国互联网络发展状况统计报告》显示,截至当年 6 月,中国网民总数达到 6800 万。在诸多互联网公司的不懈探索下,国内互联网的应用逐渐呈现出个性化、多元化的特点,在借鉴国外成熟发展模式的基础上,中国互联网企业也进行了本土化的创新,找寻适合中国国情的发展模式。网络游戏是诸多互联网应用中增速最快的一个门类。2007 年,国内网游市场的总规模突破 100 亿。随着网络游戏、音频、视频等互联网内容逐步丰富,搜索这项应用服务也迎来了第一波发展。三大门户网站新浪、搜狐和网易首次迎来了全年度盈利。这一事实宣告了中国互联网复苏时代的正式来临。

综观这一时期的互联网产业，游戏、广告和电商三大领域催生了今天中国互联网的三大巨头：腾讯、百度和阿里巴巴，三家企业共同推动了中国互联网第二次浪潮的开始。2003年，由于SARS病毒的肆虐，国内实体商店遭受到了严重的打击。然而，危机也是转机，宅经济的出现和繁荣促使电子商务在这一年迎来了线上业务爆发式的增长。同年5月，阿里巴巴集团创立淘宝网，网上集市、网上商城的建立成为人们购物消费的补充渠道，越来越多的消费者对于在线零售这一新兴业态表现出前所未有的期待。随着淘宝网的火爆，第三方支付平台支付宝也迅速被消费者所接受，传统的交易方式逐步被互联网改变。2008年，中国的网购规模突破1000亿元。电子商务的异军突起也促进了搜索引擎的发展，大大小小的商家在互联网上积极投放广告，网络广告的形式也日趋多样。2010年，搜索市场规模超过百亿。2003年，百度发布图片搜索、新闻搜索，进一步巩固了中文第一搜索的行业地位。与此同时，腾讯正式进军企业市场，并于2004年在香港成功上市，此时，腾讯旗下的聊天工具QQ的用户注册数升到2.91亿，最高同时在线用户数达600万。上市后的腾讯，拥有了业务扩张的资本，开始进军门户网站。到如今，腾讯的商业版图中涵盖了IM、门户、游戏、邮箱、空间、音乐、视频等，几乎囊括了所有互联网服务。

随着网民数量的激增，由此催生的新兴网络文化也更为丰富。2005年，互联网进入2.0的发展阶段，被称为中国的博客元年。这一年，中国的网民用户数量过亿，成为除美国之外的全球网民数量最多的国家。大量的网络交流逐渐聚集了一批善于在网络世界中发表言论的"舆论领袖"，并催生了社交网络的发展。从百度贴吧到天涯博客，从网络游戏到网络文学，从线上慈善到网络维权，从实时聊天到分享点评，互联网的生态圈逐渐朝着精细化的方向发展，也愈加与人们的日常生活紧密起来。

（七）移动互联：从工具到商业的大步跨越

CNNIC 的统计数据显示，截至 2008 年 6 月，国内网民总数达到 2.53 亿，首次大幅度超过美国，跃居世界首位。[1] 同年，中国 .CN 域名的注册量也超过德国，成为全球第一大国家顶级域名。中国互联网信息中心（CNNIC）发布《第 22 次中国互联网络发展状况统计报告》指出，在众多网络应用中，即时通信的使用率高达 78%。随着以即时通讯为代表的社交应用与网民生活的深度融合，以及数据流量技术、3G 和 4G 网络覆盖率的提高，以移动互联网为标志，中国互联网的发展步入了一个新的时期。根据艾瑞咨询发布的《2008–2009 年中国移动互联网行业发展报告》显示：2008 年，借助奥运事件的营销，国内运营商逐渐培养了移动互联网用户的使用习惯。数据显示，2008 年，国内移动互联网市场规模达 117.5 亿元人民币，同比增长 39.2%。在电信运营商和互联网企业共同推动以及移动互联网用户规模增长等因素驱动下，2008 年国内移动互联网用户规模达到 9860 万，同比增长 108.5%。

2012 年，国内移动互联网用户首次超过 PC 用户。到 2015 年，中国互联网信息中心发布的第 35 次调查报告显示：截至 2014 年 12 月，我国网民规模达 6.49 亿，其中手机网民达 5.57 亿，中国已经成为全球网民数量最多的国家，同时也是全球移动网民人数最多的国家。与此同时，我国移动互联网的生态系统正在形成，以即时通信、移动支付、电子商务、网络视频、数字音乐、网络阅读等细分市场为代表的移动应用正在加速与大众生活的融合，由此也带来了巨大的商业发展空间。2015 年 6 月，人民网发布了《中国移动互联网发展报告（2015）》（以下简称《报告》）。《报告》指出，伴随着网络和终端的无处不在，移动互联网已作为生产要素、管理元素，融入生产、管理、销售的各环节，打通各个节点，大大提升生产效率。在这个过程中，移动互联网起着基础性作用，是生产、

---

[1] 中国"触网"20 年感觉几何［J］. 中国报业，2014（9）.

管理、营销的基础。移动互联网对传统行业的改造,已开始从消费服务领域向生产领域渗透。[1]

(八)"互联网+":从竞争到竞合的新生态系统

开放、协作和分享是互联网的核心价值理念。2015年,对中国互联网行业来说也将载入史册。今年的全国两会上,"互联网+"首次进入政府工作报告,我国将互联网提升至战略性新兴产业的高度加以鼓励和扶持。所谓"+",具有丰富的内涵,也存在极大的发展前景。从传统的网络业态,如电子商务、网络游戏、在线音乐、视频网站到与线下的制造业、信贷金融、教育培训、餐饮服务、电信运营、医疗,甚至农业等行业的结合,"互联网+"为各行各业的再一次突破和创新,创造了巨大的想象空间。

互联网与实体经济的融合,开启了智慧生活的链条,打开了人类社会广泛使用智能设备的大门。一方面,智能终端的范围逐渐不限于手机、手环、眼镜、手表等可穿戴设备,而是朝着更加宽泛的方向发展:智能家居、智慧汽车、智慧城市等;另一方面,随着物联网、数据采集、智能识别技术的成熟,未来智能化的程度将会不断加深,以用户为中心的设备将能够更加精准化地满足个人需求。随着互联网与交通、医疗、教育等细分领域的应用纷纷涌现,多元化、个性化、精准化的服务将为用户带来极大便利。在提高生产和生活效率的同时,各行各业之间的关系不再是纯粹对立的竞争关系,而是你中有我、我中有你的竞争与合作并存的状态。

这一时期,国家对互联网的重视程度得到了前所未有的提高。2014年,中央网络安全和信息化领导小组宣告成立,由国家主席习近平担任组长。在此次会议上,习近平指出:"建设网络强国,要有自己的技术,有过硬的技术;要有丰富全面的信息服务,繁荣发展的网络文化;要有

---

[1] 2015移动互联网蓝皮书:移动互联网生态系统正在形成[EB/OL].(2015-06-24)[2015-12-15]. http://it.people.com.cn/n/2015/0624/c1009-27201188.html.

良好的信息基础设施,形成实力雄厚的信息经济;要有高素质的网络安全和信息化人才队伍;要积极开展双边、多边的互联网国际合作。"这一举措代表了互联网领域国家战略的觉醒,互联网作为新经济时代的突出代表,成为我国角逐未来世界竞争的重要砝码。随着移动互联网、物联网、云计算、大数据等技术的推进,网络与实体经济的融合日益紧密,网络对大众生活的改变也将呈现出新的阶段特点。

二、我国互联网应用的阶段特点

互联网进入中国 20 多年,从最初的信息传播工具演变为集信息发布、交互、利用、交易于一体的信息平台,网络构成了当前社会信息环境的重要组成部分,从"虚拟空间"演变为具有独立结构、形态和文化特征的"网络社会",并通过"虚拟"与"现实"的相互砥砺,成为推动现实社会变革、解构和重塑的重要力量。

1994~2005 年间,互联网作为一种信息传输的工具,在人们的生活中存在。这一点通过当时使用率最高的功能就能看出来,收发邮件、浏览新闻是最主要的用途。到 2004 年之后,随着各类网站的兴起,出现了多种多样、各具特色的网络平台,展示、分享和交流成为人们使用互联网最为突出的表现。互联网充分发挥其平台的作用,成为诸多有共同兴趣、共同诉求的群体沟通的桥梁,发挥了渠道的功能。到今天,随着国家对网络基础设施的大面积建设,宽带的提速,智能终端的普及性应用,尤其在新一轮的互联网创业浪潮中,传统产业与互联网紧密结合,将大众的日常生活与网络紧紧地捆绑在了一起。自此,互联网不再是过去固定在桌面的、被动的、静态的存在,而是成了大众生活中如影随形的陪伴,互联网与人的关系也从过去以人的意愿为主导,变为二者交相互动、彼此影响的更加有趣、更为有效的伙伴式的体验。

由于互联网与人如此紧密的关系,与人相关的一切产业形态随之迸发,互联网在延续了过去工具、平台、渠道的基础上，又一次打通了与各个产业门类的联系，进而形成了一个更为广阔的互联网经济体概念。未来，在互联网的诸多功能中，工具性的使用、平台式的连通、渠道化的分享将成为互联网作为综合经济体发展的基本底色。换言之，互联网经济体将会是未来网络发展的终极目标。

	第一个十年	第二个十年	第三个十年
时间	1994~2004	2004~2014	2014~2024
阶段	概念阶段	产业阶段	跨界扩张
网络普及率	不足10%	50%	/
网民数量	9400万	6亿	/
驱动力	技术创新	业态创新	融合创新
主要特性	工具和渠道：媒体属性	平台和基础：社交属性	经济体：生产要素属性
代表应用	邮箱、门户、搜索	博客、微博、微信	互联网金融、在线教育、电子商务
代表企业	新浪、搜狐、网易	腾讯、百度、阿里	阿里金融、MOOC、小米盒子

（一）工具与渠道：技术驱动，媒体属性

中国互联网的第一个十年，属于技术驱动的初级阶段。普适计算之父马克·韦泽说："最高深的技术是那些令人无法察觉的技术，这些技术不停地把它们自己编织进日常生活，直到你无从发现为止，而互联网正是这样的技术，它正潜移默化地渗透到我们的生活中来。"[1] 毫不夸张地说，互联网是所有信息通信技术中影响最深远的一个。任何公司或国家都无法忽视互联网的发展，每个企业都需要走向数字化。作为基础设施，它降低了个人应用信息技术与工具的门槛，使得信息和知识的获取变得平等而便捷，从而赋予个人和企业更大的商业能量与自由。随着云计算、大数据和物联网的发展，互联网从最初的工具和渠道跃升为战略性基础设施已经成为共识。而随着智能终端的普及，移动互联网正以更快的速

---

[1] 林永青，黄少敏．"互联网+"，中国版工业4.0 [J]．金融博览，2015（4）．

度渗透。

在这一阶段，中国互联网从基础设施建设开始起步。互联网初步介入人们的生活，更多的展现的是媒体的属性，以新闻、邮件、搜索为基础的门户，是这个阶段的代表。各个网站发展的驱动力都在于以技术创新为主导，譬如新浪最初就是以技术平台起家，搜狐以搜索技术起家，腾讯以即时通信技术起家，盛大以网络游戏起家，在这些网站的创始阶段，技术性的痕迹相当之重。作为产业发展的第一阶段，这一时期完成了中国互联网的初步积累，在市场上，从各个领头的互联网企业的试探性的创新到国外资本的竞相追逐，再到门户模式的爆发，最后以第一次网络泡沫破裂告终。

（二）平台与基础：业态创新，社交属性

中国互联网的第二个十年，是互联网产业蓬勃发展的爆发阶段。互联网产业的形态初步显现，超过了传统的 IT 产业，已经逐渐由技术驱动开始转向业态创新驱动。2007 年，腾讯、百度和阿里巴巴等互联网领头公司的市值先后超过 100 亿美元；2009 年，三巨头市值又陆续超过 300 亿美元大关；2013 年，腾讯市值超过 1000 亿美元，这一数字高于中国电信和中国联通两大运营商上市公司的市值总和，成为民营企业的标杆。[1] 作为三家公司中最早倡导"互联网+"的腾讯，围绕着 QQ 这一用户量极为广泛的社交工具，衍生出了诸多领域的产品和业态，网游、音乐、视频、商城……尤其在其 QQ 游戏、微信等产品的发展上，充分发挥了其作为平台的开放性特点，不断地吸引普通的创作者融入平台，凝聚力量，也反过来再一次扩大了平台本身的价值。

这一阶段，QQ、微博、微信等网络产品的用户爆发式增长，以互动、分享、交流为特点的社交网络改变了人与人之间的交往机制，并逐渐影响到

---

[1] 方兴东. 无边界创新时代的机遇与挑战 [N]. 计算机世界，2013-11-25.

整个社会的经济、政治、文化等各个领域。2005年，被称为中国的"博客元年"，随着诸多知名人士入驻新浪博客，普通大众通过博客表达自己的思想和感受，甚至公司、部门和团队之间也将其作为一种流行的沟通工具。据中国互联网络信息研究中心发布的《2006年中国博客调查报告》显示，截至2006年8月底，博客作者规模达到1748.5万人。在博客的热潮中，也涌现出了一些专业性的博主，如媒体从业人员、IT精英、经济分析师等等，他们运用自己的专业知识，在网络上定时更新、分享资讯和观点，Web2.0概念在中国互联网领域得到了全面的展示。2008年，开心网、校内网等社交类网站迅速传播，新浪、搜狐、网易等等门户网站纷纷开启微博功能。作为"后博客"时代的产物，微博以其碎片化、图文化的特点进一步增强了即时互动、转发评论等社交功能属性，吸引了社会名人、娱乐明星、企业、政府机构和众多网民的加入，成为中国互联网领域的又一个标志性的产物。

互联网发展得如火如荼的背后，是互联网公司的残酷竞争。随着用户规模的急速扩大，一些有着平台和渠道优势的互联网公司逐步领先，关于"渠道为王"还是"内容为王"的争论成为大众反复讨论的焦点。在此背景下，众多互联网企业纷纷宣布开放平台战略：腾讯在全球合作伙伴大会上，宣布将从沟通、社交、平台、支付和硬件等五个方面向开发者全面开放；阿里旗下的淘宝商城也宣布开放B2C平台战略，对所有零售形态全面开放；百度则将其应用平台正式开放，这个平台涵盖了应用分发、搜索引擎、图片视频、手机安全等各个方面。这些举措无疑正在改变互联网企业间传统的运营模式与竞争格局，由开放到连接，由单向到多维，由竞争到竞合。可以说，这一阶段是中国互联网的爆发与调整的阶段，各类网络应用从技术创新到业态创新的转变，最终走向对互联网商业模式的探讨，进而推动中国互联网经济的下一次提升。

（三）互联网经济体：未来社会互联网化

目前，对于"互联网经济"的含义，学界和业界并无明确统一的表述。一般情况下,所谓互联网经济,指的是基于互联网所进行的各类经济活动的总和。作为伴随着信息时代的到来而产生的一种崭新的经济现象,互联网经济的参与主体自然更多地依赖网络技术的运用,除从网络获取大量信息外,运用网络技术进行分析、预测和决策也是极为重要的一方面,在经济活动的生产、交换、分配、消费等环节,发挥信息要素的基础性作用,同时也将很多活动直接在网络上进行。早期的互联网经济是指互联网产业本身。随着互联网与各行各业的广泛融合,推动了人类社会生产、工作和生活方式发生深刻变革,互联网经济扩大为基于互联网所产生的经济活动的总和。

所谓"经济体"的概念,原意指的是基于地理区域的划分所产生的国家、地区的经济发展集合。然而,互联网所具有的虚拟性打破了时间和空间的限制,不再是实体地域的经济集合概念。互联网经济以技术为边界,将资源、要素、市场与技术整合,已在全球范围内俨然涌现为一个巨型经济体——互联网经济体。[1] 根据阿里研究中心的分析,互联网经济体之构成有广义与狭义之分,狭义互联网经济体包含互联网应用、互联网服务、互联网基础设施和互联网设备制造四个部分,而广义互联网经济体除包含这四个部分外,还包含被"互联网化"的实体经济。具体包含的内容如下表所示。

范畴	内容
互联网应用	电子商务、网络媒体、网络广告、网络娱乐和网络游戏等
互联网服务	电子商务服务、软件、IT咨询和教育培训等
互联网基础设施	宽带、IDC和云计算等
互联网设备制造	电脑、手机、服务器和路由器等
"互联网化"的实体经济	互联网向周边产业扩展,带动了传统工业、农业和服务业等的转型升级,实体产业通过被"互联网化"而纳入互联网经济体

---

1 薛艳. 互联网经济体中国经济发展新引擎 [N]. 北京商报, 2013-07-04.

2014年，中国互联网开启了第三个10年。有观点认为，互联网在我国从萌芽到迅猛发展的20年间，先后经历了由点及线、有线到面的发展态势，即由最初的工具性使用到渠道的建设，再到今日作为基础设施的广泛安装，互联网应用的广度和深度都发生了翻天覆地的变化。今天，随着"互联网+"的提出，新阶段的特点也被强调出来，那就是以移动互联网、云计算、大数据、物联网等新兴技术为驱动力，促进信息要素广泛应用于社会管理、电子商务、金融、传媒和教育培训等领域，并逐步向制造业延伸，催生新能源和新制造业，实现传统行业的转型升级。这一阶段以跨界为主要特征，由于互联网具有的包容性，现实中与诸多传统产业的结合也让人们看到了未来社会将有可能走向互联网化的方向。简言之，互联网与实体产业融合大大地扩展了"互联网经济体"的概念。根据标普资本发布的数据显示，在全球25大互联网公司中，美国和中国互联网公司所占席位比例是14：6。在世界互联网公司的阵营中，占据领导地位的无疑是来自美国的苹果、谷歌、亚马逊和Facebook，然而中国的互联网公司的发展势头也颇为迅猛，诸如腾讯、百度、阿里巴巴等公司正在迎头追赶。以这些公司为代表的中国互联网企业，引领着中国的信息经济向新的节点演变。

三、我国互联网领域的政策变迁

（一）战略引导

1. 国家信息化发展战略

20世纪90年代以来，信息技术不断创新，信息产业持续发展，信息网络广泛普及，信息化成为全球经济社会发展的显著特征，并逐步向一场全方位的社会变革演进。进入21世纪，信息化对经济社会发展的影响更加深刻。广泛应用、高度渗透的信息技术正孕育着新的重大突破。信息资源日益成为重要生产要素、无形资产和社会财富。信息网络更加普及并日趋融合。信息化与经济全球化相互交织，推动着全球产业分工深化和经济结构调整，重塑着全球经济竞争格局。互联网加剧了各种思想文化的相互激荡，成为信息传播和知识扩散的新载体。发达国家信息化发展目标清晰，正在出现向信息社会转型的趋向；越来越多的发展中国家主动迎接信息化发展带来的新机遇，力争跟上时代潮流。全球信息化正在引发当今世界的深刻变革，重塑世界政治、经济、社会、文化和军事发展的新格局。加快信息化发展，已经成为世界各国的共同选择。

时间	会议	事件	意义
1997年	全国信息化工作会议	通过《国家信息化九五规划和2000年远景目标》	将中国互联网列入国家信息基础设施建设
2000年	十五届五中全会	通过《中共中央关于制定国民经济和社会发展第十个五年计划的建议》	把信息化提到了国家战略的高度
2001年		《国民经济和社会发展第十个五年计划信息化重点专项规划》出台；《信息产业"十五"规划纲要》正式发布	国家确立信息化重大战略后的第一个行业规划
"十五"期间	国家信息化领导小组对信息化发展重点进行了全面部署，做出了推行电子政务、振兴软件产业、加强信息安全保障、加强信息资源开发利用、加快发展电子商务等一系列重要决策		
2005年	国家信息化领导小组第五次会议	《国家信息化发展战略（2006-2020）》发布	
2007年	《国民经济和社会发展信息化"十一五"规划》发布		
2013年	国务院常务会议	通过《关于大力推进信息化发展和切实保障信息安全的若干意见》	

2. 下一代互联网发展战略

众所周知，互联网的更新换代是一个极为迅速的过程。关于"下一代互联网"，目前并没有统一的定义，但其特征主要在于地址空间、传输速度、实时性、安全性以及治理方式和盈利方式等方面。早在2002年，有学者呼吁建设"中国第二代互联网的学术性高速主干网",由此开启了我国"下一代互联网"的建设。

时间	事件	简介	意义
2003年	国务院正式批复启动"中国下一代互联网示范工程"	该工程由国家发展和改革委员会主持,中国工程院技术总协调,由国家发展和改革委员会、科学技术部、信息产业部、国务院信息化工作办公室、教育部、中国科学院、中国工程院、国家自然科学基金委员会等八部委联合领导	该工程是实施我国下一代互联网发展战略的启步工程
2011年	国务院常务会议	提出:2013年底前,开展国际互联网协议第6版网络小规模商用试点,形成成熟的商业模式和技术演进路线。2014年至2015年,开展国际互联网协议第6版大规模部署和商用,实现国际互联网协议第4版与第6版主流业务互通	明确了我国发展"下一代互联网"的路线图和主要目标
2012年	制定《关于下一代互联网"十二五"发展建设的意见》	提出:"十二五"期间,我国将加快推进经济结构调整和发展方式转变,加快培育和发展战略性新兴产业,推动三网融合,为发展下一代互联网技术路线和发展计划,加快培育产业链,实现互联网跨越式发展	明确提出:"十二五"期间,互联网普及率达到45%以上,IPv6宽带接入用户数超过2500万的目标

3. 宽带中国战略

随着网络覆盖范围的不断扩大、传输和接入能力的不断增强、用户普及水平的不断提高,我国互联网技术储备和产业支撑能力不断提升。随着网络向经济、文化、政治等各个领域的加速渗透,全球信息化的浪潮一波未平一波又起。作为新时期我国经济社会发展的战略性公共基础设施,发展宽带网络对拉动有效投资和促进信息消费、推进发展方式转变和小康社会建设具有重要支撑作用。从全球范围看,众多国家纷纷将发展宽带网络作为战略部署的优先行动领域,作为抢占新时期国际经济、科技和产业竞争制高点的重要举措。

近年来,我国宽带技术创新取得显著进展,完整产业链初步形成,电子商务、软件外包、云计算和物联网等新兴业态蓬勃发展，网络信息安全保障逐步加强，但我国宽带网络仍然存在公共基础设施定位不明确、区域和城乡发展不平衡、应用服务不够丰富、技术原创能力不足、发展环境不完善等问题，亟须得到解决。2012年7月，国务院印发的《"十二五"国家战略性新兴产业发展规划》提出实施宽带中国工程，要求到2015年城市和农村家庭分别实现平均20兆和4兆以上宽带接入能力。同年8月，国务院印发《"宽带中国"战略及实施方案》，首次在国家层面明确了宽带网络的公共基础设施属性，明确了实施"宽带中国"战略的技术路线和发展时间表，并提出未来发展目标：到2020年，我国宽带网络基础设施发展水平与发达国家之间的差距大幅缩小，国民充分享受宽带带来的经济增长、服务便利和发展机遇；宽带网络全面覆盖城乡，固定宽带家庭普及率达到70%，3G/LTE用户普及率达到85%，行政村通宽带比例超过98%；城市和农村家庭宽带接入能力分别达到50Mbps和12Mbps，发达城市部分家庭用户可达1吉比特每秒（Gbps）；宽带应用深度融入生产、生活，移动互联网全面普及；技术创新和产业竞争力达到国际先进水平，形成较为健全的网络与信息安全保障体系。该文件明确了五大重点任务，分别是推进区域宽带网络协调发展、加快宽带网络优化升级、提高宽带网络应用水平、促进宽带网络产业链不断完善、增强宽带网络安全保障能力。[1]

4. 三网融合战略

三网融合是指电信网、广播电视网、互联网在向宽带通信网、数字电视网、下一代互联网演进过程中，三大网络通过技术改造，其技术功能趋于一致，业务范围趋于相同，网络互联互通、资源共享，能为用户提供语音、数据和广播电视等多种服务。三合并不意味着三大网络的物理合一，

---

[1] 高新技术产业资讯[J].硅谷,2013(16).

而主要是指高层业务应用的融合。[1]

时间	文件	内容
2001 年 3 月	"十五"规划纲要	第一次明确提出"三网融合":"促进电信、电视、互联网三网融合"
2006 年 3 月	"十一五"规划纲要	再度提出"三网融合"
2008 年 1 月	《关于鼓励数字电视产业发展若干政策的通知》	提出"以有线电视数字化为切入点,加快推广和普及数字电视广播,加强宽带通信网、数字电视网和下一代互联网等信息基础设施建设,推进'三网融合',形成较为完整的数字电视产业链,实现数字电视技术研发、产品制造、传输与接入、用户服务相关产业协调发展"
2009 年 6 月	《关于 2009 年深化经济体制改革工作意见》	提出"落实国家相关规定,实现广电和电信企业的双向进入,推动'三网融合'取得实质性进展"
2009 年 7 月	广电总局关于印发《<关于加快广播电视有线网络发展的若干意见>的通知》	指出:加快广播电视有线网络发展,对于巩固和拓展党的宣传文化阵地、满足人们群众日益增长的精神文化和信息需求、推动我国广播影视改革和发展、推进三网融合、促进国家信息化建设,具有十分重要的意义
2010 年 1 月	国务院常务会议	决定加快推进电信网、广播电视网和互联网三网融合
2010 年 6 月		国务院三网融合工作协调小组审议批准,三网融合 12 个试点城市名单和试点方案正式公布,三网融合终于进入实质性推进阶段
2015 年 8 月	《三网融合推广方案》	提出:在总结试点经验的基础上,加快在全国全面推进三网融合,推动信息网络基础设施互联互通和资源共享,有利于促进消费升级、产业转型和民生改善

---

[1] 孙天浩.我国宽带发展若干问题的思考[J].通讯世界,2014(22).

5. 网络强国战略

互联网在我国的应用虽然仅仅发展了20多年，无论从全国网民规模的绝对数量还是相对比例，中国已经称得上是一个名副其实的网络大国。在互联网技术的不断创新和推动下，网络以开放融合的姿态深刻地影响着我国经济结构的调整、产业形态的转型和社会文化的引领。然而，在互联网的尖端技术研发、网络治理体系和信息安全等方面，我国距离网络强国还有相当大的距离。同时，随着互联网媒体属性越来越强，网上媒体管理和产业管理远远跟不上形势发展变化。特别是面对传播快、影响大、覆盖广、社会动员能力强的微客、微信等社交网络和即时通信工具用户的快速增长，如何加强网络法制建设和舆论引导，确保网络信息传播秩序和国家安全、社会稳定，已经成为摆在我们面前的突出问题。[1]

2014年3月，在中央网络安全和信息化领导小组第一次会议上，国家主席习近平强调："网络安全和信息化是事关国家安全和国家发展、事关广大人民群众工作生活的重大战略问题，要从国际国内大势出发，总体布局，统筹各方，创新发展，努力把我国建设成为网络强国。"[2]同时，他提出："没有网络安全就没有国家安全，没有信息化就没有现代化。"[3]上述论断，对中国未来的网络和信息化发展具有战略引领的意义。对此，《光明日报》曾载文指出：习近平提出的网络强国，至少应该具有六个标志，即：网络信息化基础设施处于世界领先水平；有明确的网络空间战略和国际社会中的网络话语权；关键技术上自主可控，特别是操作系统和CPU技术；网络安全有足够的保障手段和能力；网络应用在规模、质量等方面处在世界领先水平；在网络空间战略中，有占领制高点的能力

---

1 黄军菲.社会治理视角下网络群体性事件研究［D］.合肥：安徽大学，2014.
2 用宣传夯实网络安全事业的群众基础.信息安全与通信保密，2014（12）.
3 习近平：把我国从网络大国建设成为网络强国［EB/OL］.（2014-02-27）［2015-12-05］.
http://news.xinhuanet.com/politics/2014-02/27/c_119538788.htm.

和实力。[1] 2015年7月,《中华人民共和国网络安全法(草案)》出台,预示着我国建设网络强国的制度保障正在迈出坚实的一步。《网络安全法》(草案)的立法说明中,清晰地阐述了如何将当前正在进行的网络安全的实践上升为法律法规,给予制度的保障,并使其符合中国的网络空间安全需求。

放眼世界,截至2014年,全球已有56个国家公开颁布了网络空间国家安全战略。以美国为例,自20世纪90年代以来,美国不断更新国家网络安全战略,已颁布了40多份与此相关的文件。作为美国第一位"网络总统",奥巴马在2014年宣布启动美国《网络安全框架》。此后,美国国防部公开表示把"网络战"作为今后军事冲突的战术选项之一,并称已研制出2000多种病毒武器。[2] 在欧洲,德、法两国主张建立欧洲独立互联网,试图在战略层面绕开美国,强化数据安全。2015年10月,欧盟最高司法机构欧洲法院认定欧美2000年签署的关于自动交换数据的《安全港协议》无效,指出欧盟公民的个人数据不能传输至非欧盟国家,今后美国网络科技公司将收集到的欧洲公民数据送往美国将受到法律限制,这一裁定对Facebook、谷歌、亚马逊等美国互联网巨头影响重大。[3] 作为中国的邻国,日本和印度在国家网络安全方面也在积极布局。2013年,日本信息安全中心发布《网络安全战略》,明确提出了"网络安全立国"的战略目标。同年,印度为实现其"电子交易的安全可信的计算机环境"的目标,出台了《国家网络安全策略》,这一文件不仅针对政府机构和大型企业,同时也将个人及家庭用户的网络行为纳入管理。

---

1 汪玉凯. 从网络大国走向网络强国[N]. 光明日报, 2014-06-20.
2 根据中国工程院院士沈昌祥在2014中国互联网安全大会上发表的演讲《网络空间安全战略思考与启示》整理。
3 中共中央网络安全和信息化领导小组办公室. 欧洲法院宣布欧美数据[EB/OL]. (2015-10-07)[2015-12-15]. http://www.cac.gov.cn/2015-10/07/c_1116747388.htm.

（二）政策支持

1. 网络文化产业相关政策

类型	时间	文件
新闻出版	2000年	《互联网站从事登载新闻业务管理暂行规定》正式发布
	2001年	《中华人民共和国著作权法》修订，"信息网络传播权"被正式列入
	2002年	《互联网出版管理暂行规定》出台
	2005年	《互联网新闻信息服务管理规定》发布
	2006年	《信息网络传播权保护条例》开始施行
	2010年	国家新闻出版总署出台《新闻出版总署关于发展电子书产业的意见》，提出要依法依规建立电子书行业准入制度，依法对从事电子书相关业务的企业实施分类审批和管理
	2015年	《关于推动传统出版和新型出版融合发展的指导意见》，提出要顺应互联网传播移动化、社交化、视频化、互动化趋势，综合运用多媒体表现形式，生产满足用户多样化、个性化需求和多终端传播的出版产品
网络文学	2015年	《关于推动网络文学健康发展的指导意见》印发，提出发表网络文学作品作者须依实名注册，加快网络文学作品版权保护技术及标准研发和运用，逐步建立科学的网络文学作品评价体系，切实改变文学网站单纯追求点击率的倾向，加大推动网络文学与新媒体的融合力度，支持网络文学企业加快相关环节技术研发应用及更新
网络视听	2007年	《互联网视听节目服务管理规定》发布
	2009年	《关于加强互联网视听节目内容管理的通知》发布，明确要求在网络上播出的境外引进节目的内容要符合政策规定，具有相应的版权
	2012年	《关于进一步加强网络剧、微电影等网络视听节目管理的通知》发布，就网络自制剧、微电影的制作、审查、监管、市场准入等方面做了规范化管理
	2014年	《加强网络剧、微电影等网络视听节目管理》发布，明确鼓励视频节目服务机构生产、制作、播出优秀网络剧、微电影、专业类视听节目，将播出前的审核权下放给播出机构"自审自播"，但同时提高准入门槛，要求企业提高内容审核标准
	2015年	《互联网等信息网络传播视听节目管理办法（修订征求意见稿）》公开征求意见。征求意见稿规定，网络广播电视内容服务单位应配备专业节目审查人员，网络广播电视内容服务单位播出的时政类视听新闻节目，应是地（市）级以上广播电台、电视台制作、播出的新闻节目，这意味着互联网媒体禁止自制时政新闻节目

续表

类型	时间	文件
网络游戏	2009年	《关于加强网游虚拟货币管理工作的通知》发布,首次明确了网络游戏虚拟货币的适用范围,规范了虚拟货币的准入门槛,明确了企业责任,并就严厉打击利用网游虚拟货币从事违法犯罪活动进行了规范说明
数字音乐	2009年	文化部下发《关于加强和改进网络音乐内容审查工作的通知》,规定"经营单位经营网络音乐产品,须报文化部进行内容审查或备案"
网络电台	2013年	国家广播电影电视总局下发了《广电总局关于促进主流媒体发展网络广播电视台的意见》,要求将网络广播电视台提升到与电台、电视台发展同等重要的地位,鼓励电台、电视台与宽带互联网、移动通信网等新兴媒体结合
文化创意	2011年	《互联网文化管理暂行规定》发布,增加网游企业注册资金不低于1000万元等规定,并对部分违规情况加大处罚力度
文化创意	2014年	中央全面深化改革领导小组第四次会议审议通过了《关于推动传统媒体和新兴媒体融合发展的指导意见》,推动传统媒体与新媒体融合的工作正式提上社会经济发展日程,推动互联网成为新型主流媒体、打造现代传播体系,对非网民信息生活的渗透力度持续扩大
文化创意	2014年	国务院出台《关于推进文化创意和设计服务与相关产业融合发展的若干意见》,提出要加快数字内容产业发展,推动文化产品和服务的生产、传播、消费的数字化、网络化进程,强化文化对信息产业的内容支撑、创意和设计提升,加快培育双向深度融合的新型业态
上网服务场所	2001年	《互联网上网服务营业场所管理办法》发布
上网服务场所	2003年	《互联网文化管理暂行规定》发布
上网服务场所	2003年	《关于全国性互联网上网服务营业场所连锁经营单位审批情况雕刻通告》发布,批准10家单位筹建全国性互联网上网服务营业场所连锁经营单位

2. 其他互联网领域相关政策

类别	时间	文件
智慧旅游	2015年	《关于促进智慧旅游发展的指导意见》发布,提出到2020年,我国智慧旅游服务能力明显提升,智慧管理能力持续增强,大数据挖掘和智慧营销能力明显提高,移动电子商务、旅游大数据系统分析、人工智能技术等在旅游业应用更加广泛,培育若干实力雄厚的、以智慧旅游为主营业务的企业,形成系统化的智慧旅游价值链网络

续表

类别	时间	文件
信息消费	2013年	国务院印发《关于促进信息消费扩大内需的若干意见》，提出将培育移动互联网等产业发展作为"稳增长、调结构、惠民生"的重要手段，提出到2015年，信息消费规模超过3.2万亿元，年均增长20%以上，带动相关行业新增产出超过1.2万亿元；基于互联网的新兴信息消费规模达到2.4万亿元，年均增长30%以上
创新创业	2015年	《关于深化体制机制改革，加快实施创新驱动发展战略的若干意见》出台，提出破除一切制约创新的思想障碍和制度藩篱，激发全社会的效率和效益，强化科技同经济对接、创新成果同产业对接、创新项目同现实生产力对接、研发人员创新劳动同其利益收入对接，增强科技进步对经济发展的贡献度，营造大众创业、万众创新的政策环境和制度环境
		《关于发展众创空间推进大众创新创业的指导意见》出台，重点强调了八项任务，即加快构建众创空间、降低创新创业门槛、鼓励科技人员和大学生创业、支持创新创业公共服务、加强财政资金引导、完善创业投融资机制、丰富创新创业活动、营造创新创业文化氛围
智慧城市	2014年	八部委联合发布《关于促进智慧城市健康发展的指导意见》，提出促进智慧城市健康发展，更鼓励发展基于移动互联网的旅游服务系统和旅游管理信息平台，加强移动互联网等技术的集成应用，创新服务模式
电子商务	2007年	《电子商务发展"十一五"规划》出台，首次在国家政策层面确立了发展电子商务的战略和任务
	2014年	《关于组织开展移动电子商务金融科技服务创新试点工作的通知》
		《关于跨境贸易电子商务进出境货物、物品有关监管事宜的公告》发布
	2015年	《关于大力发展电子商务加快培育经济新动力的意见》发布
		《关于促进跨境电子商务健康快速发展的指导意见》发布
互联网金融	2014年	《关于加强影子银行监管有关问题的通知》发布，提出将互联网金融企业纳入影子银行行列，并表示影子银行是金融发展的必然
		中国人民银行《非银行支付机构网络支付业务管理办法》（征求意见稿）公布
		《关于加强商业银行与第三方支付机构合作业务管理的通知》发布
		《私募股权众筹融资管理办法（试行）（征求意见稿）》发布
	2015年	《关于促进互联网金融健康发展的指导意见》出台，提出支持互联网企业设互联网支付机构、网络借贷平台、股权众筹融资平台、网络金融产品销售平台

第二章

"互联网+"是什么

  2013年全国人大代表、腾讯董事会主席兼CEO马化腾今年向人大提出的三个建议中,有《关于实施互联网发展战略,加快经济社会创新发展的建议》《关于将互联网企业"走出去"提升为国家战略的建议》。马化腾解释说,"互联网+"战略就是利用互联网的平台,利用信息通信技术,把互联网和包括传统行业在内各行各业结合起来,在新的领域创造一种新的生态。

第二章

第一节 已有认识

一、官方解释

（一）政府工作报告："互联网+"首次获得国家层面正式认可

2015年3月5日，第十二届全国人民代表大会第三次会议在人民大会堂举行开幕会，国务院总理李克强作政府工作报告。该报告全文近1.8万字，有多个部分均涉及了与互联网相关的表述。譬如，在回顾2014年的总体工作部分，报告指出："过去一年，国家着力培育新的增长点，促进服务业加快发展，支持发展移动互联网、集成电路、高端装备制造、新能源汽车等战略性新兴产业，互联网金融异军突起，电子商务、物流快递等新业态快速成长，众多'创客'脱颖而出，文化创意产业蓬勃发展。"又如，在第三部分"协调推动经济稳定增长和结构优化"中，报告认为："在加快培育消费增长点方面，要壮大信息消费，全面推进'三网'融合，加快建设光纤网络，大幅提升宽带网络速率，发展物流快递，把以互联网为载体、线上线下互动的新兴消费搞得红红火火。"同时，李克强指出："新兴产业和新兴业态是竞争高地。制定'互联网+'行动计划，推动移动互联网、云计算、大数据、物联网等与现代制造业结合，促进电子商务、工业互联网和互联网金融健康发展，引导互联网企业拓展国际市场。国家已设立400亿元新兴产业创业投资引导基金，要整合筹措更多资金，为产业创新加油助力。"这是"互联网+"首次出现在官方文件中，标志着"互联网+"首次得到国家层面正式认可。

结合2015年政府工作报告对目前我国经济运行状态的表述，以互联网经济为代表的服务业对传统产业的拉动作用观之，"互联网+"将极有可能在经济调整中发挥排头兵的作用。随着资源环境约束加大，劳动力等要素成本上升，高投入、高消耗、偏重数量扩张的发展方式已经难以为继。[1]在这样的严峻形势下，既要稳住速度，确保经济平稳运行，又要调整结构，夯实稳增长的基础，就必须不断促进服务业和战略性新兴产业比重提高、水平提升，优化经济发展的空间格局，加快培育新的增长点和增长极。近年来，互联网等新兴产业的迅猛发展已经表现出强大的活力，逐渐成为经济社会发展的又一引擎。同时，互联网对传统产业的改造和颠覆也在客观上促进了传统经济形态的结构性改革，发挥了先进技术、先进模式、先进思想等创新性要素在产业发展中的驱动作用。这与报告中提到的"当前经济增长的传统动力减弱，必须加大结构性改革力度，加快实施创新驱动发展战略，改造传统引擎，打造新引擎"的要求高度一致。

（二）国务院：确定未来十年融合的重点领域和方向

继"互联网+"在国家层面得到认可，国务院于2015年5月印发《中国制造2025》，我国制造业转型升级、创新发展迎来重大机遇。这是继中央提出"互联网+"指导思想之后，首个与互联网融合、有具体时间表和路线图的产业门类，也代表了未来互联网与传统产业融合的首要领域和突破方向。作为我国实施制造强国战略第一个十年的行动纲领，规划指出：

---

1 李克强：高投入高消耗扩张的发展方式难以为继[EB/OL].（2015-03-05）[2015-11-10]. http://news.sina.com.cn/c/2015-03-05/095431570750.shtml.

"新一代信息技术与制造业深度融合，正在引发影响深远的产业变革，形成新的生产方式、产业形态、商业模式和经济增长点。各国都在加大科技创新力度，推动3D打印、移动互联网、云计算、大数据、生物工程、新能源、新材料等领域取得新突破。基于信息物理系统的智能装备、智能工厂等智能制造正在引领制造方式变革；网络众包、协同设计、大规模个性化定制、精准供应链管理、全生命周期管理、电子商务等正在重塑产业价值链体系；可穿戴智能产品、智能家电、智能汽车等智能终端产品不断拓展制造业新领域。"

2015年7月，国务院印发《关于积极推进"互联网+"行动的指导意见》（以下简称《意见》），再一次明确了"互联网+"在当前经济社会发展中的重要意义，并提出了"互联网+"的阶段性目标。《意见》指出："到2018年，互联网与经济社会各领域的融合发展进一步深化，基于互联网的新业态成为新的经济增长动力，互联网支撑大众创业、万众创新的作用进一步增强，互联网成为提供公共服务的重要手段，网络经济与实体经济协同互动的发展格局基本形成。到2025年，'互联网+'新经济形态初步形成，'互联网+'成为我国经济社会创新发展的重要驱动力量。"值得注意的是，《意见》就互联网与各个产业融合的方向做了更进一步的阐述，从11个方面提出具体行动，涉及创业创新、协同制造、现代农业、智慧能源、普惠金融、益民服务、物流、电子商务、交通、生态和人工智能。这不仅标志着互联网行业首次被正式纳入国家战略发展轨道，更预示着互联网将在中国经济新常态下，在促进产业结构转型升级中被赋予更多权利，并承担起更大责任。

综观国家层面就"互联网+"出台的一系列政策，从《政府工作报告》到《中国制造2025》，再到《关于积极推进"互联网+"行动的指导意见》，从正式认可到重点领域的专门规划，再到多个领域的全面引导，这其中既有在工业制造业领域的深度融合，又有涉及11个方面的广度推进，二者在时间上相互印证。以2025年为界，未来十年将是互联网与我国经济融合的第一个浪潮。从各类文件的表述中可以看出：我国所提的"互联网+"，既不同于美国的"工业互联网"和德国的"工业4.0"，也不同于简单的"互联网+零售""互联网+社交""互联网+媒体""互联网+银行"等。我国所倡导的"互联网+"，旨在发挥互联网在提高生产效率、创新生产方式、培育消费热点等方面的动力，其内涵更为丰富，外延也更为广泛，是与中国当前经济现状紧密相关、具有中国自身发展特色的一次互联网革命。这种特色主要表现在两个方面。首先，制造业是国民经济的主体，随着我国经济发展进入新常态，产能过剩成为普遍困境，制造业面临着调整结构、转型升级、提质增效的挑战，而互联网恰恰在提升制造业活力、形成新的经济增长点等方面具有很好的带动作用。其次，信息社会的网络就如同工业社会的电力，它不仅仅对经济生活产生了影响，更重要的是已经成为人类生活的生存必需品，势必会更大范围地对政治、文化、社会治理等领域带来新的变革，并由此倒逼体制机制的创新，促进我国的全面深化改革。因此，《意见》中所涉及的11个方面，既包含了目前网络渗透率较高的电子商务、互联网金融等领域，也将一些与互联网融合度不足、市场化程度低、体制壁垒较高的领域涵盖其中，如能源和交通等。

由此，可以这样理解，总理提出的"互联网+"既是对其先进生产力的肯定，又将其延伸至包括资源配置方式在内的生产关系的范畴，超出了传统意义上互联网仅作为工具性的用途。在新一轮的信息革命中，这代表了我国不遗余力地推动互联网经济的决心和勇气。

（三）发改委："互联网+"是一种新经济形态

2015年3月，受国务院委托，国家发展和改革委员会提请十二届全国人大三次会议审查《关于2014年国民经济和社会发展计划执行情况与2015年国民经济和社会发展计划草案的报告》（以下简称《报告》）。《报告》认为，"互联网+"代表一种新的经济形态，即充分发挥互联网在生产要素配置中的优化和集成作用,将互联网的创新成果深度融合于经济社会各领域之中,提高实体经济的创新力和生产力,形成更广泛的以互联网为基础设施和实现工具的经济发展新形态。这是政府部门针对"互联网+"首次提出较为完整和规范的阐释。

国家发改委副主任林念修认为,当今时代,互联网与经济社会各领域的融合创新正以不可阻挡的势头对各国经济社会发展产生重大而深远的影响,互联网将为中国经济发展添加新动能。近年来我国互联网异军突起,创新力和竞争力不断增强,成为我国创新发展的探路者、先行军和主战场,很多互联网应用领域与主要发达国家站在了同一起跑线上。[1] 国务院关于"互联网+"行动指导意见等相关文件的出台,将带动新一轮的互联网发展浪潮,打造经济发展新动能,助力中国经济提质增效升级。

国家发改委对外经济研究所国际合作室主任张建平认为,互联网经济具有后发优势,通过互联网经济,中国追赶甚至超过发达国家的经济水平,有了弯道超车的可能。目前,中国经济处在转型升级的过程当中,从制造投资为主转向消费拉动为主。[2] 互联网经济下,消费规模超常规增长,既扩大了消费的范围,又提升了消费的效率,这正说明了互联网经济的生命力。

(四)工信部:"互联网+"与"两化融合"方向一致

长期以来,中华人民共和国工业和信息化部(简称工信部)一直致力于推动工业与信息技术的融合,提高工业领域的信息化水平。就自身的业务范围而言,工信部对"互联网+"的认识主要着眼于"互联网+制造业"。所谓"两化融合",指的是电子信息技术广泛应用到工业生产的各个环节,信息化进程和工业化进程不是相互独立进行,也非一方面带动和促进另一方面的关系,而是两者在技术、产品、管理等各个层面相互交

---

[1] 林念修. 互联网为中国经济发展添加新动能[EB/OL].(2015-07-21)[2015-12-12]. http://news.xinhuanet.com/info/2015/07/21/c_134430996.htm.
[2] 林其玲."互联网+"助力中国经济"弯道超车"[N].新京报,2015-03-16.

融,不可分割,并由此催生工业电子、工业软件、工业信息服务业等新产业。[1] 中共第十六次全国代表大会上首次提出"以信息化带动工业化,以工业化促进信息化"的新型工业化道路的指导思想,十七大进一步丰富和完善了这一思想,提出"发展现代产业体系,大力推进信息化与工业化融合"的新科学发展的观念,两化融合的概念就此形成。[2]

工信部部长苗圩认为,工业互联网是顺应新一轮工业革命和产业变革的一个重点发展领域,也是政府工作报告中提到的"互联网+"最早实现的行业之一。据估算,在未来20年中,中国工业互联网发展至少可带来3万亿美元左右GDP增量。实际上,在传统制造业领域推动互联网工具的应用和此前工信部推进的工业化和信息化融合的方向是一致的。《中国制造2025》与"德国工业4.0"都是在新一轮科技革命和产业变革背景下针对制造业发展提出的战略举措,两者重点都是要把信息技术与制造技术深度融合,通过移动互联网、物联网、云计算、大数据、机器人等新一代信息技术,让制造业数字化、网络化和智能化。在当下,随着我国网络基础设施不断完善,智能制造将会是"互联网+制造业"的突破口。

工信部副部长苏波认为,全球产业发展进入深度调整、深刻改革的新时期,对我国加快产业结构调整提出了紧迫要求。从产业形态看,互联网与传统产业加速融合,"互联网+"成为产业发展新常态;从创新模式看,创新载体由单个企业向跨领域多主体的创新网络转变;从生产方式看,新一代信息技术,特别是互联网技术与制造业融合不断深化,智能制造加快发展;从组织形态看,生产小型化、智能化、专业化特征日益突出。[3]

---

1 佚名.两化融合管理体系标准将建[N].经济日报,2015-04-30.
2 平国春.大数据时代:两化融合下的智慧工厂[J].杭州科技,2014(6).
3 刘志强."互联网+"创新驱动新引擎[J].中国广播,2015(5).

二、学界研究

（一）互联网学术研究概述

互联网从1994年正式进入我国，其研究的方向和热点也随着网络应用的逐渐深入而呈现出变化。纵观20多年来互联网研究的论文，我国关于互联网的学术研究经历了探寻"互联网是什么—如何使用互联网—互联网作用的机制是什么—如何规避互联网存在的风险"的轨迹，学术研究关键点的变化也与我国互联网行业的发展密切相关，反映出研究者对业界动态的敏锐把握。

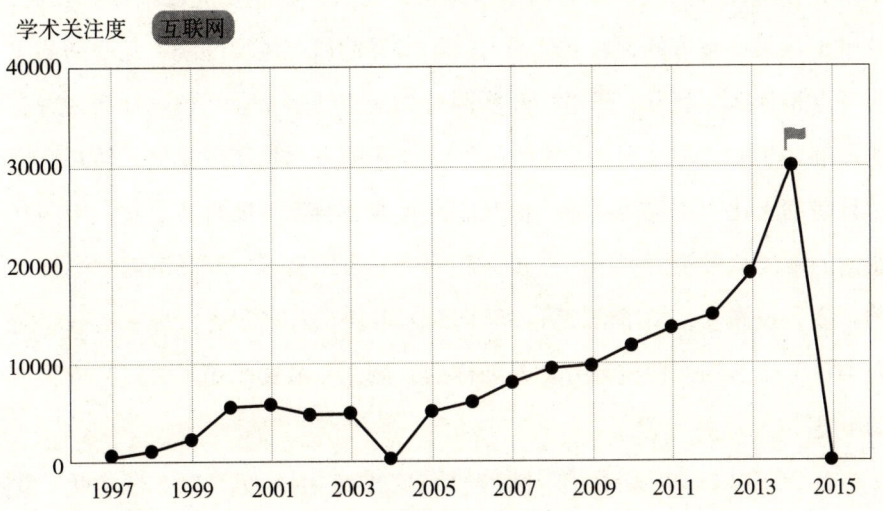

从时间来看，自1994年我国成功实现全功能接入国际互联网，我国学术界对互联网的研究才逐渐起步。根据中国知网（CNKI）的统计，"互联网"一词的学术关注度呈平稳上升的趋势，学术领域关于互联网的研究大约开始于互联网进入中国的第三个年头。前文提到，1997年前后，一批互联网领域的早期创业者开始尝试向民间提供网络服务，电子公告牌系统（BBS，以下用BBS表述）的风靡、网络咖啡屋的出现、电子报刊的兴起都在这个时候开始。随着互联网从科研院所走向寻常百姓，学术领域对互联网的研究也随之增多。这一时期的研究重点主要有三个方面：其一是研究者针对互联网盛行对国家法律、社会伦理等方面的担忧和思考，反映了当时人们对互联网态度的谨慎；其二是互联网与会计、结算等银行业务的结合，反映了当时互联网与传统产业早期融合的方向主要在金融领域；其三是研究者对域名、架构、算法等技术问题的辨析，反映了互联网发展初期学界从工具到内涵的认识变化。

互联网研究的低潮出现在 2003 年左右，恰逢互联网产业的第一次寒冬。其后随着阿里巴巴等公司在激烈的竞争中表现出的顽强生命力，学界的研究重点逐渐聚焦在对互联网本质的探讨，展望互联网的发展趋势的学术研究相对较多。随着学界的不断摸索，此后的学术研究逐渐纵深发展，着眼于在某一具体的领域展开研究。学术界的研究主要围绕"互联网的本质特点是什么"展开，思考"互联网对大众生活、企业运营、社会治理有何影响"。与此同时，学界关注的重点也从单一化趋向多元化，且研究探讨日趋本土化。这也与当时中国互联网行业自身发展的现实有关，中国互联网的发展从最初对美国的亦步亦趋到独立自主发展，互联网对中国社会的影响日益深入，学术研究开始转向对互联网的深层思考，即：互联网对人类社会生活的作用机制究竟是怎样的，研究领域逐步拓展，研究成果更加丰富。

自 2013 以后，关于互联网的研究成果成倍增加，关注的重点主要集中在"中国互联网如何发展"等问题上，诸如网络伦理与法规政策、网络传播规律、对社会政治与经济的影响、网络媒介及其与传统大众传媒的关系、新兴网络文化、网络与具体产业的结合等多个领域的探索。然而，尽管多学科角度探讨互联网的论文逐渐增多，但对互联网的研究仍在微观层面较多，宏观层面相对很少，直接对互联网产业发展具有决策力的成果稀少。这一阶段，互联网对大众生活的方方面面正在产生深刻的影响，同时也带来了一系列前所未有的问题，无论是个人、企业，还是政府，在这一轮的互联网大潮中，都感受到了其潜藏着的巨大威力，但在认识上仍然是迷雾重重，有待厘清。反映到学界的研究上，在这一阶段，立足于中宏观层面诸如互联网如何与实体经济融合、互联网在宏观经济运行中的作用、互联网在传统产业领域如何发挥其影响力、互联网与政府治理手段的革新、互联网对大众文化的转变等方面的研究开始出现。

1997~2015年互联网领域学术研究热点[1]

序号	热点主题	学科名称	相关国家课题数
1	web2；互联网；博客；图书馆服务；wiki；知识管理	图书情报与数字图书馆 计算机软件及计算机应用	45
2	传统媒体；新闻；网络营销；门户网站；网络日志；受众；商业化；网络传播；新媒体	新闻与传媒	7
3	和谐社会；网络文化；高等学校分类；政府转型	高等教育 马克思主义	60
4	网络营销；互联网；中小企业；搜索引擎；电子商务；学术失范；营销模式	贸易经济 企业经济	94
5	网络文化；服务器；P2P；精准营销；商业模式；远程教育	信息经济与邮政经济 社会学及统计学	7
6	互联网；搜索引擎；自我认同；传统思维；人工智能；国家主权	教育理论与教育管理 心理学	41
7	网络游戏产业；产业组织理论	信息经济与邮政经济	13
8	网络媒体；信息服务产业；宽带通信	信息经济与邮政经济	41
9	互联网；法律控制；资信评级；网络治理	新闻与传媒	41
10	互联网；下一代互联网；IP	互联网技术	45

（二）学界对"互联网+"的认识

目前，关于"互联网与其他产业融合"的研究，在2009年前后达到

---

[1] 根据中国知网学术研究趋势分析得出。

一个较高的水平。随着近年来互联网融合的各种商业并购案例、政策文件频频见诸报端,学界对该主题的研究的热度再次升温,研究的方向主要集中在以下三个方面。

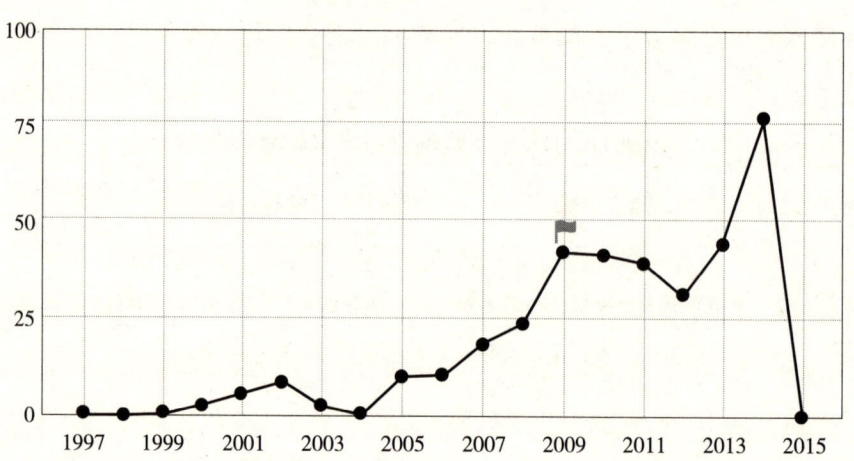

互联网融合学术关注度

第一,网络文化产业研究。随着社交软件、视听媒体、智能终端的迅猛发展,相较于农业、制造业等其他产业形态,互联网在文化领域的普及度和渗透率远高于其他领域,并产生了一批文化形态,如数字出版、网络游戏、网络文学、数字音乐、视频网站等等,"网络文化产业"一词由此而来。李文明、吕福玉在《网络文化产业》一书中提出"网络文化产业指的是以互联网络创作、创造、创新为根本手段,以网络文化内容和网络文化体验为核心价值,以网络知识产权或网络消费为交易特征,为网民提供虚拟文化体验的具有内在联系的互联网行业集群"。持续扩张的网络文化消费催生了一批新型产业,促使网络文化产业成为中国文化产业的重要组成部分,学界关于文化产业领域如何更好地融合互联网、电影电视如何运用互联网做精准营销、传统出版如何向数字出版转型、三网融合等的研究数不胜数。此外,政府大力推动优秀民族文化的网络化传播,实施了一系列文化资源共享工程,初步构建起具有一定规模的文化信息资源库群,关于网络在公共文化服务领域的研究也逐渐增多。

第二，互联网金融研究。近几年，我国互联网金融发展迅速。一方面，互联网金融的快速发展，衍生出很多传统银行等金融服务机构所不具备的功能，如第三方支付、众筹、P2P、专门针对小微企业的小额贷款等新生产品，这既满足了小微企业、中低收入阶层投融资需求，同时也为大众创业、万众创新打开了大门。但另一方面，互联网金融的发展也暴露出了一些问题和风险隐患。因此，学界对互联网金融的探讨也大多从正反两个方面展开。一方面，探讨互联网金融产生的原因及实现路径。综合学界的研究，普遍认为互联网金融火爆主要基于以下七个方面：经济发展驱动传统金融变革；互联网技术的普及奠定用户基础；网络渠道的拓展降低成本并增加用户量；小微企业的融资需求刺激互联网金融的发展；大数据和云计算的技术革命改变传统融资模式；利率管制为互联网金融企业提供套利空间；融资来源及经营地域限制倒逼互联网金融的发展。另一方面，也有学者探究互联网金融对传统金融体系的冲击、商业银行在互联网金融背景下的转型和对策、互联网金融的风险及监管、互联网金融的国际经验和趋势预测。

第三，互联网影响的其他研究。目前针对互联网的研究，以上两个方面是较为集中的专门领域，其他关于互联网的研究角度多是从其对个人生活、企业管理、社会运行的影响出发。如基于社会学和伦理学视角下网络对人际关系、媒介环境、文化传播、营销推广、隐私保护等的影响，基于管理学视角下网络对政府服务、政策管制、机构设置、国家信息安全的影响，基于经济学视角下网络对宏观经济运行、商业模式创新、企业组织优化等的影响。

综合来看，目前，学界关于"互联网+"的认识主要有以下四个方面的观点。

第一，"互联网+"作为一个新词，对该理论的认识，部分学者沿用并深化此前提出的"以信息化促进工业化"的说法，站在"两化"融合的角度来理解。譬如,北京大学博士、超图软件先进技术实验室主任黄骞认为:"'互联网+'提出的背景与思路,类似于美国的'工业互联网'理念,其意义在于借助用国内相对优质与国际领先的互联网力量加速国内相对落后的制造业的效率、品质、创新、合作与营销能力的升级,以信息流带动物质流。"[1] 又如,清华大学公共管理学院孟庆国教授认为:"在工业发展领域,美国提出工业互联网,德国提出工业4.0。创新2.0时代的新工业革命会同生态革命、创客浪潮,进一步推动了新能源、绿色生态、智能制造、开源创造等趋势。我国十八大后推行'工业化、信息化、城镇化、农业现代化'发展战略,以及习总书记提出的'没有信息化就没有现代化'命题,需在创新2.0指导下融合新一代信息技术,实行颠覆性创新,变'全球制造大国'为'全球智造强国'。"[2]

第二,随着互联网与实体经济融合的热度不断提高,更多的研究跳出了互联网与制造业结合的范畴,将目光投向在金融、民生、文化、创业等诸多领域,展望互联网与实体经济更为广阔的融合空间。譬如,北京大学政府管理学院副教授黄璜认为:"'互联网+'不仅包括制造业,也包括电子商务、工业互联网、互联网金融以及创客创新。'互联网+'是'两化'融合的升级版,不仅仅是工业化,而是将互联网作为当前信息化发展的核心特征提取出来,并与工业、商业、金融业等服务业全面融合。这种融合不是简单叠加,只有创新才能让这个'+'真正有价值。"清华大学美术学院信息艺术设计系副主任付志勇关注互联网与民生服务的结合,他认为:"智慧民生更加强调利用'互联网+'促进市民真正参与到服务创新中来,以 CityCare 这一项目为例,该项目基于创新2.0的理念,通过市民移动端的应用收集对社区的意见和建议,发动其他社区成员点赞支持,推动管理

---

[1] 官建文,李黎丹."互联网+":重新构造的力量[J].现代传播(中国传媒大学学报),2015(6).
[2] 张丽恒,闫威,孟力,等.早谋划、早布局、早下手 抢占"互联网+"制高点[J].天津经济,2015(4).

部门做出改善，改进的结果又可以反馈给市民。"

第三，也有不少研究者从技术经济的角度试图阐述"互联网+"的内在动力。北京邮电大学金永生教授认为："互联网+"指以互联网特别是移动互联网为主的一整套信息技术在政治、经济、社会生活各部门的扩散与引用，并不断释放出数据流动性的过程，其"+"的本质是传统产业在线化、数据化。最早发源于互联网的民间环保机构"绿色北京"的负责人宋欣洲的认为："驱动当今世界变革的，不仅仅是无所不在的网络（泛在网络），还有无所不在的计算（普适计算）、无所不在的数据和知识，这些因素共同形成和推进了新一代信息技术的发展，催生了创新2.0，改变着我们的生产、工作、生活方式。"[1]中关村下一代互联网产业联盟秘书长张建宁认为："近两年，特别是随着移动互联网的加速发展，云计算、大数据、物联网等新技术更快融入传统产业以及金融理财、打车等民生领域，而PC互联网时代升级到移动互联网时代后，互联网技术与两化融合相结合会有更多看点，并推动以工业4.0为代表的新工业革命。"[2]

第四，有研究者站在宏观经济运行的角度看待"互联网+"的未来发展趋势，将其看作是社会经济发展的"发动机"，更注重其背后对传统发展理念的挑战性和颠覆力，这一认识无疑是对信息经济重要性的极大肯定。譬如，北京大学移动政务实验室主任宋刚将"互联网+"概括为信息通信技术高度融合发展背景下的新一代信息技术与知识社会创新2.0的互动与演进，"互联网+"中的"+"，不仅仅是技术上的"+"，也是思维、理念、模式上的"+"，其中以人为本推动管理与服务模式创新与创业是其中的重要内容。重庆大学新闻学院博士生导师曾润喜认为："应当清楚地意识到互联网在整个国民经济中的重要性，不仅是互联网作为信息化的核心与工业化交融，而且将其发展成为一个综合概

---

[1] 楼德昇．互联网怎么+［J］．中国房地产业，2015（3）．
[2] "互联网+"首现政府工作报告 将对我国产生深远影响［EB/OL］．（2015-03-06）［2015-12-13］．http://finance.people.com.cn/n/2015/0306/c394090-26651519.html．

念。过去的互联网只是作为一个外在工具,今天的互联网已经成为核心引擎推动社会创新。¹ 也就是说,以前大家把互联网当作'轮胎',但其实它是'发动机'。"前国务院信息办常务副主任陆首群认为:"后互联网时代将全面发展信息经济,从要素驱动转向创新驱动,以互联网为载体的知识社会创新 2.0 模式是创新驱动的最佳选择。创新 2.0 是推动万众创新、大众创业的强大引擎,要在中国大地正在掀起的创新创业大潮中引导创客使用互联网及创新 2.0 模式这两个利器,以期完成中国当前新常态的经济转型和中高速增长,迈向中高端水平,也为'互联网+'时代全面发展信息经济做好开局。"²

三、业界探讨

(一) 首提者于扬:无处不在的效率提升器

2012 年 11 月,在易观第五届移动互联网博览会上,易观国际首席执行官于扬提出移动互联网的本质,离不开"互联网+"。他认为,"互联网+"是目前行业的产品和服务与未来跨平台用户场景结合之后产生的一种化学反应,并举例阐释道:"传统的广告加互联网成就了百度,传统集市加互联网成就了淘宝,传统百货卖场加互联网成就了京东,传统银行加互联网成就了支付宝,传统的安保服务加互联网成就了360,传统的红娘加互联网成就了世纪佳缘。"³ 这一论述是国内关于"互联网+"发表时间最早的观点。

其后,在腾讯出版的《互联网+:国家战略行动路线图》的序言中,于扬写道:互联网只是工具,如电力一般的基础设施,是一个无处不在的效率提升器,各行各业运用互联网的本质就是要找到行业的低效点,帮助

---

1 社会各界热议克强报告"互联网+"[N].人民邮电报,2015-03-09.
2 社会各界热议克强报告"互联网+"[N].人民邮电报,2015-03-09.
3 孟琛."互联网+"的媒体思考[J].中国传媒科技,2015(5).

企业实现增效转型升级。

（二）腾讯研究院：连接是"互联网+"的主要特征

2013年11月，马化腾在一场互联网金融论坛上提出了"互联网+"的概念。他认为，互联网结合传统行业，意味着对原行业的提升，两者不是对立关系。此后，在腾讯WE大会上，马化腾发表演讲《通往互联网未来的七个路标》，系统阐述了自己对"互联网+"的七个维度的理解。在这七点当中，马化腾用超过一半的篇幅阐释了互联网在与传统产业融合的过程中是如何发挥作用的。首先，他认为"互联网+"意味着连接一切的理念，不仅是人与人的连接，更包括人与设备、设备与设备、甚至人与服务的直接关联。其次，针对"+"的对象，他认为传统行业每一个细分领域的力量是无比强大的，各行各业均可以成为或主动或被动的融合对象，这个过程中互联网仍然发挥的是工具的作用。由于产业的融合要通过微观企业的具体运作来完成，因此，马化腾认为未来社会各大组织机构会走向分散合作的模式。而在消费者方面，未来也将参与决策，进一步发挥互联网精神中的极致和以用户为中心的理念。在互联网与传统产业融合的过程中，马化腾认为其核心是对数据的占有，这是决定竞争力的重要资源。与此同时，他也承认互联网带来的负面影响是客观存在的，在网络经济盛行的今天，如何避免由此带来的社交冷漠、网络暴力等也是需要全社会深思的问题。

2015年，在《互联网+：国家战略行动路线图》中，马化腾针对"互联网+"给出了一个较为完整的定义。他认为，"互联网+"是以互联网平台为基础、利用信息通信技术与各行业的跨界融合，推动产业转型升级，并不断创作出新产品、新业务和新模式，构建连接一切的新生态。[1] 马化腾认为，"互联网+"时代，各个行业的孤岛信息被互联网连接起来，行业间信息交互融合形成新的行业生态。互联网通过打破信息不对称，为用户提供精准、

---

1 马化腾.互联网+：国家战略行动路线图[M].北京：中信出版社，2015:19.

个性化的服务，缔造了一个又一个产业的新机遇、新生命。

与国家层面对"互联网+"的认识相比，其内涵有共性，两者同样强调要发挥互联网在经济发展和社会生活中的基础性作用。同时，二者也有细微的差别。官方表述的"新经济形态"更强调互联网对经济社会的影响，着眼于产业层面，而马化腾提出的"连接一切的新生态"更为基础，也因此更加宏观，强调大局，既涵盖经济领域，也包含文化生态、社会生态等上层建筑领域。

（三）阿里研究院："互联网+"的本质是连接，更是融合

阿里研究院在其发布的《"互联网+"研究报告》中指出："互联网+"是以互联网为主的一整套信息技术（包括移动互联网、云计算、大数据、物联网等配套技术）在经济、社会生活各部门的扩散应用，并不断释放出数据流动性的过程。"互联网+"，对应的应为"internet plus"，即不是加法（加号），而是"化"，代表一个由浅及深的融合过程。互联网+各个产业部门，不是简单的连接，而是通过连接，产生反馈、互动，最终出现化学反应式的创新和融合。[1] 阿里认为，"互联网+"的本质是传统产业的在线化、数据化，并与传统意义的"信息化"有根本区别。互联网是迄今为止人类所看到的信息处理成本最低的基础设施，天然具备全球开放、平等、透明的特性，使得数据在工业社会中被压抑的巨大潜力爆发出来，转化为巨大的生产力，并进一步成为社会财富增长的新源泉。

在这份报告中，阿里研究院认为"互联网+"的动力体系来源有三：即以云网端等技术为代表的新基础设施，以数据资源为代表的新生产要素，以大规模社会化协同为代表的新分工体系。尤其在阿里最为擅长的大数据应用领域，阿里研究院认为：信息技术上的不断突破，其本质都是在松绑数据的依附，最大程度释放数据的流动和使用，并最终提升经济社会

---

1 阿里研究院.互联网+：从IT到DT［M］.北京：机械工业出版社，2015:2.

运行的效率。这一观点可以说是将大数据在生产过程中如何克服信息不对称、提高生产效率进行了更为微观的解释，也将数据或信息在生产中的作用提高到了极高的地位。

此后，阿里研究院著作的《互联网+：从IT到DT》一书中更为深入地解析了"互联网+"的内涵及其与云计算、大数据、新分工网络的关系。阿里研究院院长高红冰认为，对互联网的理解不同，决定了"互联网+"的不同"变现"形式："+"在旁边是把互联网当作工具，"+"在前面是把互联网当作渠道，最好的做法是将"+"放在脚底下，把互联网当作基础设施，这样才能实现整个经济形态的转型。

（四）百度李彦宏："+"的主体决定未来中国经济的两种可能性

李彦宏认为，所谓"互联网+"，就是任何一个垂直行业跟互联网进行结合，效率会得到大幅度的提升，尤其对当下的中国而言，市场经济还有待完善，传统产业和主流产业的运营效率与欧美等发达国家相比还存在较大差距。在这样的背景下，将互联网的思维和方法运用到传统产业中去，将有可能超越其他的国家。

然而，李彦宏对"互联网+"的理解不只停留在"是什么"这一层面，而是站在"怎么做""谁来做"这一操作层面思考，即"谁是加的主体"，由此引申出未来有可能出现的两种经济形态。他认为，无论是中国经济还是世界经济，最主流的产业不是互联网产业，而是教育、医疗、金融、汽车、房产等代表经济支柱的产业。目前，传统产业在拥抱互联网的过程当中，仍然处在一个比较迷茫的阶段。但是，产业的提质增效、转型升级单纯依靠互联网的力量很难实现，这种融合必须以对传统行业深刻的了解和深厚的积累为基础，加上互联网的理念和技术，才能真正地提升效率，让整个行业向前走一步。互联网的发展一定程度上代表了中国的发展，互联网的最终呈现形态代表着中国未来经济的形态。因此，在互联网与各行各业融合的过程中，传统产业与互联网主体地位的确定将预示着未来中国经济的走向。

（五）奇虎周鸿祎："互联网+"是万物互联基础上的商业再造

奇虎360创始人周鸿祎认为，互联网的发展分为三个阶段：桌面互联网—移动互联网—万物互联。"互联网+"不是传统行业和互联网的简单结合，而是在万物互联的基础上，利用互联网对所有行业的再造，其结果可能是建立新的连接关系，或者加强原来连接的效果，抑或压缩原来连接的层次，产生新的商业模式。完成对旧有体系的商业再造后，网络安全问题将会是未来互联网经济社会最大的挑战。由于万物互联的特性，设备一旦受到攻击将不仅仅是损失文件、泄露隐私的问题，而是有可能带来巨大的物理伤害或者人身伤害，这也是互联网与传统产业融合的过程中必须着重解决的问题。

（六）姜奇平："互联网+"是一场增量改革

中国社科院信息化研究中心秘书长姜奇平认为，"互联网+"实际上是"互联网+X"，"X"指的是各行各业，尤其指工业化下的各行各业。"互联网+X"的实际结果就是，"X"的绝对值不仅不会下降，反而会上升，只是"X"占全局的比例在不断下降。[1] 以工业革命为例，蒸汽机的普及并没有使农业的产值和产量有所减少，反而由于机械的使用大大提高了其生产的效率，农产品的产量大幅度提升。简言之，互联网让"X"的"蛋糕"比现在更大，实质上是一场增量的变革。

（七）吕本富："互联网+"是基于消费者视角的产业链重组

网络经济与知识管理国家研究中心主任吕本富站在产业链的角度解读"互联网+"的内涵。他认为，中国的"互联网+"必须从消费者出发，把消

---

[1] 姜奇平．"互联网+"背后的文章［EB/OL］．（2015-03-24）［2015-11-10］．http://tech.qq.com/a/20150428/032492.htm.

费者的行为规律重新挖掘。与其他国家不同，我国的人口红利发挥在互联网领域，即以大量用户行为的集中得到"定价权"，进而反向重组产业链。[1]

这一观点与阿里巴巴商学院副教授王淑翠的观点颇为相近。她认为，在互联网时代，消费者不纯粹是被动接受产品和服务的顾客角色，而是越来越多地转变为企业行为的参与者。随着消费者参与生产的程度不同，企业和消费者之间的关系也从之前各自边界清晰的交换关系转换为市场边界模糊的交往关系。消费者参与设计生产对传统产业进行了改造升级，而消费者之间的价值共创也产生了新的商业模式和全新服务业，是未来互联网背景下更值得探讨的价值共创模式。

---

[1] 吕本富."互联网+"到底是什么涵义［M］.北京：机械工业出版社，2015:19.

第二节 本书观点

"互联网+"指的是以终端、软件、网络三大技术的创新和相关基础设施的安装为基础，充分发挥信息在资源配置中的作用，将互联网成果与业已成型产业链上的各个环节深度融合，并由此拓展，广泛作用于经济、政治、文化、生态等诸多领域的一种社会运行状态。在当前经济语境下，其核心是以虚拟信息的无间断交换置换实体经济的效率损耗，延缓经济增速的下降趋势，提升实体经济的生产力和创造力。

一、技术基础

终端、软件、网络的创新和成熟为"互联网+"提供现实可能性，相关基础设施的广泛安装是"互联网+"的技术基础。终端技术指的是处理器、传感器、新材料、增材制造等；软件技术包括云计算、雾计算、大数据、生物识别、人工智能等；网络技术包含4G、5G、工业无线技术、近场通信、量子通信等。

（一）演化经济与摩尔定律：技术创新与产业变革的内在关联

从人类学会使用工具，到铁器、木炭进入生活，再到蒸汽机的轰鸣，几乎人类社会每一次的重大变化，其背后总是伴随着相应的某种技术的诞生，成为那段历史时期的标志。经济社会的正常运转，有赖于基础设施发挥支撑作用。从工业经济到信息经济，基础设施也随之发生变化。英国演化经济学家卡萝塔·佩蕾丝认为，在过去 200 年间，一共发生过五次技术革命，每一次技术革命都相应地形成了一定的技术——经济范式。一个技术——经济范式包括一套通用的技术和组织原则，是一种最优的惯性模式。在《技术革命与金融资本》（中国人民大学出版社 2007 年出版）一书中，作者佩蕾丝提到，每一次技术革命都会经历 4 个阶段：导入期的爆发阶段和狂热阶段，展开期的协同阶段和成熟阶段。两个时期中间会有狂热泡沫之后的调整期。在导入期，技术创新中的大量关键产业和基础设施在金融资本的推动下得以形成，但同时也会遇到来自旧范式的抵抗并产生各种矛盾。在展开期，技术革命的变革潜力扩散到整个经济中，为经济的整体发展带来的助益最为明显。历次技术革命的产业、基础设施和对应的技术——经济范式如下表所示：

技术革命	时间	区域	新技术新产业	新基础设施
第一次	始于1771年	英国	机器、棉纺织业机械化	运河和水道、收费公路
第二次	始于1829年	从英国扩散到欧洲、美国	蒸汽和铁路时代	电报、港口、邮政
第三次	始于1875年	美国、德国超越英国	钢铁、电力和重工业时代	世界航运、世界铁路、桥梁隧道、电力网络、电话、照明
第四次	始于1908年	美国扩散到欧洲	石油、汽车和大规模生产时代	石油管道网络、公路、港口、机场组成的交通网络、普遍的电力供应、世界范围的模拟远程通信
第五次	始于1971年	美国扩散到欧洲、亚洲	信息和远程通信时代	计算机软件、控制设备、计算机辅助的生物技术、新材料

回顾世界经济发展史和产业革命变迁史，不难看出，经济周期的波动与新兴技术的兴起存在相互依赖的关系，几乎每一次技术革命的出现都带动了新兴产业的出现，并由其主导完成了对传统产业的更新和改造，促进了当时社会生产效率的大幅提高。在 2015 年的政府工作报告中，总理提出要提高"全要素生产率"。本书认为，这也是我们在当前时期强调"互联网+"的重要原因——即从世界各国经济发展历程来看，不同的增长阶段，经济发展的动力不尽相同，其对应的发展方式也需进行调整。当一种经济动力的作用从显著走向式微，为了寻找新动力，转变发展方式就显得极为迫切。目前，中国经济进入新常态，依靠"需求扩大""增加投入"的粗放型的发展模式难以强力驱动经济发展，只有将发展方式从"主要依靠投入"转向"依靠生产率提高"，从供给端发力，并进行技术和制度的创新，才能延缓经济增速放缓的趋势。

另一方面，网络经济学中普遍得到认可的摩尔定律从微观的角度阐述了在互联网经济的背景下，信息技术进步的速度与产业效益之间的关系。这一定律是由英特尔创始人之一戈登·摩尔提出来的。他认为，当价格不变时，集成电路上可容纳的元器件的数目，约每隔 18~24 个月便会增加一倍，性能也将提升一倍。换言之，每一美元所能买到的电脑性能，将每隔 18~24 个月翻一倍以上。在摩尔定律应用的 50 年里，计算机从神秘不可近的庞然大物变成多数人都不可或缺的工具，信息技术由实验室进入无数个普通家庭，因特网将全世界联系起来，多媒体视听设备丰富着每个人的生活。[1] 以智能手机为例，得益于处理器工艺技术的不断提升，以至于指甲盖大小的硅板上能够放置的晶体管数量已经多到无法想象，智能手机的运算能力比 20 世纪 50 年代的超级计算机还要强出无数倍。据计算，目前人类能够达到的最强处理能力已经较 20 世纪计算机被发明的时候提高了兆亿倍。这也就解释了为什么智能终端的更新换代的速度极快而价格愈发低廉

---

[1] 赵斌.摩尔定律已经接近物理极限了吗？[J].科技导报，2015（10）.

这一现象。

　　基于以上分析，本书认为，讨论"互联网+"的前提和基础是其相关设施或设备的广泛安装和普及。互联网进入中国20多年，网络从最初的简单接入仅能收发邮件到今天与人们的生活息息相关，逐渐与实体经济相互融合，其应用的载体发生了翻天覆地的变化，这首先得益于各类网络基础设备的大量安装。根据中国互联网络信息中心发布的第36次《中国互联网络发展状况统计报告》，截至2015年6月，中国网民规模达6.68亿，互联网普及率为48.8%。随着手机终端的大屏化和手机应用体验的不断提升，手机作为网民主要上网终端的趋势进一步明显，中国手机网民规模达5.94亿，网民中使用手机上网人群占比高达88.9%；通过台式电脑和笔记本接入互联网的比例分别为68.4%和42.5%。随着通信基础设施的建设和升级、运营商的积极推动以及网民对移动端高流量应用的使用需求，我国手机网民中通过3G/4G上网的比例为85.7%。除此以外，Wi-Fi无线网络也成为主要的上网方式。通信网络的高速发展以及智能手机的迅速普及，为"互联网+"奠定了坚实的基础。

　　2015年1月，阿里研究院发布的《信息经济：中国经济增长与转型的核心动力》报告从新基础设施、新生产要素、新分工网络三个角度描述了互联网为经济增长带来的驱动力。阿里研究院认为，"互联网+"时代的基础设施表现出了不同于以往的特点，而这些基础设施的投资主体也逐渐从政府和大型国有企业向民营企业和个人过渡。如百度、阿里巴巴、腾讯、新浪等都在各自开发云技术，以期通过云服务收集用户数据、共享用户价值。在20多年的时间里，中国互联网从诞生到普及，再到升级成为国家战略，信息和通信基础设施水平的全面提升是带来以上巨变的动力源泉，"互联网+"便是在此基础上衍生的新命题。

（二）网络基础设施建设是衡量国家综合实力的标志

　　互联网通信基础设施是"互联网+"发展的载体和基石，其建设与发展水平已成为衡量一个国家或地区综合实力强弱的重要标志。在全球经济与科技的角逐中，各个国家都将目光聚焦于那些有可能带来颠覆性影响的前沿领域，以大数据、云计算、物联网、移动互联网、可穿戴设备为代表的技术成为国际竞争的焦点。

国别	时间	名称	内容
美国	2010年	美国国家宽带计划	提出了10年发展目标，将通过市场鼓励、资源保障、普遍服务和应用促进等几方面的努力助其实现。具体目标包括：至少1亿美国家庭应能使用平价宽带，实际下载速率至少达100Mbps，实际上传速率达50Mbps；每个美国社区都应能获得至少1Gbps的宽带服务等
欧盟	2010年	"数字化议程"计划	这一为期5年的计划，旨在为欧盟27个成员国部署超高速宽带，并将促进电信领域增长定为首要任务。欧盟规定，各成员国应该做到以下几点：2012年制定国家宽带发展计划，实现欧盟2020年战略提出的速率30Mbps、100%全覆盖的目标
芬兰	2010年		把宽带接入权确认为公民基本权利之一，成为世界首个确认"宽带权"的国家。根据新规，芬兰所有的网络服务商有义务为用户提供1Mbps的宽带上网服务，无论用户身处何地。芬兰计划在2015年前使所有民众享用高速互联网。按芬兰电信局的说法，届时，全国超过99%的居民将距离任何一个100Mbps的高速互联网络"不到两公里"
俄罗斯	2007年	俄罗斯联邦促进信息社会战略	制定了2007年到2015年俄罗斯信息基础设施发展的战略目标；在现实条件下实现每个公民进入信息社会的宪法权利，不论国内公民居住地在什么地方，都要确保其能够享有基本的通信服务，鼓励在社会和经济发展中普及与推广信息技术应用
	2010年	"2011—2020信息社会"长期方案	俄罗斯计划在未来10年内，每年对该项目投资100亿卢布（约20.6亿元人民币），投资总额达1000亿卢布 该国家级项目的根本目的在于：提高国民生活水平、改善商业环境、消除俄罗斯信息不对等问题、建立安全的信息社会、发展ICT市场和保护文化遗产

续表

国别	时间	名称	内容
日本	2001年	e-Japan战略	2000年1月推出e-Japan战略,旨在5年内使日本成为世界最先进的IT国家,普及宽带网。同年3月提出e-Japan重点计划,2003年推出e-Japan战略2、e-Japan重点计划2003,2004年推出e-Japan重点计划2004,2006年提出IT新改革战略,2008年推出重点计划2008,2009年提出e-Japan战略2015,2010年推出新信息技术战略工程表,根据每年的具体情况不断提出新的目标。如2010年宽带覆盖全国,到2015年所有家庭使用宽带等
韩国	2003年	IT839战略	重点支持国家信息化战略U-korea目标
韩国	2004年		提出了为期6年的宽带综合网络计划
韩国	2009年	绿色IT国家战略	"光纤到户"工程投资为245亿美元,韩国政府将承担其中的15亿美元
巴西	2010年	全国宽带计划	目标:降低上网费用,将宽带普及率提高至45%。
印度	2010年	关于推进国家宽带计划的建议	旨在通过大力发展国家宽带网络,尤其是普及农村宽带,进一步提升国家经济实力。印度强调推进宽带在城乡的快速覆盖对促进国家经济的可持续发展至关重要
南非	2010年	国家宽带战略	计划在未来3年投入4.5亿南非兰特(约合3.52亿元人民币),制定针对政府领域的宽带战略及政策,并为南非互联网服务较为薄弱的地区及农村提供宽带基础设施和服务
新加坡	2009年	启用全国宽带网	新加坡向来推崇科技兴国,加之其国土面积狭小,该国的宽带战略仅发布一年就进入了商用阶段
新加坡	2010年		新加坡下一代全国宽带网络启用

我国自2013年以来,国务院相继发布了《关于促进信息消费扩大内需的若干意见》《"宽带中国"战略及实施方案》《关于加快高速宽带网络建设推进网络提速降费的指导意见》等文件,指出宽带网络等信息通信设施是国家战略性公共基础设施,对于稳增长、促改革、调结构、惠民生具有重要意义,尤其在拉动GDP增长方面,网络基础设施建设发挥着不可小觑的作用。根据国家发改委产业研究所发布的研究报告显示:宽带普及率每增长10%,GDP将增长1.38%。[1] 不仅在国内,国际上的研究机构的数据

---

[1] 刘茂先.信息基础设施"硬"起来,互联网与各行业"+"起来[N].人民邮电报,2015-07-14.

同样支持这一结论。美国布鲁金斯学会研究发现，宽带普及率每增加1%，就业率上升0.2%至0.3%；宽带产业对上下游的就业拉动作用是传统行业的1.17倍。在欧洲，欧盟的研究表明：宽带在劳动效率提升方面有着较为显著的作用，譬如宽带技术的使用能够帮助制造业提高效率5%，帮助传统服务业提高效率10%，帮助金融、信息业提高效率20%。[1]

2015年，由国务院印发的《关于积极推进"互联网+"行动的指导意见》中，针对保障支持"互联网+"发展的7大措施，"巩固网络基础"被放在了首要位置，足见其重要性。目前，我国已经建成全球最大规模的宽带通信网络。据工信部统计的数据显示：截至2015年3月，长途光缆线路长度接近93万公里，光纤接入到户/办公室端口达到1.86亿个，全国93.5%的行政村开通宽带，移动通信基站达353.9万个。一些发达省份抢先引领和占据信息化发展的制高点，如上海市推进的大数据研究与发展的三年行动计划，重点选取医疗卫生、食品安全、终身教育、智慧交通、公共安全、科技服务等具有大数据基础的领域，探索交互共享、一体化的服务模式，建设大数据公共服务平台，促进大数据技术成果惠及民众。[2]一些欠发达省份在新一轮信息经济较量中寻求弯道超车的机遇，如黑龙江加快云计算产业发展，建成哈南工业新城"中国云谷"与大庆高新区，聚集云计算等高新技术企业千余家。

（三）新兴技术直接促进了互联网新业态的产生

随着互联网加速向传统行业渗透，大众的注意力也在发生着转变，从PC到手机，互联网如何为人们提供更为便利高效的服务成为很多互联网企业必须回答的问题。在这个过程中，基于移动互联网对受众注意力的牢牢占据，各类新兴产品层出不穷，同时也带动了很多传统互联网服务向移动

---

1 刘茂先.宽带普及提速正当时[N].人民邮电报，2012-07-12.
2 王珊珊."大数据"对公共文化服务建设的影响[N].中国文化报，2014-02-17.

端的大规模转移。2014年，打车代驾、网上招聘、在线售票、餐饮外卖、美容美甲、家政服务、健康体检、汽车保养等领域的新兴应用不断刷新了人们对于移动互联网的认识，互联网关注的领域也更加精细。大数据技术促使线上和线下的服务加速融合，商家通过不断挖掘数据价值，为用户提供个性化的推荐和服务，大大提升了用户黏性，手机和互联网成为现代人最不能离开的两种物品。也正是看到了这一领域的潜在商机，诸多互联网公司纷纷布局O2O。以BAT三大互联网巨头为例，仅在2014年，阿里巴巴便收购了美团、新浪微博、高德等多家公司，并投资银泰，形成"支付宝+微博+高德地图+淘点点+美团+聚划算"的O2O闭环网络；腾讯则收购大众点评，入股京东，布局生活类O2O，形成"微信+搜搜地图+大众点评"的移动电商生态圈；百度同样不甘落后，通过并购投资形成了"糯米网+百度团购+百度地图"的商业布局。在互联网与传统产业深度融合的过程中，一批新产品相继问世，智能硬件设备无疑是其中的一抹亮色。2014年，可穿戴设备、互联网电视等产品出现在大众视野，智能路由器、醛知道、空气盒子、智能烤箱、冰箱卫士、智能插座、智能门锁、智能洗衣机等硬件产品逐渐从概念化走向实用化，产业创新不断加速，家庭生活智能化成为热点话题。[1]

中国互联网协会发布的《2014中国互联网产业发展综述报告》显示：随着技术应用日臻成熟，我国互联网产业生态链逐步形成。《报告》提到："京东着力建立的家电统一控制与数据处理体系，阿里巴巴重点打造的云服务、智能硬件、智能路由、家居生态圈以及海尔成立的'U+开放平台'"[2]，以这些企业正在研发的应用技术为代表的新业态丰富了互联网的生态系统，这些看似零散的项目实际上都在推动着互联网朝着数据共享、万

---

[1] 胡虎. 中国互联网协会报告称2014我国产业互联网形成新业态[N]. 人民邮电报，2015-01-19.
[2] 2014中国互联网产业发展综述报告[EB/OL].（2015-01-08）[2015-12-15]. http://news.xinhuanet.com/zgjx/2015-01/08/c_13390978.htm.

物互联、智能操控的方向发展。随着技术的成熟和普及，这些尝试终将广泛应用于各行各业，从而助推传统产业的加速升级。

二、本质特点

信息要素是"互联网+"的本质特点。互联网成果与产业链环节的深度融合，就是要充分发挥信息这一核心要素在资源配置中的作用，通过打破信息不对称、降低交易成本、提高分工专业性、优化服务水平等途径促进社会生产效率和质量的提升。信息要素的挖掘是将技术产品过渡到人类大规模应用的必经之路，也是从静止的、单一的科技产品转变为动态的、进化的、多元的、服务于人和社会的一切商业、非商业用途的产物。这句话揭示了信息时代不同于工业时代的最本质、最核心的特点。

（一）信息生产力崛起，成为重要的战略性资源

在人类发展的历程中，信息一直存在，但从没成为生产力中的一个独立的要素。在以自然经济为主的农耕时代，社会生产力主要是以土地为代表的自然资源；进入到工业社会，以商品经济的大规模生产为代表的工业经济体系建立，生产力的组成要素不仅包括物质资源，以资本和动力为代表的能量资源成为新的生产要素。到了信息时代，信息资源上升为重要的基础性资源和战略性资源，成为与物质、能量并列的第三种生产力，即信息生产力。所谓信息生产力，指的是创造、采集、处理、使用信息并获得信息资料的水平和力量。它具有高智能化与网络化、高渗透力、全球范围运行等显著特征。与传统工业生产力相比，信息生产力具有更优的技术基础，能更好地满足人的现实需求，更符合人类文明的发展进步，是衡量未来生产力水平的重要指标。[1]

1　李世东. 人类正迈入"六个第一"的信息时代[J]. 浙江林业, 2015（1）: 30-31.

时代	社会形态	资源	生产力特质	经济形态
农耕时代	农业社会	物质（土地等自然资源）	分散个体化	农业革命的结果——以自然经济为主的农业经济
工业时代	工业社会	物质和能量（特别是资本和动力资源）	集中规模化	工业革命的结果——以商品经济为主的工业经济
信息时代	信息社会	物质、能量和信息（信息资源上升为重要的战略资源）	分布式多元协同	信息革命的结果——以网络经济为主的信息经济

信息成为独立于物质、能源的第三类生产要素，历经了超过半个世纪的信息化过程。在这个过程中，首先得益于信息技术的高度发展和相关基础设施的广泛安装，这些都直接或间接地促成了信息处理能力的飞速提高，信息爆炸成为互联网经济的常态，大数据则是信息爆炸中的重要产物，当前的数据资源正在呈指数级增长。1991年，万维网诞生，当时接入互联网的全球计算机只有20万台，而到了24年后的今天，全球有将近30亿成为网络人口，每天发布的数据量空前丰富。据统计，一家微博网站一天内发布的信息就超越了《纽约时报》辛勤工作60年的信息；全球最大的视频网站一天上传的影像可以连续播放98年；如今两天积累的信息总和，相当于人类历史留下的全部记忆。[1] 这一现象，强有力地印证了由计算机网络先驱罗伯特·梅特卡夫提出的梅特卡夫法则。他认为，网络的价值随着用户数量的增加而得到放大，具体表现是网络价值与联网用户的数量的平方成正比例关系，也即互联网的价值扩散的速度取决于新科技推广的速度，网络上联网的计算机越多，每台电脑的价值就越大，最终提高整个网络的总价值。从互联网发展的历程来看，自20世纪90年代以来，互联网不仅呈现出极为惊人的指数级增长趋势，而且爆炸性地向经济和社会的各个领域进行广泛的渗透和扩张。[2] 随着海量信息传播成本无限趋近于零，

---

[1] 中央电视台大型纪录片《互联网时代》主创团队.互联网时代[J].北京文学（中篇小说月报），2015（6）.

[2] 田野.超越零合游戏[J].中国计算机用户，2007（9）.

一场以信息互换和数据交流为基础的万物互联互通的生态网络正在悄悄建立，并在政治、经济、文化、生态等各个方面带来新一轮的变革。

（二）大数据提供一种新的解决问题的思考方式

2015年9月，国务院印发《促进大数据发展行动纲要》（以下简称《纲要》），《纲要》明确提出"要全面推进我国大数据发展和应用，加快建设数据强国"。实际上，最早提出"大数据"时代到来的是全球知名咨询公司麦肯锡，该机构认为："数据已经渗透到当今每一个行业和业务职能领域，成为重要的生产因素。人们对于海量数据的挖掘和运用，预示着新一波生产率增长和消费者盈余浪潮的到来。"[1] 20世纪以来，大数据在国家安全、军事训练、金融投资、生态环境和通讯等行业的应用已经发展了不短的时间，近几年来，由于大数据在互联网行业的发展而引起人们的极大关注。很多企业将数据作为最重要的五星资产，把数据采集和分析的能力看作是打造企业核心竞争力的重中之重。不仅对企业，数据也已成为国家建设的基础性战略资源，引领着新一轮的科技创新，甚至对全球经济运行机制、社会生活方式和国家治理能力都将产生重要影响。

2012年7月，联合国发布了名为《大数据促发展：挑战与机遇》的白皮书，该白皮书指出："大数据对于联合国和各国政府来说是一个历史性的机遇，人们如今可以使用极为丰富的数据资源，来对社会经济进行前所未有的实时分析，帮助政府更好地响应社会和经济运行。"在美国，奥巴马政府将大数据称为"未来的新石油"，并表示一个国家拥有数据的规模、活性及解释运用的能力将成为综合国力的重要组成部分，对数据的占有和控制甚至将成为陆权、海权、空权之外的另一种国家核心资产。2012年，美国宣布投资2亿美元发展大数据等相关产业，这标志着美国已将"大数据战略"上升为国家级战略，并以付诸行动。

1　张蕾. 悄悄来临的大数据时代［N］. 光明日报，2012-12-10.

那么，为什么数据会成为未来商业角逐的重点？首先，大数据为商业决策提供了一种新的思考方式。无论是社交媒体、购物网站，还是视听节目下载、搜索引擎使用，大众在互联网上的任何操作都会以数据的形式留存在了网络上，各种信息采集的终端不间断地收集这些海量的数据。未来，随着计算机运算能力的大幅度提升，以及云储存等技术的不断进步，几乎大众所有的物理世界的行为都将会有数据相应存在。这些数据背后的逻辑，远远要比人的经验和直觉更加准确。譬如，2009年，美国暴发H1N1型禽流感疫情，谷歌通过对近5000万条美国人最常检索的词条和美国疾控中心的数据进行比较，准确预判了禽流感的暴发时间和地点。[1] 又如，美剧《纸牌屋》的成功同样源自美国视频网站 Netflix 对用户数据的分析。该网站发现，喜欢 BBC 剧、导演大卫·芬奇和演员凯文·史派西的用户存在交集。于是 Netflix 就决定打造一部同时满足这几个要素的电视剧。事实证明，《纸牌屋》不负众望，一举成名。[2] 这些都是基于大数据"预见未来"的典型案例，案例中解决问题的方式并不遵循通常意义上显而易见的因果关系，而是通过数据找到了两种表面上完全不发生联系的两个要素。因此，未来解决问题的方法将依赖于计算机的数字运算结果，过去笃信的"眼见为实"在大数据面前，将有可能被彻底颠覆。因为，大数据的最重要的功能就在于看到大众所看不到的那些微妙联系。中央财经大学中国互联网经济研究院副院长欧阳日辉认为，随着信息网络技术在国民经济各领域的不断渗透和扩散，各产业部门界限被打破，连接信息的深度与广度不断扩大，实现了人、设备、服务、场景的连接。未来最大的能源是大数据，收集、拥有和汇总数据，掌握数据挖掘、分析和利用的技术，就是掌握了"互联网+"时代的先进生产力。[3]

---

1 王辰越. 大数据：未来的新石油[J]. 中国经济周刊, 2013（15）.
2 王辰越. 大数据：未来的新石油[J]. 中国经济周刊, 2013（15）.
3 欧阳日辉. 大数据是重要生产力[EB/OL].（2015-06-10）[2015-12-11]. http://www.qstheory.cn/science/ 2015-06/10/m_1115573311.htm.

三、实现路径

互联网成果与产业链环节的深度融合是"互联网+"的实现路径。所谓"深度融合",指的是互联创新成果内在作用于生产、流通、消费、反馈等环节,打破原先的供需闭环,实现人与物、物与物的全面关联。其外在表现为已有产业的改良和新兴业态的出现,包括产品、服务和模式的创新。因此,互联网与传统产业之间,是竞争与融合、你中有我、我中有你的相互依存的关系,在两者博弈的过程中,传统产业逐渐被"互联网化",随着"传统产业互联网化"比例的上升,产业的转型升级成为大势所趋,进而推动实现经济引擎的换代,并带来新的经济增长点。

(一)技术创新驱动为产业融合提供可能

产业融合是伴随技术变革与扩散而出现的一种新经济现象。首先,技术的创新为产业的融合提供了可能性,企业通过把技术创新的成果运用到企业经营的各个层面,从而把产业融合的可能性转化为现实。随着互联网技术创新和扩散速度的加快,产业融合逐渐成为经济社会发展中的重要趋势。20世纪70年代,计算机技术、光缆、信息处理技术的创新和迅速发展,促进了计算机、通讯、广播电视、印刷等不同技术的融合。[1] 美国哈佛大学最早研究了计算机与通讯技术的融合,并指出这样的融合促进了电话、商用机械电子与其他产业的相互竞争。美国麻省理工学院媒体实验室的尼格罗庞特用三个重叠的圆圈来表示计算机、印刷和广播三者的边界,并认为交叉处是成长最快、创新最多的地方。

产业融合理论指出,随着不同产业之间的边界日益模糊,生产要素的流动将表现出比以往严格界限下更为灵活的状态,促进传统产业的创新型

---

1 谢雁娇.基于互联网经济的产业融合研究[D].北京:北京交通大学,2013.

发展，从而有助于推进整体产业结构的优化和新业态的出现。大多数情况下，由于新技术往往拥有较强的渗透力，产业融合更容易产生于高新科技产业与其他产业之间，融合产生的新产品和新服务极有可能取代传统的产品和服务，消费者的需求被提高，传统的产业形态和生产方式难以满足市场需求，其在整体产业结构中的作用逐渐弱化，地位也不断下降，并最终完成了整体产业结构的升级和转型。

　　从产业经济学的角度来看，产业融合不仅仅是一个技术性问题，更是涉及服务、商业模式以及整个社会运作的一种新方式。现有的关于产业融合含义的界定主要是从技术、产业、产品、创新等视角来进行的。互联网经济下的产业融合属于渗透型融合，互联网与相关产业的融合发展就是在互联网技术的驱动下产业边界逐渐模糊，实现"1+1＞2"的过程。其形成的新产物可以分为两类：一类是融合后的产物在传统产业中有所依托，传统产业的生产方式或者产品形态并未完全消失；另一类是融合后的产物在传统产业中没有原型，而是以一种全新的形态呈现。互联网与相关产业的融合也正体现在这两个方面。

（二）互联网对传统产业的改良与提升

　　近年来，互联网在旅游、教育、医疗、娱乐等领域发挥了其巨大的传播优势和成本优势，同时也向传统的工业和农业领域加速扩张，可以说几乎所有的传统行业的产品和服务都或多或少地被互联网改变。互联网向传统行业扩张版图的过程，形成新的平台，产生新的应用，构建新的业态，"互联网＋"模式的强力推广给各行各业带来了改良与提升的机会。

　　近年来，网络教育、在线旅游等无疑是"互联网＋"模式最为活跃的领域。一方面，教育和旅游原本就是服务业中发展较快的行业门类，另一方面，这些行业自身的发展特点和体制机制环境也促使其在互联网如火如荼的背景下，能迅速搭上"便车"。根据艾瑞咨询发布的数据显示，2013年中国在线教育市场规模达839.7亿元，用户人数达6720万人，同比增长 13.8%。随着网民规模的不断扩大、在线教育用户网络学习习惯的养成，用户规模还将持续增长，预计到 2017 年将达到 12032.6 万人。根据这一数据，不难推测，未来，随着内容生产方、技术设备提供方、平台搭建方的相继入场，以及网络教育用户习惯的养成，"互联网+"在教育市场的规模将加速扩大。MOOC 是当前网络教育中备受关注的一种新兴学习方式。这种学习方式充分体现了互联网的开放和分享的精神。短短几年间，全世界的学校已经制作了近万门课程，几乎覆盖每个学科领域的每个学习阶段，过去局限于学校和课堂的学习资源在互联网时代变得触手可及，知识得到更广范围和更深层次的传播，不能不说这是对前人智慧资源的一次大规模深度挖掘。学习者根据自己的兴趣选择喜欢的课程，自主决定学习的目标和内容，不得不承认这是一次由网络技术引发的对传统教学模式的优化和补充。

（三）互联网对传统产业的颠覆和重构

现如今，电子商务早已经不是互联网世界里的新鲜事物，规模庞大的网购群体、数量惊人的交易金额、蓬勃发展的快递行业，无不展现着这个行业强大的生命力。过去，电子商务被看作是零售领域的"逆袭者"，到了今天这样一个全民电商的时代，电子商务在金融、消费、娱乐休闲、跨境贸易等各个领域强势崛起，打破了传统的利益分配格局，改写了旧有的商业模式，电子商务俨然以一个"颠覆者"的形象成为我国互联网经济发展中的最大亮点。2013 年，中国的网络零售市场超过美国，成为全球最大网络零售市场。2014 年"双十一"（11 月 11 日）当天，淘宝天猫实现了 571 亿元的单日交易额，这一数字在 2012 年为 191 亿元，2013 年为 362 亿元。同时，双十一全天的移动端成交数字为 243 亿，占到总成交量的 40% 以上。而根据国家统计局数据，2014 年 10 月中国社会消费品零售总额 23967 亿元，日均 799 亿元，"双十一"的战绩，超过了 10 月中国日均社会消费品零售总额的 70%。这是一个具有里程碑意义的事件。

电子商务的迅猛发展，实体零售商店首先受到冲击。据统计，截至 2014 年 12 月 31 日，全国主要零售企业（百货、超市）关闭 201 家门店，较 2013 年关闭 35 家，同比增长 474.29%，创历年之最。而在 2013 年，这一比例仅为 72.2%。网络零售已经改变了中国商业的格局。中国电子商务公司的竞争力在国际市场环境中，同样不甘人后。根据阿里研究院的统计，在 TOP100 零售商中，中国有 8 家互联网公司入围，其销售额占前 100 总销售额的 39.3%。而在美国，只有 3 家纯互联网公司进入前 100，销售额之和只占到 3.7%。这显示美国的网络零售只是整体商业的补充，网络零售已经成为中国零售业最重要的新生力量。[1]

尽管互联网对传统产业造成了巨大的冲击，但互联网绝非"破坏者"的角色，网络的广泛运用也为传统产业带去了新的发展理念，注入了新的力量。对于传统产业的从业者而言，只要对互联网善加利用，巧妙借力网络的优势，即便是最古老的行业，也有望迎来新生。同样以零售业为例，美国著名连锁百货公司梅西百货在互联网席卷之势下，通过线上与线下相结合的方式成功摆脱了发展中面临的困境。针对美国网民越来越习惯于用手机搜索附近商场和在家下单的特点，梅西百货整合线上线下以及移动终端的资源，将遍布全美的 800 多家商店同时扮演仓库的功能，引导消费者选择距离自己最近的商品。[2] 对于百货公司自身而言，这一策略大大减轻了厂方的物流压力和库存成本。更为重要的是，这一策略的实施还有助于改善消费者的购物体验，减少了退货的概率，实现了企业和消费者的双赢。最终，梅西百货通过借力互联网的优势，实现了在后金融危机时代的华丽转身。可以预见，伴随着以大数据为支撑的现代物流业的飞速发展，传统零售企业将被迫触网，并加速向与互联网融合的战略转型。

---

[1] 邹巍. 创新互联网与传统产业的融合 [J]. 财经界, 2014（5）.
[2] 邹巍. 互联网 20 年 鼠标撬动世界 [J]. 上海信息化, 2014（7）.

因此，"互联网+"体现出的是以互联网作为最基本的手段，与其他产业的生产要素嫁接所延展后的各种可能性，这一嫁接所能够发挥的功能、产生的效应不仅仅是二者之间简单的相加而产生的"加法效应"，而是产生了"乘数效应"，甚至是幂级的"指数效应"。

（四）"互联网+"与"+互联网"：增量改革与存量改革

"互联网+"与"+互联网"本质上相通，最终目的都是促进全产业升级进而带动社会转型，但顺序的不同反映出的却是对互联网运用程度的不同。简单来讲，前者是互联网结合各传统产业，后者则是传统企业探求企业转型。"+互联网"强调"顺势创新"，互联网更多地被看作是工具性的应用，倾向于物理性的叠加，是一种存量改革。很多传统行业以既有业务为基础，利用互联网技术和理念，以期提高为用户服务的效率和质量。但是，由于传统企业早已经形成了固有的套路和模式，往往容易低估互联网的作用，以至于大部分传统企业，仅仅把互联网定位成"先进的工具"，认为和此前的ERP和CRM提升信息化水平没有不同。更重要的是，传统企业无论是技术、人才，还是体制及运营管理都与互联网企业有天壤之别，很难通过简单的架构调整就能改变的。[1] 因此，很多传统企业虽然用上了先进的工具，但转型并不顺利。反过来，"互联网+"则更多强调"逆袭创新"，把互联网看作是加的基础，倾向于化学性的反应，是一种增量改革。大体而言，电子商务是互联网向商业的逆袭，互联网金融是互联网向金融业的逆袭，互联网传媒是互联网向传媒业的逆袭……这种由"新"向"旧"的突入式扩张，已经造成了非同一般的影响。

因此，二者看似顺序微调，实质上却反映的是传统企业如何运用互联网思维进行转型升级的问题。一言以蔽之，传统行业对互联网的利用，

---

1 黄渊普.互联网+还是+互联网，这是个问题［EB/OL］.（2015-04-21）［2015-12-16］.
http://huangyuanpu.baijia.baidu.com/article/54514.

不能只局限于工具和技术层面,而应深化到商业模式创新,[1]在这方面,金融、广告等方面较有代表性。互联网金融将金融业与信息业融为一体,金融业逐渐超越对互联网的工具式理解,认识到互联网金融带来业务创新的机会[2]。在过去"银行+互联网"的背景下,诞生了网上银行、U盾或K宝支付、网络转账等服务,而在针对小微企业贷款的征信方面,依然主要靠资金往来信息来甄别。对于银行等商业机构而言,贷款额越小,其成本就越高,因此大量小额贷款的市场需求很难得到满足。而"互联网+银行"的思路下,第三方支付、P2P、众筹、小微借贷等新型的金融产品层出不穷,其核心在于互联网聚沙成塔的平台效应大大降低了交易的成本。譬如,互联网公司与银行的合作,通过大数据挖掘等手段,通过自动监控企业的生产交易信息、水电使用信息、缴费时间信息、违法记录等,就能够有效甄别贷款者的信用状况,这既能够降低征信成本,又能够满足大量有着小微贷款需求的企业,实现了双赢的效果。由此可以看出,"互联网+"与"+互联网"的不同,实际上是传统产业对互联网认识和使用程度的不同,其深层次上是传统产业对互联网经济形态和商业模式背后的互联网思维的理解不同。

四、最终形态

广泛作用于经济、政治、文化、生态等诸多领域的社会运行状态是"互联网+"的最终愿景。这揭示了"互联网+"对社会的影响是寓大于小的渐进式的改革——纵向上,从微观的行业改进,到中观的产业革新,再到宏观的经济运行状态重构;横向上,从商业模式的优化,到体制机制的调整,再到社会文化和精神的嬗变。最终,完成社会整体形态的转型。这

---

1 邹巍.创新互联网与传统产业的融合[J].财经界,2014(5).
2 姜奇平.走互联网与传统产业融合之路[N].人民日报,2014-04-03.

种以互联网为基础的社会状态整体将呈现为一种开放包容、平等共生、边界模糊、自我进化的生态系统，处处体现互联网思维的特点，无限接近帕累托最优，是最终目标，也是实现过程，即这是一个动态平衡。

（一）互联网思维的全面渗透：不仅是技术和经济的革命

当今世界，互联网经济已经成为主流经济模式，网络安全上升为国家安全，互联网正推动着人类的进步、经济的繁荣、社会的发展、文化的传承、科技的创新，引领世界走向未来。从人类技术发展的历程来看，每一次科技的进步都会引发一场思维方式的解放和文化潮流的转向。在互联网时代，同样也逃离不了这个规律。当前，互联网凭借其强大的渗透性正在潜移默化地改变着人们传统的生活方式和思维模式，无论是传统产业还是新兴业态，都不可避免地被网络的力量推动和蜕变。一方面，不断提升的互联网技术，影响了人们的思想观念。由于网络平台尤其是各种社交媒体的出现，大众仿佛人人拥有一支麦克风，能够表达自己的观点，分享生活的感悟，关注舆论热点事件，主动参与社会监督。尽管由于网络治理体系的不健全，带来了网络暴力、侵犯隐私等诸多负面影响，但是，现代网络治理体系的完善不能因噎废食，开放的网络环境促进了大众对社会事务的关注和参与，这本质上是一个社会文明进步的表现。另一方面，为了关注民生、了解民情，很多政府部门也在网上开辟了办公平台，通过微博、微信等渠道及时发布信息，以公开、透明、快速的方式来接受监督，以积极、主动、互动的态度来处理问题，甚至将过去的各类审批程序搬到了网上，大大降低了政府的运行成本。不可否认，尽管这样的改变并不是根本性的，但是这却实实在在反映了互联网思维在政府转型中发挥的作用。

在过去，农业和工业被认为是与互联网"绝缘"的产业门类。然而，互联网的力量已经扩张到其中，先进的互联网技术和手段能够显著地提升农业生产的现代化水平，并帮助农民打开了更大的市场，让受制于产地的农产品远销海内外。随着互联网与各行各业的普及，互联网的用户思维、跨界思维、平台思维、大数据思维等，也逐渐成为很多企业奉为圭臬的经营法宝。这些思维的背后，实际上代表了生产者和消费者的地位正在发生变化，原有的生产模式逐渐被淘汰，转而强调消费者的主导性和参与性。在此基础上，消费市场在走向精细化、个性化的同时，也创造出了很多新的消费需求。这也是互联网经济如何创造原本不存在的需求、刺激居民消费、拉动就业、提高 GDP 的一个微观分析。总之，一个国家实力的强盛，不在于其满足民众需求的能力，而在于其创造需求的能力，只有创造出新的需求，并不断满足这种需求，才能在循环往复中推动社会向前发展。所谓"创造需求的能力"，就是我们通常讲的"创新"。

归根到底，"互联网+"的核心是"思维"。尽管当前对于"互联网思维"一词，舆论上并不统一，但是否每个人都认可"互联网思维"这个词语已经不重要，有一点是毋庸置疑的，那就是他们都在自觉或者不自觉地运用这种思维方式来与社会对话，或走进这种思维方式的生活中。互联网思维的渗透，其效率最高的方式仍然是一个个微观的企业的运用。由于经济活动的趋利性和竞争性，客观上要求企业在自身发展中不断更新、迅速迭代，尤其在发展理念上要有前瞻性。综观诺基亚、柯达等商业巨头倒下的事实，他们所犯的错误，绝不是资金、技术、市场的问题，而是组织、文化和管理的问题。[1] 随着互联网与传统产业融合的深入，传统企业应当虚怀若谷，以主动的姿态拥抱互联网，以互联网时代的思维方式参与社会生存，而不能将理念停留在工业时代。简言之，如果不进行自我颠覆，那就势必要被外界颠覆，传统产业在新时代持续发展的不二法门正在于此。随着互联网与日常生活的联系日益紧密，在大众越来越多地享受网络技术所带来的便捷和高效的同时，大众也将推动互联网思维的变化和更新。从这个角度来看，人既是"互联网思维"的实践者，也是"互联网思维"的创造者。

---

1 李易. 中国步入互联网红利时代 [M]. 北京：电子工业出版社，2015:314.

（二）"互联网+"是一场寓大于小的渐进式改革

以虚拟信息的无间断交换置换实体经济的效率损耗，是"互联网+"在当下中国的现实意义。更重要的是，这句话揭示了"互联网+"的阶段性特点。笔者主观臆测，"互联网+"的过程大致可分为三个阶段，每个阶段有其自身的特点。

第一阶段，即为当前经济语境下，互联网开始与传统产业相融合，在此过程中克服传统产业存在的弊病，提升社会生产效率，其结果包括对现有产业的改良和新兴业态的出现。在这一阶段，"互联网+"战略的实施过程将通过一个个产业的互联网化完成经济形态的整体变迁。

阿里研究院院长高红冰认为，"互联网+"将会在比较容易突破的领域率先完成改革，如行政垄断较少、市场化程度较高的零售业、餐饮业、物流业、娱乐业、传媒业等；紧接着是在存在一定行政垄断、但供需发生转换、供大于求的领域，如房地产的供求变化将会加速这一产业的互联网化进程；最后是在行政垄断壁垒较高、问题较多、信息化水平较低的领域完成最终变革，如城市交通、医疗、能源、通信、金融等领域。这些领域的互联网化很大程度上取决于制度方向的改革，即"互联网+"的第二阶段。

第二阶段，互联网与传统产业紧密结合，进入深度调整阶段，消费者参与决策，社会供需关系发生变化，同时倒逼机制体制的改革，形成具有普遍性的、互联网思维特点的社会文化氛围。

在这一阶段，"互联网+"不只对经济生活产生影响，更体现在制度设计、社会治理结构等领域的改革和创新，助推中国实现"全面深化改革"的目标。十八届三中全会上，中央就全面深化改革做出总体部署，提出了改革的时间表和路线图，涉及15个领域共330多项改革措施，包括经济、政治、文化、社会、生态等各个方面。随着改革进入深水区，容易的、皆大欢喜的改革已经完成，剩下的都是难啃的硬骨头。马克思主义理论认为，历史上一些重大而又关键的技术进步、生产力飞跃，往往会导致生产关系的大幅度甚至根本性的调整。毋庸置疑，互联网在促进生产效率、产业结构升级等方面发挥了重要的作用，极有可能成为中国经济改革、社会发展的新动力。由于互联网对产业重塑力的大力显现，过去改革推进的主体——政府各级部门将会转而成为被改革的对象。一方面，互联网将促使政府管理更加透明开放，提升政府的公信力，另一方面，互联网将会在现行制度下提升政府的办事效率，提高政府的执行力。最后，互联网推动政府简政放权，实现政治体制的改革。

未来政府参与社会治理的方式应当是一种生态化治理的模式，其治理主体是多元的，治理责任是分散的，治理机制是合作的。中国移动互联网产业联盟秘书长李易认为，互联网是典型的复杂生态系统，治理者不应该奢望这个生态是横平竖直、井井有条、按部就班的。所谓生态，就是一堆杂草，看似杂乱，却拥有无穷的生命力。治理者的目标不应该是把这对杂草建成草坪，看上去很有条理、很规矩、很舒服，而是应该去清除里面的害虫，只有像杂草一样去生长，才可能长成大树，而草坪永远只能是草坪。[1]

第三阶段，互联网与传统产业融合完成，未来社会不存在互联网企业与非互联网企业之分，不存在脱离社会经济的网络经济，也不存在脱离网络经济的实体经济。即网络经济不再是纯粹的虚拟经济，而是虚拟和现实的结合，进入产业自适应阶段。

从桌面互联网到移动互联网，再到产业互联网，当第三次互联网革命全面完成，互联网将不仅仅被看作一种连接的技术，而将成为一种人类生存的必需，社会生产力得到极大提高，政治、文化、生态等相关领域的改革则进入攻坚阶段，生产关系进入新的调整阶段。在这一阶段，互联网经济回归"信息要素是核心"的本质，因其天然的属性，如开放、透明、分享等，将大大释放信息（数据）在工业社会中被压抑的巨大潜力，进而转化成强大的生产力，成为社会财富的新源泉。

---

[1] 高红冰.中国为何会出现"互联网+"热潮[J].商周刊，2015（9）.

第四阶段，经济、政治、文化、生态等各个方面均调整到适应的状态，互联网成为社会循环和进步的基础，类似于工业社会中电的使用，不同的社会组织和主体能够进行自我更新，社会进入新一轮的稳定阶段，即上文提到的"动态平衡"。

第三章 "互联网+"有何影响

有专业人士把互联网智能化进程划分为两个时代：第一个时代为点击时代。1964年美国人道格·恩格尔巴特发明了具有实际意义的鼠标，20世纪90年代微软公司推出了windows系统。世界从此变成了地球村，自媒体的大幕也由此历史性地开启了。第二个时代为触摸时代。乔布斯向全世界推出了Iphone触摸屏幕智能手机，这个天才的创造，不仅颠覆了手机的使用方法，还改变了世界。随着智能手机的出现，由互联网而生的人工智能、物联网等都在不断发展之中。互联网对人类社会的发展产生了重要的影响。

第一节　互联网带来的全新思维方式

互联网作为一种传媒媒介的新形式,打破了以往单一的传播形式,将不同形式的传媒媒介串联起来。人们获取信息的渠道得到拓展,获得信息的速度也越来越快。互联网成了一个信息的容器,所有信息都第一时间在互联网里交汇、碰撞。人们在繁复的信息大潮中越来越掌握主动权。随着信息爆炸式的传播,人们对世界开始有了新的认知。其中最重要的表现就是人们的思维方式的改变。

传统产业下的思维方式是对权威的一种遵从。在信息流通不够畅通的时代,权威意味着掌握着更多的信息。因此,缺乏信息的普通民众对于权威有一定的崇拜和畏惧心理。互联网的发展打破了权威对于信息的垄断,各类信息通过互联网的渠道第一时间为群众所知晓。因此,对于群众来说,权威的可信性被打破。同时,由互联网而串联形成的全媒体平台是一个强大的信息发布平台。这样的信息平台为人们带来足够丰富的信息的同时也在不断开拓人们的思维。

权威的打破、信息的爆炸,其首要的影响是突显出了人们自身的主体性。在互联网出现之前,这种主体性并不突显,而是隐藏在一种集体意识之中。由此表现为人们对于集体的无意识服从和人们对于个性的自觉压抑。信息大爆炸之下这种主体性的突显在实际生活中最大的表现便是人际关系群组的变化。在互联网出现之前，人们的人际关系群组基本都是以现实中的地域等因素作为主要的划分标准。但是随着互联网的出现，文化和兴趣成为人际关系群组形成的主要因素。文化部落或者说文化圈层逐步代替一般的人际关系群组成为人们人际交往的主要模式。而在文化、兴趣因素之中，人们的主体性更加突出。

其次是权威性打破之后，互联网的互通有无带来信息的自由流动也在打破人们思维上的壁垒。当壁垒被打破之后，人们创造力大大提升。创新在此时随着互联网渗入到人们的思维之中，成为一种生活的本能。互联互通带来的庞大的信息量为人们创新思维的锤炼提供了基础。面对庞大的信息，人们要有能够鉴别并寻找到自己所需信息的能力。而在识别信息的过程中，人们通过对各类信息的识别、学习从而将各类信息相互串联、碰撞得到新的结果。这种新的结果就是一种创新。

这种互联互通的思维模式会慢慢改变人们对世界的认知，而伴随着互联网带来的物质生活上的解放和改变，对于人们思维观念的改变也会产生一定的影响。生活上的极大满足带来的是对精神世界的探索，而随着互联网带来的权威的打破，人们对于信息流的涌入拥有着无比热忱的好奇心。这样的好奇心带来了人们对于信息的自主吸收、鉴别与获取。另外，互联网本质是将世界的一切都联系起来。这种万物互联互通的互联网思维模式，会通过生活中的点点滴滴不断影响着人们的思维模式。原本单一的思维模式被打破，万物互联的思维模式之下，人们的创新活力不断迸发，思维的启迪更加活跃。而由此带来的是科技的进一步解放，物质生活的进一步富足。

究其根本，"互联网+"是一种思维方式。这种思维方式源于互联网产业发展对于人们生活的深度影响。当互联网成为人们的必需品，传统的思维方式必将随着物质的改变和进步而发生变化，互联网思维的转变带来的是人们对于世界的新的认知。因此，"互联网+"并不是传统的产业之间的融合发展，而是从思维方式出发，对人类文明的发展产生不可磨灭的深刻影响。

一、互联网思维的五大特点

互联网思维随着互联网的发展而产生。互联网思维的核心是平等、去中心化。互联网的网状技术结构和去中心化的核心思想带来的是互联网思维呈现出的五个外部特征。依据这五个外部特征，产生了五个极具代表性的思维方式。

互联网思维的第一个特征是连接。互联网自身是一个网状的结构。在这个网状结构里，每一个节点可以是个人、企业、政府、国家，或者是一个数据、信息。而互联网就将每一个节点都连接了起来。通过这样的连接，每一个人、每一家企业甚至每个国家都有了平等交流和分享信息的机会。这样的连接为每个人带来了平等交流的机会。由此，平等的交流观念开始逐渐深入到每个使用互联网的人的心中。

连接带来平等的同时也为人们发现信息之间的关联性提供了巨大的便利。互联网巨大的连接功能是基于对于已有信息或者说数据的强大计算分析能力。通过这样的计算和分析，计算机能够发现不同信息之间关系的远近从而给出一定的结果。对于这样的关系分析，人们可以从中发现原来并不了解的事。在没有互联网的大数据处理能力之前，人们不论是对于信息量的掌握还是对于信息的分析都是十分有限的。当互联网具备强大的连接分析功能以后，大数据的运用已经为人们的生产生活带来了许多的惊喜。

互联网思维的第二个特征是融合。互联网的连接功能为每一个节点上的信息提供了一个相互交流的通道，这也是融合的前提。通过这样的交流通道，两个信息的交换产生的是第三种新的信息。这种融合带来的是信息的爆炸式传递。当两个信息的关联性被发现之后，信息之间的壁垒被打破，信息之间的交流越发顺畅。通过这些交流，信息间的互相影响产生了

1+1>2 的效果。这种融合的思维观念背后则是平等价值观的支撑。因为平等地看待所有的信息，才不会忽略某些信息中的重要元素；因为平等地看待并运用所有的信息，才能够最大限度地激发人们的创造性。

互联网思维的第三个特征是包容。互联网自身的网状结构本身就是没有任何边界的。这种无边界性也注定互联网是一个无比包容的存在。也是因为这种包容性，信息之间的壁垒能够被打破。这样的包容带给人们的是人性的最大程度的解放，同时也让创新的因子在互联网的世界能够自由流动。但是包容的环境也会带来一些不利的影响。因为互联网自身并没有判断是非对错的标准，所以在这种包容的环境之下很容易产生一些灰色内容，这些灰色内容带来的是一些消极、负面的影响，不利于人们生产、生活的顺利进行。这些灰色内容借助互联网能够很好地隐藏自身，其产生的危害也是潜移默化式的。

互联网思维的第四个特征就是体验。互联网的发展本身就是构筑在丰厚的物质生活的基础之上的。因此，在互联网的影响之下，人们的自主意识与以前相比更加突出。从商业的角度来说，当前的商业发展已经从原来的以产品为核心转变成了以用户为核心。特别在智能手机面世之后，人们的生活将越来越多被人工智能的技术所影响。人们自身的体验感或者说是精神愉悦感成为生活中的重点。而这之所以成为互联网思维的一个重要特征，是因为在互联网的世界，人始终是占有重要位置的。互联网的思维源于人，同时也运用于人。因此，体验的重要性在互联网思维中不言而喻。

互联网思维的第五个特征就是更新。伴随着计算机硬件技术的发展，互联网硬件系统和互联网相应技术的更新周期越来越短。随着硬件系统和技术的不断更新，互联网产品不再同过去传统企业的产品一样有一个完整的生命周期。互联网产品的生命周期随着硬件和软件的不断进步而被不断延长。互联网产品在刚刚推向市场的时候，与大部分产品一样并非非常完美、无懈可击、毫无漏洞。随着技术的发展，产品对于消费者的吸引力开始不断减少。而这个时候，互联网公司会依据之前产品的漏洞再推出一个更新之后的新的产品。这种更新或者说是迭代在互联网发展的时候能够做到，是因为技术和需求都在不断变化。产品的推陈出新不如修缺补漏。

二、连接——大数据思维

在互联网时代，信息的爆炸、繁杂让我们时时刻刻都处于信息的围绕当中。然而，在这些信息当中，只有部分信息对我们来讲是有用的，其余的信息都可以作为废弃信息或者是垃圾信息弃之不用。那么，这是否意味着垃圾信息和废弃信息就一定是无用的呢？事实并非如此，很多信息相互之间有所关联。只要找到这个关联，那么信息的二次使用便也顺理成章。

这种寻找信息之间关联的思维便是大数据思维。大数据思维就是要通过大量数据的收集与分析，获取有价值的信息，对日常的生产、生活产生一定的影响。大数据这种寻找关联性的关键特征主要还是依赖于互联网相互连接的网状结构以及由此带来的连接性的思维特征。另外，互联网的无边界性特征能够包容大量的信息数据。以这些数据信息为标本，计算机能够运用自身越来越强大的计算能力对数据信息之间的关联给出相应的结果。因此，从大数据思维的角度来看，我们周边的信息都是有用的，关键是如何运用大数据思维来找出它们潜在的价值。

大数据思维里最为重要的两个特点是信息的关联性和非精确性。信息关联性不仅仅包括肉眼可见的信息关联性，还包括隐藏在内的外人无法一眼看到并了解的非直观性联系。这种联系在我们看来有的时候是无用功，但是一旦掌握了与该信息相联系的其他信息，将所有的信息串联起来，就能够从看似无价值的垃圾信息中找出它们与某件事或者某个人的联系。针对这件事或者这个人，稍后才开始进行细致入微的勘察。

另外，有一点非常重要的是大数据思维下的关联并非我们平常所看到和所认为的那种有理有据的关联性思维。大数据思维下的关联性是一种微弱的联系。这种微弱的联系常常会被我们忽略。但在很多事情上，这种微弱联系比强联系的效果要更好。并且，由于这种关联性的模糊性较重，所以导致信息之间的关联性会牵涉很广，由此，这种信息之间关联性的解释也有很多，方便使用的时候随时取用。但是，我们需要明确的是这种信息关联性之间的非确定性和模糊性并不意味着其所产生的作用的模糊性。因为这种模糊性主要指的是信息之间产生联系的机制有的时候很难探讨清楚。因此，对于联系背后的产生机制我们并不一定予以探明，但是信息关联性的巨大价值是不能被否认的。

所以，大数据思维的两个重要特点便是模糊性与关联性。模糊性不仅仅指的是信息关联背后的机制的模糊性，同时也指信息之间弱关联的模糊性。放弃对于精准性的探究从而追求模糊性是互联网思维转变最为重要的特点。超大负荷的信息容量从某种意义上来说并不适用于精准性的探索。因为精准性的探索不仅要耗费大量的时间、精力，而且其结果也不一定是真正有用的，所以模糊性的探究机制和直指要害的关联结果才是互联网时代所需要的。

因为信息关联的模糊性，所以在放弃精准性研究之后，信息的处理转变成为寻找信息之间的关联点。这种关联点并不需要十分精确，也不需要完全符合相应的科学原理、机制。只要这种关联性能够有一定思维逻辑性，那么，这种关联性在大数据中就是成立的。简而言之，就是我们需要知道的是"是什么"，而"为什么"已经不重要了。因为了解"为什么"需要花费时间、精力，且不一定有利于我们完成各项工作，更多地了解"是什么"则是非常符合互联思维下对于效率、时间的高效掌握。

正是这种大数据的关联性为谷歌预测流感趋势提供了依据。2008年，谷歌通过对人们搜索的关键词的大数据得出了流感的预测分析。而政府官方则在谷歌分析出来的几个月之后，才拿出相应的流感分析报告。在这其中谷歌利用大数据思维的方式发现在某个时间段内，美国人民搜索关于流感的相关词汇的比重超过其他关键词的搜索，并且将这种搜索依据地图进行定位分析。大量充实的数据面前，谷歌才敢肯定彼时美国人民正在经历不自觉地流感风潮。而对于人们为何去搜索这一类的关键词，谷歌并没有去纠结这个问题。因为不论搜索的动力是什么，必定是和流感相关，既然如此，那么人们搜索的动机根本就不会对整体的分析结果产生任何影响。

当数据足够充足的时候，大数据能够深入到人们的日常生活之中。有的时候，大数据甚至比我们自己都要了解生活。Target是美国最大的连锁超市之一，该公司使用数据挖掘极其有效地提高营销精准率，能做到在事情显现之前就预测到它的发生，旨在"提供最专业的建议"。有一个经典案例是该超市基于数据挖掘系统分析结果给一位高中女生寄去婴儿用品优惠券，其父亲发现后投诉Target误导未成年人，但却在之后了解到他女儿已经怀孕的事实。原来Target超市的数据库系统会给每个顾客分配一个Target Guest ID，在该条目下详细记录顾客的信用卡信息、网上注册信息、在Target官网浏览的每一个页面和停留时间长短、每次的购买行为等信息，数据挖掘团队专门分析这些收集到的历史信息，预测顾客将来的购物行为和需求甚至生活方式，然后发邮件给顾客。例如判断一个女性怀孕，线索是该顾客已经发生了的消费行为，她可能购买了维生素补充剂、大量的专用乳液、无水洗手液等典型的孕妇会购买的一些商品，在孕妇、婴儿用品页面停留较长时间等。由于美国人非常注重隐私，为了避免上述早于父亲发现女儿怀孕这种尴尬事件发生，Target针对性地改变营销策略，把母婴系列产品的优惠券和信息混合在其他产品的信息里发给顾客，掩人耳目，结果是Target的母婴产品销量猛增。[1]

三、融合——跨界思维

所谓跨界思维，就是打破事物之间的壁垒，从更加宽广的角度和视野来看待事物以及事物之间的联系。跨界思维是一种不断处于创新运动中的

---

[1] 美国超市Target基于数据挖掘的精准销售案例[EB/OL].(2012-06-06)[2015-12-18]. http://bbs.pinggu.org/thread-1492563-1-1.html.

思维，它需要找到事物之间的区别和联系，打破、重组、融合，挖掘出原有事物本不存在的价值，并在此基础上创造出新的理念、想法甚至是实践。跨界思维的核心在于融合，其前提是对信息壁垒的打破，而网状结构的互联网为每一个信息节点都提供了一个可连接的通道，这个通道就是跨界思维打破壁垒的前提。在壁垒打破之后，信息之间的交流成为跨界思维的主题，在这种交流之中，融合逐渐发生，两种信息的交流产生了一个新的信息。这种新的信息还将和其他信息进行交流。因此，这种融合成为跨界思维的核心所在。

互联网跨界思维的诞生本身是因为互联网自身所拥有的无边界、易于融合的传播特点，就如微信、QQ等的产生从某种意义上来说，是互联网打破地理壁垒为人们的交流带来的跨界，这样的跨界虽然不是产业之间的连接、融合，但也是跨界思维的一个典型案例。以微信、QQ等即时社交为代表的APP，从另一种角度来说是传统社交方式与互联网的一种跨界交流。这种生活方式的变化打破的是现实社交时间、空间的壁垒，真正做到了互通有无。这样的跨界也是基于互联网自身所具有的共享、开放、无边界的特点而形成的。并且，目前这种打破壁垒的跨界交流已经逐渐成为人们生活、工作交流的主要方式，而交流方式的改变也是互联网带来的生活方式变化的特征之一。

因此，互联网自身在形成一定的产业同时也能够与其他产业相融合形成跨界。而这种跨界从产业融合开始渐渐影响到各个方面。目前，互联网的跨界现象可以从三个方面去理解：一是产业的跨界，最常见的就是虚拟经济和实体经济的融合，例如阿里巴巴就是这样一家公司，我们无法定义它到底是一家生产什么的公司。它的产品是为客户提供连接、提供内容，这种连接、内容都是非实体的，但是却有大量的实体产品在这种虚拟之中诞生、流通到现实生活之中。二是组织跨界，互联网发展带来的虚拟化组织的增多给传统的组织管理带来了一定的挑战，而由此产生的结果是组织的边界不再那么明显。三是人才的跨界。在互联网迅速发展的今天，信息爆炸使得每个人都被动地进行着知识的储备。而这个时候需要的人才也是具有跨界能力的人才。

互联网的跨界思维最主要的运用还是在于产业的跨界融合上。而产业的跨界融合主要包括三种形式：一种是产业内部的垂直融合，即产业打通与之相关联的上下游产业之间的壁垒，形成一个新的产品链，该产品链上也会产生更多的产品。例如影视产业本身只是生产影视作品，但是现如今许多影视产业都跨界融合了文学产业，百度、阿里、腾讯三家公司更是在融合影视产业的基础上进一步融合了文化产业，利用文化产业的作品IP来降低影视产品的风险。这个时候影视产业的产业链和文化产业的产业链跨界相融形成了一条新的产业链。

又如我们所熟知的金融和互联网之间的跨界产生了众多线上理财产品和各种新型的网络支付方式。支付宝就是其中的典型代表。以支付宝为代表的线上支付方式颠覆了传统的支付方式。其背后是互联网产业和金融产业的跨界融合。这两者的跨界带来的是全新的产品和产业。互联网将会大大拓展金融产业的产品形式，赋予其更多的灵活性和创新性。而金融产业进入互联网则不断完善了网络虚拟社区或者说虚拟生活的构建。当支付宝等网络支付产品出现后，O2O才得以迅速发展。而O2O时代的迅速来临，意味着线上虚拟生活方式正式能够媲美现实生活方式。这种跨界融合推动的不仅仅是两种产业的发展，也同时推动了生活方式的变化。这种生活方式的变化会从另一面推动"互联网+"金融的继续深入发展。

第二种是外部的水平扩张。这种水平扩张通常适用于不具有上下游关系的不同产业之间的跨界融合，水平提高原有产业的产品丰富程度。就像百度、腾讯、阿里三家网络公司分别入股影视公司一样。原本三家公司都是互联网产业起家，其后开始利用互联网跨界融合的特点进行产业扩张，融合了影视产业、文学产业等许多不相关联的产业，拓展了企业自身的产业面，丰富了公司的产品种类和产品形式。在与其他产业的融合过程中，企业的产品也在不断创新。

还有一种是产业跨界融合之后的彻底颠覆。当一些产业与其他产业跨界融合之后，自身的生产目的、产业模式甚至产品都发生了颠覆性的改变，即两种产业跨界融合之后形成了一个与原产业既独特又关联的新型产业。例如农业和旅游业跨界融合之后产生的观光农业，与原来的两个产业既有一定的联系，但是又不同于两者原来的产业发展模式。这种产业的颠覆在未来随着技术的发展将会越来越常见，跨界融合之后产生的新兴产业也会越来越多。正如农业和旅游业的跨界融合产生了观光农业，不同于传统的农业和旅游业，观光农业既包括二者的元素在内，但同时也在二者的基础之上产生了一种新的发展模式。将原来只用于消费的农业产品转变成一种旅游景观，供人欣赏，但同时也在旅游的过程中将农产品以另一种方式销售出去了。

四、包容——平台思维

平台思维的表现更多的是体现在组织的形态变革及其所引起的管理方式的变革上。互联网自身所拥有的去中心化、迅速反应的特质反映到组织形态上的变革就是对传统金字塔形组织形态的颠覆。这种变革、颠覆产生的前提是平台思维所具有的包容性特征。这种包容性特征其实暗含了互联网思维的平等原则。在平台之中，只要是信息相关方就能在平台之中寻找自身交流或者交易的对象，平台不会干涉其中各方的发展交流。正是因为这种包容的思维核心，平台思维才能够慢慢改变之前一对一的层级结构，以扁平化的方式包容所有，让各方信息在平等的视角下自由交流，发挥自身的潜力。

传统金字塔型的企业组织形态类似于链式的生产链条：指令或者说程序沿着一条链式的线条自上而下传达出来，指令被层层截取最后直至实施。这样的组织形非常适应于非互联网时代的企业管理，当时的管理是以控制为主，要求组织成员对组织的程序或者命令做到最大程度的服从。但是在互联网的发展之下，人们的自主性逐渐增强，外部环境的迅速变化，生产方式及生活方式的变化都在要求组织结构由金字塔型向扁平化形态改变。这种扁平化的组织形态体现的便是一种平台思维。平台思维要求的是组织在应对外部环境的挑战时，能够迅速应对，要求组织具有一定的灵活性，组织内部可以依据形势的变化随时形成各类应急团队。原来控制化的管理模式逐渐转向开放性的组织管理模式，最大限度地解放人的创造力。

平台思维本身就是一个能够包容一切的思维模式。这种包容带来的是组织生产潜能的进一步激发，推动组织顺势而为，进一步提升生产效率，将个体的潜力在组织中发挥到最大。同时，平台思维在产业中最主要的表现模式就是平台模式和长尾模式。平台通过提供一定的"场所"为最少两方之间提供交易便利。其中作为卖方的一方通过在平台上挑选适宜的买家最大限度地让自己获利；相应地，作为买方可以在平台上利用长尾模式来提升自身的利润水平。

百度就建立了一个以搜索服务为核心，以竞价商家为付费方，以免费搜索信息的用户为被补贴方的平台。在这个平台中，百度作为第三方平台，提供的是搜索技术和搜索环境的建设。广告商作为付费的一方补贴了百度搜索建设的费用，收获的是百度搜索上广告的浏览量及由此带来的潜在客户，而庞大的普通用户群体则能够通过百度的搜索获取自己想要的信息。不论是组织形态的改变还是产业模式的变化，平台思维本身所具有的开放、共享、共赢的价值观内涵是其在互联网时代立足的根本。

五、体验——用户思维

用户思维的核心在于体验。在用户思维出现之前，产品思维占据核心。而随着互联网的发展，平等的核心观念不断渗透，人们对于自主性的认知开始逐渐觉醒。这种自主性认知的觉醒带来的是以满足客户需求为第一要务的用户思维逐渐代替产品质量为上的产品思维。在用户思维之中，用户的需求成为互联网时代下各个商家首要关注的部分。而满足用户需求最重要的一个方式就是体验。这种体验反映的既是物质丰富时代人们自身从对物质要求上升到了对物质和精神的双重要求，也是互联网思维下人们自主意识的不断苏醒。

用户思维是互联网思维的本质与核心。互联网时代到来，消费者开始掌握主权，企业在价值链的各个环节都要秉持以用户为中心的原则。互联网时代，物质产品极大丰富，供过于求的整体市场特征一直在不断增强。用户体验已经越来越成为产品的核心竞争力。因此，互联网时代下用户思维的出现无可厚非。用户思维，顾名思义，就是从产品设计开始就要以用户为主，时刻把握用户的需求，力求完善用户的产品体验，甚至于邀请用户参与到产品生产的整个过程。

用户思维理念提出的基础在于两点：一是物质的极大丰富满足了人们最基本的生存欲望。此后，人们开始对产品的质量、消费体验等等有所挑剔，这是消费阶段发展必然要经过的一个阶段。而产品的生产商、销售商也需要去不断适应这种关系的转变。二是互联网的发展为人们提供了更广的选择范围，产品的渠道增加了，但同时产品间的竞争压力也增大了。由此，消费者的需求成为重要的风向标，为了抢夺市场，生产商和销售商不得不转变思维方式，以用户思维为核心，从而力求在市场中能够取得主动权。

互联网时代下的用户思维最为重要的是两点：一是参与感的设计。互联网时代更加容易以消费需求或者消费品牌为核心形成一定的虚拟消费社群。并且很多商家目前都在运用互联网形成超越地理限制的消费社群，并将其培养成为自身的忠诚客户。从某种意义上来说，这些消费社群会慢慢渗透进入商品的生产环节，从自身体验的角度会给产品生产者一些建议。亚马逊的董事会总有一把椅子是为了留给顾客的。这就是参与感的营造。二是用户体验至上。用户体验是一种纯主观的感受，是在用户接触产品或服务的整个过程中形成的综合体验。优秀的用户体验一定是注意细节，并且贯穿于从生产到消费再到售后的整个过程，这种细节一定是能够让用户感知到，并且这种感知要超过用户的预期，给用户带来惊喜。

三只松鼠作为电商，颠覆传统的坚果买卖思维，从包装、销售、互动等各个环节中做到用户至上。例如在客服的沟通上，三只松鼠一改过去淘宝"亲"的叫法，改称为"主人"。"主人"这一叫法，会立即使关系演变成为主人和宠物的关系，客服扮演为"主人"服务的松鼠，这种购物体验就像在玩 Cosplay。同时对于客服的考核指标，也不再使用常用的交易量，而是换成好评率和沟通字数。最大限度地让客服带入到为"主人"服务的宠物松鼠的角色。同样在细节上，三只松鼠也不放过。考虑到顾客对于产品期待和焦虑的心理，三只松鼠在发出快速的短信上体现了安抚的细节："松鼠已经火急火燎地把主人的货发出来了。"在包裹上，三只松鼠也是做足了功课，不仅精心设计包裹及其里面的包装，而且非常细心地为消费者准备了纸袋、夹子、垃圾袋、纸巾等等一应俱全的吃坚果的工具，这样细微的服务牢牢抓住了消费者的心。[1]

六、更新——迭代思维

迭代思维模式的核心是更新。而这种更新从某种意义上来说更像是一种融合基础上的创新。这种迭代模式的出现是因为人们能够接受一个还不完美的产品，一步一步见证它逐步变得完美的过程。在迭代的过程中，各种创新因素将会层出不穷，每一次的迭代更像是一种创新。在这个过程中，产品被不断完善。但其实，这样的迭代过程也是人们的生活在不断更新的过程。因为产品的不断改进，产品的质量、性能等都在不断提升。在这样的提升之中，人们的生活质量也在因此不断提升。

迭代思维的核心是在最短的时间内要将产品推出。因为产品更新间隔

---

1 赵大伟.互联网思维——独孤九剑［M］.北京：机械工业出版社,2015:55-56.

时间越长代表产品被市场淘汰的概率就越大。而迭代思维产生的前提是不完美的产品增加市场曝光率，快速迭代开拓市场范围。产品迭代的完美衔接体现在产品或者品牌在市场上长久的关注度和曝光率，这些需要敏捷的开发思维、精益的创业思维和细节创新的理念。

敏捷开发其实是互联网产品的一种典型的开发方式，不是传统软件公司大项目产品开发模式，而是通过小项目不断持续迭代、循序渐进地开发。不追求完美，允许有不足，尽早将产品推到用户跟前，接受反馈，不断试错，在迭代中完善产品。而互联网产品能做到这一点的原因主要在于互联网产品从供应到消费的环节非常短并且消费者反馈意见的成本非常低。[1]

精益创业的核心思想是在整个产品迭代的过程中产品的质量标准也在不断地提高。在互联网时代，产品开发初期以一个极简、甚至可能是概念型的产品原型投入市场，在市场运营中不断吸收其他人的经验，并吸取用户反馈，对产品进行快速迭代优化来适应不断快速变化的市场。

从敏捷开发和精益创业中都能看出迭代思维。大部分互联网公司都是从最初的雏形慢慢开始进行完善的。比如Facebook，它的初级版本只是哈佛学校内部的交友应用。eBay也是因为一个程序员为了满足女朋友的心愿才得以诞生的。

在迭代思维中有两个法则，一是从小处着眼，微创新，这一点强调的是要长久、持续而快速地在产品、体验方面进行改进，持续改进得多了，就促进了创新，甚至是颠覆性的创新。二是要快。快是互联网产品的发展根基，产品开发要快，发展用户要快，这样才可以立足市场，赢得竞争。为什么能快？跟小处着眼、专注是分不开的。两者互为依存，微创新是快的内在表现形式，快是微创新的外在结果。Facebook从第一版只是为了帮助哈佛的学生找男女朋友，其后慢慢完善，发展至今已经成为全球热捧的

1　赵大伟. 互联网思维——独孤九剑［M］. 北京：机械工业出版社，2015：94.

在线交友网站。而Facebook在发展过程中在不断地完善自己，包括点赞功能的开发等。

国内的很多互联网产品也如Facebook一般，在不断的迭代中完善着自己。所以，我们使用的很多APP都会有定期的更新，这就是迭代思维在其中的运用。同样，亚马逊一开始只售书，而后慢慢拓展到其他产品。如今，亚马逊已经成为美国第一大在线零售商，原本作为主业的书籍销售已经成为亚马逊众多子业务中的一块。与此同时，亚马逊也在积极建设自己的物流体系，无人机送货等一些新式物流的推出和体验都体现了亚马逊的迭代思维。

第二节　社会治理方式的不断颠覆

随着互联网的迅速发展，政府管理开始出现巨大变革。政务微博、微信的出现，智慧城市的建设都在要求政府在管理好现实社会的同时也要密切注意网络舆情与现实社会之间的联系和发展。互联网不仅仅会为人们的生活带来便利，这种便利对应的管理层面也会不断受到影响。

互联网的发展带来思维方式和社会组织的变化，这样的变化反映在政府之上就是政府管理理念、组织形态、管理方式等方面的一系列变化。互联网的发展为政府的管理带来一定便利的同时也在慢慢改变着社会的发展结构。原本金字塔型的社会组织形态慢慢转化成为更加宽松的扁平化的组织形态。政府的管理理念也由原来的管理式思维转化成为服务型思维。网络虚拟型政府组织形态适应互联网社会发展，线上线下两个政府相互扶助。互联网的出现慢慢拉近了政府和群众之间的距离，原本的沟通鸿沟开始逐渐消弭，信息的披露逐渐透明化，群众更加积极主动参与政府的管理。互联网的出现影响的将是整个社会的发展进程。

对于政府管理来说，对于互联网一定要能够正确对待。从某种意义上来说，互联网是政府与群众沟通的一种媒介方式，可以随时帮助政府组织拉近与群众之间的关系。政府在使用互联网时一定要注意不仅仅将其作为宣传推广的手段，还需要注意其背后的思维理念。政府管理的核心并不是互联网，也不是信息，而是政府组织自身对信息的管理。因此，政府在管理过程中应当时刻牢记自身的管理使命。

一、自下而上的颠覆

随着互联网的迅速发展，政府管理领域也出现了巨大的变革。互联网在为政府提供新手段、新办法的同时，也从思维方式、行为态度和管理理念上影响着政府人员。在互联网的作用下，政府的角色逐渐转变成为管理者，协调者、分析者和组织者。相应的服务理念也在日益深化，政府的职能逐渐由管理型转向服务型。在这个过程之中，政府与公民之间的距离不断拉近。公民参与管理的机会日益增多，由此带来的是多种思想文化的大量存在和权力结构的扁平化发展，政府越来越成为公共性的服务机构。而"民主理念、法治理念、公平理念、科学理念、责任理念、服务理念、效能理念、系统理念、创新理念、安全理念"等新兴的管理理念也逐步为政府官员所接受并实行。

受之前封建社会残留的影响而形成的金字塔型的社会治理结构，信息大多为上层所垄断，普通群众与上层政府之间存在的信息不对等带来的是地位上的差别。由此，普通群众和政府之间存在一道隐形的信息鸿沟。这个鸿沟成了政府与群众之间的沟通阻碍，不仅造成了政府管理上的不便，还间接影响了政府和群众之间的关系。

然而，互联网的发展逐渐渗透进入政府的管理层面，为政府提供新的管理方式的同时，政府官员的管理理念都在随着互联网的介入而发生着改变。这样的理念变化带来的是政府工作透明度、政府行政效率和政府管理理念的变化。这种政府管理理念的变化将会缓解金字塔型社会结构所带来的种种弊端，让民主能够进一步深入群众的心中。政府和群众的关系变得更加和谐，政府的管理职能将逐步隐形化，群众的自我管理意识逐渐强化，政府的服务职能逐步加强，政府和群众之间的隐形鸿沟将会因为互联网的快速发展而趋于消弭。

从古至今，不论什么样的社会形态，社会治理都是属于统治阶级的工作。并且，在很多时候，为了保证社会的稳定，统治阶级不会轻易改变自己社会治理的基本原则和方式、方法。因此，很多时候，社会治理的变化的外力都是来自于自下而上的外力。当自下而上的外力达到一定程度之时，统治阶级自上而下的改变才可能开始，这个时候，真正的社会转型就会发生。

互联网对社会治理的影响现阶段仍旧处于自下而上的影响部分。互联网对人们生产、生活的改变有目共睹。然而，政府在观察互联网带来的影响时，并不会完全顺应互联网的发展趋势来改变自身的治理方式。但是，政府不能够完全无视互联网带来的影响，而是在不改变核心思维观念的前提下改变相应的形式，适应自下而上的互联网热潮。

很多政府网站、社交账号并没有从根本上对社会治理产生影响，甚至很多这些所谓的互联网治理都是"僵尸行为"。但其实，政府能够顺应潮流做出这些措施本身就已经说明了其对互联网发展的重视。但现在，互联网的发展并不足以撼动政府当前治理的核心理念。不过，这并不说明互联网对社会治理就完全没有任何影响。因为在互联网的虚拟世界，人们通过另一种非常规的方式在默默参与社会的管理。而这种改变会在无形中慢慢对社会治理产生影响。可以说，这是一个由量变到质变的过程。

二、公众参与方式的变化

现有的公民参与政治的途径包括选举投票、反映社情民意、重大事项社会公示、社会听证会、农村村民自治、城市居民自治等等。公民参与政治的途径虽然看起来多样，但很大程度上没有覆盖到所有群众，且这些传统方式并没有引起公民参与政治的积极性和主动性。而且在这样的参与方式之下，公民的自主性并不能得到充分的发挥。另外，这些参与方式的灵活性不够，偏于程式化，虽然有利于政府层面的管理，但是对于公民的自由表达有所阻碍。

互联网的发展带来的信息大爆炸为公众参与政治提供了更加有效的手段和途径。人们借助于微博、微信等社交工具能够直接与政府管理层对话，更加直接地表达自己的意见。这种方式更加能够激起公民参与政治的积极性，让公民自觉担负起"主人翁"的责任意识。而政府部门也能够通过这些社交软件与公民直接进行网络交流，获取最为直接的民心民意。微博中火热的反腐、打拐事件的出现意味着公民正在这场互联网信息大潮中主动参与到对这个社会和自身生活的监督管理之中。

互联网催生的公民政治参与意识的觉醒从某种意义上推动了我国民主发展的进程。民主发展的基础是公民自主参与到国家、社会的治理之中。而政府能够为这种自主性的参与提供相应的引导与服务。在当前的社会治理中，公民借助互联网的平台已经开始参与社会的治理，而政府在这样的转变中依旧坚守管理职能不变，由此带来的可能是群众对政府的不信任，而互联网的发展可能会不断加速这种不信任。当这种不信任上升到一定程度的时候，政府的职能转变将会被迫进行，而由此带来的是民主进程的进一步发展。

互联网虽然为公民参与政治带来了极大的便利，也加强了政府与群众之间的联系，其带来的巨大信息量打破了一般群众对政府管理阶层的传统权威崇拜心理。这样的发展看似为政府的管理带来了便利，群众更加容易理解政府的管理行为，但其中隐藏的是政府管理角色和管理思维的转变。因为在互联网出现之前，公民的自主性和主动性并没有完全发挥。此时政府发挥的管理职能更有利于社会的稳定，公民也会愿意接受政府的管理来方便自己的生活。但是，一旦公民开始接受更多的信息，自主参与政治的意识增强之后，对于政府的管理职能开始要求改变。这个时候，政府需要从服务的角度来引导公民这种自主参与的意识，协助政府的治理，而政府从挡在前面的管理者转变为在背后推动的服务者。这种转变需要的不仅仅是政府管理阶段思维观念的变化，更多的是需要政府能够稳定地转换自身角色。

2012年8月，陕西省安监局局长杨达才视察车祸事故现场，面露微笑，被网友称为"微笑局长"并引发声讨。随后，杨达才在各种公开场合佩戴的名表成为网友的"鉴定"对象，被网友估价逾30万元。舆论压力之下，杨达才参与"微访谈"，解释出处，但被认为是在撒谎。之后，杨达才的眼镜、皮带、西服都被一一"鉴定"，并被网友质疑财产来源。9月21日，陕西省纪委常委会研究并报经省委研究决定：撤销杨达才陕西省第十二届纪委委员、省安监局党组书记、局长职务。这就是轰动一时的"表哥"事件。[1]

从这件事我们不难看出，民众在网络上发挥了自身的监督和督促作用，且整个事件的处理过程都在网民的监督之下进行。整个事件的透明程度在之前前所未见。在这个反腐案件的处理过程中网民是推动事件发展的主力，政府反而只是事件最后的处理者。原本政府自身的监督机制在这里似乎并没有起到应有的作用，公民管理监督的自主性完全被发挥出来，政府成为服务的一方。在以后的管理之中，这样的类似事件可能并不会少见。而针对这种公民自主的网络监察活动，政府应当从互联网的角度来应对，而不是被动地去处理每一个事件。政府只有主动应对，才能在之后的治理中最大限度地利用互联网的力量，而不至于被其束缚。

三、管理组织的机制改革

互联网对人们生活的渗透也在改变社会机构的管理机制。就以政府管

---

[1] 郭芳,宋雪莲,李妍.媒体盘点微博反腐：须理性回归和顶层设计[J].中国经济周刊,2012（48）.

理机构来看，目前从国家到地方，每一个政府都有自己的网站，甚至是微博、微信的公众号。而政府很多事务的办理也都通过网络的方式予以解决，方便了人民群众的生活。同时，随着互联网的不断发展，社会机构的网络化程度将会不断加强，原本只是现实管理方式附属的网络管理机构正在慢慢加重自身的重量，甚至于会慢慢取代现实管理方式，成为社会机构管理方式的主体。这种管理机制的变革正在慢慢地形成。不仅仅是针对政府机构，企业、家庭、个人的管理都会慢慢随着互联网发展而变得虚拟和现实相结合，甚至虚拟的管理方式在日后会成为常态，虚拟也会慢慢变为一种现实的管理，传统的现实管理方式则会慢慢被改变。

这种社会机构管制机制的改革也是推动民主发展进程的重要表现。互联网影响下的管理机制改革事实上是一种自上而下的自我调整，即管理层自身认识到互联网带来的变化，由此开始改变自己的管理方式。这种自上而下的自我调整与上述自下而上的民众推动调整的结合带来的是管理层对互联网时代变化的适应调整。这种适应调整并不会是非常激烈的变化，而是在潜移默化中以非常稳定的方式慢慢过渡。

这种管理机制的变革在现今并没有完全显现，而是以个别管理方式创新的模式在慢慢影响传统的管理方式。随着管理机制的变革，人们的管理理念也会随之而改变。互联网自由、开放、万物互联的理念也会慢慢充实进入人们的管理理念之中，而理念的进一步变化将会促进管理机制变革的加速。管理方式的变革慢慢影响的将是社会整体结构的变化。社会整体结构的变化带来的则是社会价值观的变化。此时，互联网对于社会发展的推动作用才真正显现出来。

2015年4月13日上午，上海市政府与腾讯公司在沪签署了战略合作框架协议，双方将发挥各自资源优势，共同推动上海"互联网+"产业发展、提升智慧城市服务水平、营造创新创业良好环境，加快上海建设具有全球影响力的科技创新步伐，实现创新驱动发展，经济转型升级。协议中提到，双方将以"互联网+"解决方案为抓手，依托上海市相关产业基础和政策资源,结合腾讯公司在网络社交、创业基地、云计算、大数据等领域的领先优势,开展全方位、深层次的战略合作。

之前3月底,微信的"城市服务"入口正式落沪,上海成为华东地区首个接入这一服务的城市。所有上海市民通过微信,即可享受查询天气预报、支付生活账单、预约护照办理、进行违章查询等14项便民服务。微信"城市服务"在上海上线一周,服务人次近100万,在14项服务中,"挂号、电子违法、驾照非法计分、天气预报、电费缴纳"占据排行榜前五位。[1]

智慧城市的建设要求的不仅仅是以互联网为核心的智慧产业的发展,更重要的是城市服务的智慧化。正如案例中所提到的,微信"城市服务"入驻上海,正是政府在城市管理机制上所做的一项重要的民生管理改革。城市市民的生活处处都与政府的管理分不开。在微信入驻之前,交通、缴费这些最基本的管理都是遵循传统的管理方式,即办理人到相应的地点去办理相应的业务。而在微信入驻之后,这些实地管理将全部转化成网络上的虚拟管理。这种虚拟管理的实行将会引起实际管理机制的改革,例如以虚拟管理为主,现实管理转向线下服务,帮助完善虚拟服务等。这种变化将会在上海建设智慧城市的过程中慢慢实现。

四、"官""民"关系的变化

社会治理本身是一个自上而下层级式的结构。在互联网的影响下,社会治理的层级结构开始慢慢弱化。公民有了更多的自我参政的意识、途径,而管理层也因为虚拟网络世界与实体世界的融合越来越紧密而不得不改变自己的管理方式和管理理念。在这样的变化之中,管理层和公民之间

---

1 贺小花.上海 智慧上海建设独领风骚 创下耀眼成绩[J].中国公共安全,2015(9).

的关系正在逐步发生变化。

在互联网发展影响之前，管理层和公民之间的互动较少，两者间的关系是管理者和被管理者的关系。在这样的关系前提下，公民自我意识的觉醒较慢，对于身边政治生活所代表的含义以及参与政治生活的主动性和热情都还没有被激发出来。管理层的管理基本处于非常平稳的状态。当互联网逐渐渗入，公民参与政治的自我意识开始苏醒并变得强烈。公民参与政治的方式也在逐渐变多，且最为重要的是，在传统的参与方式之中，公民与管理层直接沟通的机会并不多，而现在借助于微博、微信等社交账号，公民可以做到直接与管理层对话。由此可见，公民借助互联网的帮助能够更加深入地参与到社会管理阶段对社会的管理中去。

在这样的变化之下，社会管理层原来使用的管理方式在互联网时代需要积极更新。民众通过互联网来参与社会管理，这就意味着社会管理层需要顺应这种方式做出相应的改变。这种改变不仅仅是管理方式的变化，更重要的是管理层自身结构机制的变化。当公民和管理层两者都开始慢慢进行量变的时候，两者之间的关系也开始慢慢产生变化，即民众由原来的被管理者慢慢开始转变成自我管理者，并对政府层的管理提出相应的管理意见，协助政府的管理。

就像现在很多政府官员会开通微博，在微博上与网民们平等交流，答疑解惑，政府机构也会在微博上建立自己的公众号，与网民进行交流。正如微博中非常著名一个官方微博主：江宁公安在线。该微博是南京公安局江宁分局的官方微博。这个微博并不像一般的政府机构的微博那样是僵尸博。该微博被网民亲切地称为"江宁婆婆"。许多网民都会就自己不确定的相关的犯罪流言向该博主求证，该博主也会对网民的疑问给予解答，并就一些法律常识予以普及。同时，该微博主还会通过非常幽默的语言针对一些热点事件用长微博的形式来说明，比如今年7月份微博上关于云南毒蘑菇的热点话题。该博主的微博语言诙谐幽默，积极关注热点事件来传播相关法律知识，符合互联网的传播特征，因而能够获得很多的人气。而网民在与该博主的互动中也不会像在现实生活中感受到的公安局的严谨和公事公办，而是感受到了一种如邻家婆婆絮絮叨叨关心你身边的生活的温暖。这样的沟通方式在互联网出现之前，对于公安局来说几乎是不可能完成的任务。

由此可见，互联网带来的这种"官""民"关系的变化本质上改变的是公民一直积累的对管理层，尤其是对一些政府机构的不了解。而这些不良影响的积累也是基于媒体的传播。因为很多时候民众关注的都是在一些重大事件上政府的处理态度。从这些重大事件的处理上，民众能够看到政府的行动迅速。但是在重大事件中，公民往往处于一种弱势地位，政府以一种保护的姿态出现。这就会在公民中产生一种对政府的畏惧心理，再加上对政府机构的不了解，公民与政府之间的关系就显得比较疏远，从而为两者之间的沟通带来隔阂。一旦政府介入互联网，并以互联网的方式来和公民进行沟通，那么，公民和政府之间的隔阂就会逐渐消除，公民对于政府不再是畏惧的心理，而是将其作为能够帮助自身的朋友。正如上文的江宁在线的官方微博一样，在网络上改变了公安局平常带给人的令人畏惧的印象，变得平易近人。

这种"官""民"关系的变化其实也是因为互联网带来的平等观念的影响。人们在与管理层相处中，公民逐渐苏醒的自我意识要求管理层在进行管理活动的时候转变自身的服务态度，从而获得相应的良好的体验。这也是社会结构转型的一种预兆：管理层即政府的管理逐渐倾向于更加亲民的方式，看似弱化管理的强制力，但实际上在互联网的帮助下这种管理的强制力更加隐蔽有力。

五、民主建设进程的推进

从某种意义上来说，电视等传统媒介与代议民主的发展相契合，互联网的发展激发了人们对深度民主和直接民主的需求。互联网自身所具有的平等性、开放性对于我国民主建设进程有一定的推动作用。互联网是一种具有高度开放性、虚拟性、平等性、交互性、共享性和离散性的传播工具，具备这些性质的传播工具能够打破信息的桎梏，将信息快速有效地传递给人们。与此同时，这样的传播工具也大大提升了公民参与政治生活的效率，简化了部分政治程序的繁琐性，丰富了群众参与政治生活的渠道，有利于加快民主进程建设、提升民主品质。互联网与民主政治发展的某种契合性带来的是国家民主表现形式的变化和建设进程的加快。互联网作为一种新兴的大众传媒，对政治生活的逐渐渗透与应用表现在各个方面，例如公民参与度的变化、管理机制的改革、官民关系的变化等，这些变化带来的是对我国民主建设的推进。互联网对我国民主进程的推进主要表现在以下几个方面。

第一，互联网所具有的连接和无边界的特定决定了其强大的信息收集、存储、传递和处理的能力。因此，互联网时代是一个信息爆炸的时代，由此带来的是各种垄断信息被打破。政府对于信息的掌控能力被逐渐削弱，拓展了公民的知情权和选择权。所以说，互联网开放、共享的内在精神影响了民主建设格局的形成，在海量开放信息共存的同时，政府对于信息的掌控由显性转为隐形，控制的方式不再以被动强制为主，而是以更为强大的主动控制为主。

第二，互联网时代，信息变得更加公开透明，推动了民主发展的进程。无论是在专制社会还是在代议民主制度下，政府对信息的垄断都会引起政府运作的暗箱操作，使人们对民主的渴望变得遥不可及。但在网络社会，大量信息在互联网上的充分流动，已经把我们带入了自媒体或者说超媒体时代，人人都有权发布信息、过滤信息和选择信息。于是，互联网上海量、共享的信息格局改变了过去单一的信息传输渠道，建立了全方位、多层次、多形式的传输渠道，政府官员和民众、上层和下层获取信息的范围、数量以及时差上的区别在不断地缩小，公众与政府官员几乎能同时了解各种各样的信息，政府官员丧失了昔日垄断信息从而垄断决策权、管理权的优势。同时，广大群众获取大量政治、经济和文化等信息的机会的增多，也提高了普通民众的知识文化水平和政治素养，从某种程度上来说，互联网正将我们带入信息共享的新时代。[1]

第三，互联网平等、自由的内核本身就与民主精神相契合。互联网时代开放、平等、自由的社会环境是公民自主参与政治生活、发展民主政治所不可缺少的要素。开放的互联网络超越了等级上的中央控制和范围上的封闭界限，任何拥有网络设备以及连网的用户都可以利用互联网进行投票、发表看法和参与讨论，网络上的政治参与活动是向所有人开放的。同时，因为互联网的平等性，因此，在虚拟的网络世界，人与人之间职业、性别、财富等差异被消除，地位上真正做到了平等。英国学者诺顿曾经说过，互联网"可以把世界上任何一个地方的一名普通人变成一名出版商、现场记者、倡议者、组织者、学生或教师……你可以用它组织一场运动，做一笔交易，协调一场政治斗争，为你的艺术作品、政治演说或宗教说教找一位听众，同一个与你心有灵犀一点通的人讨论一个共同感兴趣的话题，或者你可以让来访者亲自主持它，就像对自己的领地一样"。[2]只有在平等、开放的社会里，民主的精神和民主政治发展所需要的条件才能被激发和创造出来。

第四，互联网的连接性为公民与政府之间的沟通提供了便利，拓宽了公众与政府之间的交流渠道。互联网上一对一、一对多和多对多的互动方式，有效地解决了民主政治发展必须具备的充分的信息沟通与反馈的问题。从某种意义上来说，民主就是允许公民获得有关国家或个人发展的所有信息（个人隐私除外），在保障公民知情权的基础上进行表达、

---

[1] 朱健. 互联网对我国社会主义民主政治建设积极影响研究 [D]. 天津：南开大学，2012.
[2] 朱健. 互联网对我国社会主义民主政治建设积极影响研究 [D]. 天津：南开大学，2012.

参与和监督，并要求政府给予回应和反馈。[1]借助于互联网，人们掌握信息的主动性增加，在与政府的交流上地位逐渐趋于平等。互联网的交互性也减少了政府与民众信息沟通的层级，跨越层级的交流与沟通成为可能，这减少了传统的信息沟通中的层级障碍而产生的信息失真和信息延误甚至丢失的问题。互联网的交互性使得民主政治所需要的沟通情景的实现成为可能。

---

[1] 朱健.互联网对我国社会主义民主政治建设积极影响研究［D］.天津：南开大学，2012.

第三节　互联网催生下的全新商业模式

互联网的发展最先影响的莫过于商业。而商业也是最先运用互联网的地方。在互联网被运用于商业之后，一些全新的商业模式开始出现。当这些商业模式出现以后，对于商业的发展带来的是一种根本性的影响。这些全新的商业模式从商业理念到售后服务都带来全新的变化，这样的变化根本上是改变了原来的竞争结构。商业从某种意义上来说既是人们生活的重要组成部分，也是经济发展的主要变现形式。因此，商业是国家经济发展的最为敏感的一个部分，其趋利的性质会为未来经济的发展甚至国家的发展给予预言式的体现。而商业也必定是一个社会转型的排头兵。

一、互联网对商业发展的总体影响

互联网作为新经济的核心将对现存的商业模式、商务流程、竞争规则等产生深刻的影响：新经济向传统产业渗透、延伸，使产业边界由清晰变得模糊；以资本为纽带的实体企业向以契约为联系的虚拟企业发展；信息从独占走向资源共享；组织从正式结构向网络化非联盟转化；竞争模式从独立竞争向企业联盟、网络生态环境一种新的竞争模式转化。[1]

互联网对于商业的影响很大程度上还源于人们消费习惯的改变。在现代，越来越快的生活节奏将人们日常的时间切割成碎片。消费者时间、信息、需求的碎片化带来的是消费者在任何地方都可以接受信息，产生需求。同时，碎片化的消费需求和消费时间也为企业的发展带来了巨大的变化。大量的传统企业和新型企业都在做出一定的改变。针对消费碎片化的特点，更加细分的市场划分开始出现，商家针对特定的消费社群设计营销战略，并力图在其中建立起具有优秀口碑的产品品牌，通过社群间的影响扩大自身品牌的影响力。

在碎片化时代，商业模式的发展需要拥有能够抓住碎片需求的能力。这样的碎片化将产生许多隐形的需求。举一个最简单的例子，手机阅读的兴起很大程度上是因为人们在乘坐地铁等交通工具时产生闲暇时间。这样的闲暇时间可以做的不仅仅是阅读，还可以看广告、看微视频等。这些需求的挖掘还需要商家自己去发现。而如何有效地利用消费者的闲暇时间将其与整块的消费时间相衔接，这也是当前很多商业模式需要去考虑的问题。因为当前很多的商业模式所针对的都是整块的消费时间，但是互联网灵活创新的特点有利于针对碎片化时间挖掘消费者的需求。

互联网影响下消费者的另一个消费特点就是个性化。在工业时代，人们进入供大于求的市场状态，并且这一市场状态一直持续到现在。但其实，这种所谓的供大于求的市场状态只是人们对于当前全球市场的一个浅层认识。在互联网时代，连接、融合思维的影响之下，人们的需求无时无刻不在产生，不同人生、不同的经历注定个人的特色化需求都是不同的。而对于过去所认为的供大于求的市场状态，我们可以认为那只是针对人类公共需求品而言。就像一千个人心中就有一千个哈姆雷特，我们谁也无法轻易揣测出别人的需求。由此，长尾经济顺势而生。

---

[1] 程华.论互联网对商业模式的影响[J].商业研究,2002(3).

长尾经济兴起于网络时代,是基于"二八"法则之中不被重视的十分之二的市场份额。在过去,这部分市场由于没有足够的需求,所以一直处于被忽视的状态。在互联网时代,物流相比过去有所发展,网络上无边界的虚拟边界让所有人都可以在上面找到自己想要的小众商品。由此,商品的储存成本开始下降,产品的成本也随之降低,带来的是销售成本的急剧降低,这就导致了之前需求很低的十分之二的市场份额开始慢慢活跃起来,其市场份额开始慢慢能够与主流市场相媲美。随着市场的不断活跃,产品的供应、消费者的数量都开始慢慢增长,进一步刺激了消费者的个性化需求,各类营销方式都开始广泛出现,渐渐开始呈现与主流市场匹敌之势。在长尾经济中,消费者的个性化需求与互联网带来的联系的便捷性相结合才能最大程度激活该种商业模式的内在活力。而在这其中,消费者的需求是整个商业模式能够运行的根本。也因为消费者个性化需求的出现,企业也要依据这些需求做出多样性的改变,针对更加细分的市场群体,改变商业模式和运营模式,利用互联网来寻求利益。

互联网影响下的商业模式还有一个非常显著的特点就是去中介化。所谓的去中介化是指人们在获取信息的过程中不再需要通过中介来获取想要的信息。最简单的例子,以前人们租房大部分都要通过中介来获取房源信息,但是现在,很多网站或者APP为租户和房东提供了一个互相交流的平台。由此,房屋中介的市场价值迅速缩水。由于互联网自身所具有的连接性,充分发挥了六度空间理论,让所有的信息都可以直接在虚拟的网络世界里传递,人们通过一定的终端就可以接收相应的信息。

一个具有特色的小酒店,可以在微信、博客、微博中利用各种社会化或移动平台来吸引客户,而经济型酒店,可以依赖自己的APP与会员进行互动;禅猫龙虾和牛肉酱的销售,不再是通过传统的营销传播和分销渠道,几乎完全依靠其构建的网络社群,在打情骂俏之中来完成。去中介化的趋势和力量,深刻地改变了传统的交易模式,当用户和企业之间的沟通愈加便捷、直接和低成本时,营销传播的方式必然发生剧变,企业的生产组织模式也将不再一样。[1]

去中介化对消费者来说，意味着可以使用手机、互联网来缩短传统的配送和零售渠道，直接从工厂或者单一的中间商进行采购。"去中介化"对企业来说，互联网化已经在逐渐取消组织结构，企业将不再需要各种传统的中间管理环节，从而导致公司结构的扁平化来扩大管理控制范围。"网络是21世纪的图标"，凯文·凯利在他的巨著《失控》中写道。与20世纪的图标原子相比，没有开始、没有结束、没有中心的网络虽令人迷惑但充满活力。在所有结构中，唯有网络结构能够包容真正的多元化，而这也是网络"差不多与民主和市场意义等同"的原因。[2]

随着以后物联网技术的不断发展，互联网将渗入到人们生活的点点滴滴之中，智能化的家庭生活将不存在任何中心。当前，企业内部都开始使用移动互联网来进行工作群体的自我管理和成长。在现在这个年代，创客们将会因为移动互联网的存在而轻松许多，因为每一个创业团队都可以通过网络直接对接外部资源，进行市场营销、开发等环节。

二、聚少成多——长尾模式

长尾概念由克里斯·安德森提出，这个概念描述了媒体行业从面向大量用户销售少数拳头产品，到销售庞大数量的利基产品的转变，虽然每种利基产品相对而言只产生小额销售量。但利基产品销售总额可以与传统面向大量用户销售少数拳头产品的销售模式媲美。通过 C2B 实现大规模个性化定制，核心是"多款少量"。所以长尾模式需要低库存成本和强大的平台，并使得利基产品对于兴趣买家来说容易获得。

---

1 王吉斌.分析："互联网+"会颠覆性改变传统商业模式？［EB/OL］.（2015-04-13）
　［2015-12-20］. http://www.hi138.com/jisuanji/hulianwangyanjiu/201504/460275.asp.
2 王吉斌.分析："互联网+"会颠覆性改变传统商业模式？［EB/OL］.（2015-04-13）
　［2015-12-20］. http://big.hi138.com/jisuanji/hulianwangyanjiu/201504/460275.asp.

简单地说，所谓长尾理论是指原本只占据十分之二市场份额的产品可以和占据十分之八市场份额的产品相媲美，甚至是超过。以小聚多也可以挖掘出巨大的能量。无论如何，长尾模式的产品并不说是不存在需求，只是需求并不旺盛，或者说产品的相应受众并不集中，以"散户"居多。在传统的销售模式下，如果将大量人力、物力投入到对这些散户的经营中可能会是得不偿失的结果，对于商家而言无利可图。

但是互联网时代下，长尾模式可以作为传统销售模式的补充，通过互联网的渠道来吸引这些散户，以最小的成本拓展自身的市场范围。长尾模式的诞生主要是因为互联网的发展为商家提供了更多样化的宣传和生产渠道，从而让消费者能够有途径接触并方便购买到这些需求不旺的产品。

淘宝网作为我国目前市场上最大的 B2C 商家聚集地，可以说是长尾模式最经典的代表案例之一。淘宝上有众多小众的商品在进行销售，消费者只需要通过搜索就可找到相应的商品；而在电脑的另一端，商家不需要考虑店铺、库存、物流等问题，只需要保证服务的质量，就能通过长尾模式获得盈利。互联网的便捷进一步打破了消费者和商品之间的壁垒，提供了信息快速传播的通道。长尾模式的发展在日后很有可能成为小众商家经营模式的常态。

三、巧妙变化——免费模式

互联网时代的到来意味着信息的自由高速流通，由此人们获取信息变得越来越容易，而人们的注意力也在不断被分散。就以广告的成效来说，互联网兴盛之前，一个产品的单支广告的效果要胜过当前一个产品 N 多种类的广告——电视广告、网络广告、路灯广告等。这背后就是因为人们注意力被多种信息分散，以前一个广告聚集起来的十分注意力在当前只可能有一到两分的注意力。因此，我们可以说，互联网时代的信息过剩带来的是注意力稀缺。因此，对于企业来说，注意力的争夺成为"互联网+"的核心命题。注意力开始成为一种资源，其背后代表的是未来可能无限拓展的市场份额。

为了能够吸引足够的市场份额，很多企业都开始朝向免费模式的方式转型，即首先以免费的产品来吸引用户，然后再积累一定用户，将产品寄出之后通过附加值服务或者产品升级来开辟收费环节，由此开始构建自身的商业模式。例如360安全卫士、腾讯QQ等企业都是通过这种方式来开拓初期市场的。这种免费模式其实是对传统商业模式的一种颠覆性继承。要知道，传统商业模式中本身就有商家通过折扣等方式适当让利，来吸引消费者消费。而互联网下的这种免费模式只是将这种让利发挥到了极致，而后利用延伸价值链或者增值服务来实现盈利。

信息时代的精神领袖克里斯·安德森在《免费：商业的未来》中提出："归纳基于核心服务完全免费的商业模式：一是直接交叉补贴，二是第三方市场，三是免费加收费，四是纯免费"。用户在接受互联网产品和服务时花费的成本很低，免费模式对于互联网企业来说更容易获得用户的青睐。一般来说，免费模式有以下几种类型：

一是基础免费型，即利用基础的免费功能快速地聚集人气、沉淀用户，然后通过增值部分收费。这种类型的代表性案例是迅雷。迅雷通过前期的免费下载来积累基础用户，而后在此基础上以推出会员制的方式收费盈利。

二是第三方资费模式。这种模式所形成的平台最少需要三方，其中两方皆免费，还有一个第三方是付费方，付费方通过给一个免费方付费来推动两个免费方之间的交易，而付费的第三方则会从两者的交易中获取自己所需要的利益。如百度为客户提供免费搜索服务，而对搜索中出现的广告商进行收费。

三是产品型模式。产品型模式一般是商家将一个免费产品与其他非免费产品进行搭配销售，而免费产品缺失的利益则由非免费产品来补贴。例如，小米的充电宝需要69元，但是充电宝的硅胶套只要9.9元，对于小米的粉丝来说，买了充电宝之后再买一个附件很容易。因此，小米充电宝的平均成本会越来越低。

四是客户型模式。商家通过对其中一部分人群进行免费来吸引另一份人群的消费。该模式是为企业提供一定的平台，企业在该平台上对部分顾客予以免费，这部分免费客户的成本则从另一部分客户身上获取。就像网易邮箱针对个人的邮箱是免费的，企业邮箱则根据配置不同进行收费。

四、服务为王——体验模式

在互联网时代，体验已经不仅仅成为一种商业模式，而是所有商家都必须要重视的一个用户需求。但与一般商业模式相比，体验模式的产品并不是产品本身，顾客对这个产品的体验才是商家的重点。所以说，在互联网大规模发展之前，体验模式的商业是不太可能出现的。因为，只有物质生活的足够富足，人们才会要求精神上的体验。

体验式消费的特点在于体验，即体验中人们所感受到的舒适度以及商家的诚意，良好体验所带来的人气是消费的重要支撑。互联网发展之下，消费者和产品之间的距离已不再遥不可及，因此，通过体验来提升客户黏性已经成为很多企业通用的一种手段。聚美刚开始只是一家O2O的网站，但是后来专门开辟了实体店。而这个实体店注重人们在其中享受到的消费体验，以此来提升网站消费者的黏性，真正的销售依旧是在O2O网站上进行的。

海底捞原本只是一家火锅店，经营的是实体产品，在改变商业模式之后转而变成服务的提供商。从停车泊位、等位、点菜、中途上洗手间、结账走人等全流程的各个环节，都能感受到海底捞细微的服务。吃饭时服务员会帮你将手机装进小塑料袋以防进水，会给长发女士提供橡皮筋和小发夹，为眼镜朋友送来镜布。尤其值得一提的是等候服务，在"海底捞"，等位的顾客的脸上完全看不到烦躁的表情，每个人都有自己的娱乐活动，上网、玩牌、下棋、喝东西、擦皮鞋、美甲等，这些都是免费提供的服务。而相对于肯德基（KFC）、麦当劳之类的大牌，你去消费是要排长长的队的。等待本就是一个枯燥无味的事情，若是再碰上一两个插队的，那此行不是享受，而是受气了。"海底捞"很好地抓住了顾客的心理，把重点放在了服务上。[1]

五、资源聚合——平台模式

互联网其实就像一个巨大的平台，为所有的商业活动提供了一个巨大的资源库。互联网时代，信息和资源的流通越来越快，传统的商业渠道和商业模式已经难以满足消费者的个性化需求，企业必须转型，而建立与互联网自身相类似的平台模式吸引转化资源无疑是融入当前这个时代最好的方式之一。平台最大的作用在于可以建立一个商业生态网络，让资源在这个网络上自由流动，企业通过自身的运转实现资源的整合。同时，平台也为企业提供了一个更好的制高点，以更高的层面来考虑自身乃至行业的发展和机遇。如苹果、沃尔玛等一些采用平台模式的企业不仅可以迅速扩张市场，还完全脱离了例如价格战等一般层次的竞争。总的来说，平台型商业模式的特点主要有以下四点：

第一，一定要以某些核心王牌产品做切入点，打造平台模式的基础，我们称之为"世纪入口"，有了此基础，才可以让各方在此基础上推出产品，并提供延展的各项服务。

第二，平台模式服务于某一人群，必须有足够多的用户数量。在平台模式上，每个新用户都因为别人的加入而获得更多的交流机会，因而"网络的价值随着用户数量的平方数增加而增加"，"物以稀为贵"变成了"物以多为贵"。

---

[1] 郑彦. "海底捞"密码[J]. 名人传记（财富人物），2009（3）.

第三，明确游戏规则。用无限生产满足无限需求，不仅可以革命性地降低成本，还实现了收入倍增、盈利倍增。平台型商业模式的企业需要设计一套使得生产和需求双方能够互动运转起来的游戏规则和算法。如苹果对于自己不能有效满足用户无限需求的瓶颈，实施开放策略，实现客户共享，用来自社会上的无尽的资源补充自身交付的不足。于是，社会上无穷无尽的资源开始源源不断地向平台聚集，无限的生产满足了无限的需求。但是需求和供给买卖都是根据设定好的游戏规则和算法自动完成匹配。

第四，重构整个生态系统。大量的产品和资源在平台上集聚，降低了企业的协作成本，并且平台整体的灵活性也会被不断提升。这种协同发展的模式将会带来产品成本的不断降低。除了平台型企业自身的扩张，平台上的众多中小企业也能更好、更快地扩张。如苹果在线商店，一款名为《愤怒的小鸟》的游戏售价仅为99美分，英国首相大卫·卡梅伦、加拿大90后流行音乐小天王贾斯汀·比伯都是这款游戏的忠实粉丝。目前《愤怒的小鸟》累计有一亿次的下载量，创收7000万美元，这款游戏的开发公司Ravioli市值据称已经超过12亿美元。

通过平台模式，商业自由度大幅度增长，个体的能量也有了充分施展的舞台，平台型商业模式正向世人显示出其巨大的商业价值。前时代华纳首席执行官（CEO，以下用CEO表述）迈克尔·邓恩说：在经营企业过程当中，商业模式比高技术更重要，因为前者是企业能立足的先决条件。在经历了要素驱动与投资驱动两个阶段之后，中国的企业需要向更高的境界迈进，那就是商业模式的创新。

第四节　互联网深入改变生活方式

随着社会经济水平的提升，互联网由原来的稀缺物品开始进入普通人的家庭生活之中，并为普通人的家庭生活带来翻天覆地的变化。而这种变化并不是一蹴而就，而是伴随着社会治理、商业模式的改变而随之发生变化。并且，这样的变化一直都在进行，并没有结束。互联网对生活方式的影响可以表明互联网技术的发展已经达到了一定的水平。从人们的日常生活来看，互联网的印记无处不在。

当生活已经完全被互联网给占领之后，人们会发现自己的生活相比较之前更加方便快捷，人力资源和时间成本都被节省了下来。利用这些节省下来的资源，人们可以投入更多的精力在科学技术的研发上。特别是当互联网已经发展成熟的时候，物联网和人工智能正处于开发研究的状态。随着技术的发展，人们的生活将会受到更加深刻的影响。

生活方式的改变对于人们的生活观念也会产生很大的影响。原本没有互联网的生活观念是十分传统的。当互联网慢慢深入到了生活之中，人们的生活观念也将相应发生变化。在这其中，最大的变化就是人们家庭观念的变化。90后以及00后都是互联网的原住民，在他们看来，传统的家庭观念对于他们来说是一种束缚。因此，在90后与父母的冲突之中，家庭的观念结构都将发生变化，而这则将会进一步带动生活方式的改变。

一、互联网对生活的无孔不入

以前人们认为网络是虚拟化生活，现而今，网络成了人们现实生活的一部分，每个人的衣食住行或多或少都在受到网络的影响。网络化生活，已经不是未来，而是现在。电商的发展全面渗入到了人们的生活之中。人们对日常生活用品的消费开始慢慢转入网络。即使是最为传统的服装也开始慢慢触网。许多国际品牌的服装都在互联网上开设了自己的专营店。甚至为了让在线购物能够有更好的体验，松下集团正在尝试将试妆用的智能镜子放大成试衣镜，模拟各种试衣效果。如果研制成功，那么人们在线购物的体验会更好。易观智库发布的《中国网上零售市场季度监测报告2015年第一季度》数据显示，2015年第一季度，中国网上零售市场规模达8075.6亿元人民币，同比增长40.2%。统计还发现，第一季度服装品类的交易规模达1205.4亿元，同比增长了54.1%，增速高于同期网上零售整体的增长速度。[1]

除了服装方面，很多人在最日常的饮食方面也与互联网绑在了一起。很多人出门就餐之前在那些O2O的生活网站上进行查询，团购。甚至因为有了外卖的团购，很多人选择成为宅男宅女。目前移动端已经成为网上餐饮外卖的主要交易渠道，主流外卖平台移动端交易占比都已经过半，而在最喜欢、也最常用手机APP进行网上订餐的人群中，学生占比相当高。根据最新的统计，今年一季度中国互联网餐饮外卖市场一共完成了1.76亿份订单，增长势头强劲。[2]

---

[1] 李淼. 外卖O2O颠覆传统的新"烧钱"战场[J]. 中国战略新兴产业, 2015 (16).

[2] 李淼. 外卖O2O颠覆传统的新"烧钱"战场[J]. 中国战略新兴产业, 2015 (16).

最基本的住宿问题也能够通过互联网来解决。人们到一个新的城市工作与生活，许多人也会选择通过网络来找房租房，租房O2O发起过一项主题为"解救租客＆援救房东"的用户补贴行动，斥资500万用于补贴北京超万名用户。按照这个计划，火炬租房将以发放优惠券补贴的形式，给北京范围内的租客用户报销12个月房租，租客最高享受补贴可达2400元。同时还对房东承诺24小时闪电出租，迟租按天包赔，并有大额房屋财产保险赠送。[1]

出行方面，不论是公交还是旅行，人们都会借助网站或者相应的APP来为自己寻找便捷的方案。很多人的手机上都有个打车、拼车APP，借助网络出行已经成为城市中部分人群的主流出行方式。专车等的出现虽然在管理上一直处于混乱状态，但毕竟这种专车服务有效地解决了由于供给不足造成的出行难以及服务问题。有分析认为，未来中国专车行业将继续强化现有服务水平，并凭借优于出租车的服务水平和近似的价格，成为未来中国一二线城市居民出行首选交通工具之一。[2]

由此我们不难看出，人们衣食住行的各方面都已经融入了互联网之中。互联网正在以润物细无声的方式慢慢改变着人们生活。

二、人际交流：知己遍天下和孤独症患者

互联网的发展带来的是交流方式的新变化。这种方式的变化主要呈现出以下几个特征。一是交流形式的变化。互联网的出现丰富了人们的交流形式。原本单一的线下交流因为互联网的出现而形成了线上线下并存的交流形式。甚至于到现在，以QQ、微信等即时通讯软件为主的线上交流方式正在逐步成为人们交流方式的主流。而线下交流慢慢成为线上交流的衍

---

[1] 曹婧逸. 补贴烧钱再现O2O租房市场［N］. 中华工商时报，2015-07-07.
[2] 卢文. 网络化生活［N］. 北京晚报，2015-07-05.

生或者说是辅助。

二是以价值观和个人兴趣为主的文化圈逐步形成。互联网所克服的地区差距使得之前以地域元素为主的区域交流圈的形成逐步被以兴趣、个人价值观为主的交流圈所代替。互联网给予所有人一个大的平台，在这个平台上，人们更加容易寻找到志趣相投的人。虚拟的互联网社区为这群志趣相投的人提供了活动平台。在互联网的影响下，交流中的价值观和兴趣因素被逐渐突出出来，自然条件带来的限制因为互联网的存在而逐步瓦解。

三是现实的人际关系发展显得越发淡漠。在智能手机和交流软件横飞的今天，人们似乎对于现实的人际关系显得越来越淡漠。也有越来越多的人开始担心互联网的发展带来的全新的交流方式是否会不断加剧这种现实生活的人际关系的淡漠。这种不同以往的淡漠的人际关系与互联网上热火朝天的交流形成了鲜明的对比。

由这种人际关系变化带来的是社会组织结构的变化。传统家庭结构中，在互联网中成长起来的80后、90后，秉承的是和父辈完全不同的人际价值观，由此带来传统家庭组织结构的冲突、瓦解，形成的将是互联网思维下的新型家庭结构。这种新型的家庭结构则会从内部瓦解、重塑现有的社会结构。

互联网对交流方式的影响最重要的是对人与人之间关系的影响。在中国人传统的观念里，从小一起长大的邻居可能是你最好的朋友。但是在互联网时代，不喜欢玩篮球的邻居可能还不如网络上大洋彼岸那个和你一样喜欢科比的人在你心目中来得重要。这种以价值观为主导的人际关系打破之前因地域、经历而捆绑的人际关系形式。人们的自我意识开始逐渐苏醒，中国人传统的集体观念式的人际关系被打破。

我国相关调查显示，在上网的青少年学生中，有20%的人有情绪低落和孤独感，12%的人与家人、朋友疏远。很多青少年沉溺于网络世界，广泛结交网友、"战"友，但现实生活中，对于自己的家人、同学却表现得越来越冷漠。心理学家指出："当一个人专注于某一事物时，对其他事物都有不同程度的忽视。"[1] 学生对互联网的过分依赖必然会导致其对现实生活中其他活动的缺乏，人长时间的缺乏社会活动必然产生心理上的孤独。很多时候，网络孤独症的表现就是网络的社交慢慢成为孤独症患者日常生活中的正常交往，慢慢丧失对外界生活的基本感受，整个人生活在虚拟社区之中，个人外在的表现显得越来越孤僻，甚至于正常的交流都会出现障碍。

美国一项网上调查表示，每周上网时间 5 小时的网民已经成为轻度的"网络偏执狂"，他们将无法获得足够的时间与家人和亲友相聚，甚至连看电视的时间都大大减少。主持这项调查的斯坦福大学科学家诺曼·尼说："人们在网上待的时间越长，他们在现实中与人打交道的机会就越少。"人的交际能力、社会生存能力便会因此而下降，这种对现实社会生活的不适应反过来又会刺激人继而更加依赖网络而寻求心理的平衡，因此引发恶性循环，久而久之便会引发网络孤独的心理障碍。[2]

其实很多在现实社会中表现内向的人在虚拟网络的交往中往往也不会很顺利，从而进一步加深自身的孤独感。同时，一些在网络中知己遍天下、现实孤零零只有自己的人们往往更加没有安全感。这两类人是最容易形成网络孤独症的症候群之一。

三、消费方式：无所不有和质量问题

互联网的发展在消费方式上的影响最大的表现在于 O2O 消费方式的出现。O2O 即 Online To Offline（在线离线/线上到线下），是指将线下的商务机会与互联网结合，让互联网成为线下交易的前台，这个概念

---

[1] 易文慧. 中小学生网络心理障碍及其对策探讨 [D]. 武汉：华中师范大学，2007.
[2] 刘越. 互联网条件下的高校思想政治工作初探 [D]. 哈尔滨：哈尔滨工程大学，2001.

最早来源于美国。O2O 的概念非常广泛，既可涉及线上，又可涉及线下，可以通称为 O2O。主流商业管理课程均对 O2O 这种新型的商业模式有所介绍及关注。2013 年，O2O 进入高速发展阶段，开始了本地化及移动设备的整合，于是 O2O 商业模式横空出世，成为 O2O 模式的本地化分支。

发展到今天，O2O 的消费模式已经贯穿了人们衣、食、住、行的方方面面。并且，O2O 利用大数据的方式搜集人们使用互联网进行任何的搜索或者说娱乐活动，经过系统的分析之后为人们提供其现在需要或者潜在需要的产品和服务。这种将大数据与 O2O 相结合的新型营销方式变被动为主动，发掘消费者内在的消费需求，在消费者自己都没有意识到的时候在消费者心中留下良好的服务体验。

其实，O2O 能够发展成为当前人们生活中的主流消费方式之一，最重要的助力就是智能手机、互联网金融的发展以及物流产业的高速发展。智能手机和 APP 的发展将 O2O 不再局限于 PC 端的互联网，跟随移动互联网能够更加便捷地服务消费者。互联网金融的发展则为 O2O 解决了支付的难题。而物流产业则为 O2O 的发展解决了运送的难题。特别是在物流业迅速发展的今天，从挑选、下单到支付，全都可以在手机上完成。这对于消费者来说是极大的方便。而其后的物流伴随着越来越发达的交通运输业也不再成为 O2O 发展的短板。

线上 O2O 的这种消费模式除了最后的物流不是在虚拟的互联网世界实现的以外，其余的消费步骤都是在互联网世界实现。由此可见，互联网的发展带来的是消费过程的快速简化。这种简化为人们节省了大量时间，解放了人们的时间束缚。由此，人们有更多的时间来追寻自身的生活意义或者说生活真谛。另外，互联网 O2O 的实现相当于将全世界的货物都呈现在了消费者面前，互联网上来自世界各地的销售商为消费者提供不同的商品，而物流的发达已经让海外购物不再成问题。

然而，在看到 O2O 带来的巨大便利的同时，我们也应当看到这背后的巨大隐患。快节奏的消费方式之下人们的本心是否还能保持？当人们迷离在物欲的狂欢之中时，O2O 的发展带来的可能不是解放，反而是将人类推入物欲的深渊。在这一团看似繁花似锦的生活之中，我们更需要反思的是生活的本质。生活需要物质，但更需要的是生活的精神。

当物质生活极大丰富的时候，伴随物欲上升的还有逐利之心。当逐利之心突破一定的底线之时，产品的质量问题则可能成为众矢之的。这里的产品质量问题不仅仅指我们平常狭隘理解的产品在硬件质量上的问题，这里的产品问题包括产品从生产到销售过程中的所有可能存在缺陷的地方。这样的缺陷带来的是消费者在产品体验上的不完美。并且，令人担忧的是，在未来技术更加强大的时候，产品的质量问题可能会隐藏得更深、更加不容易被发觉。

四、教育方式：碎片化学习和教育的本质

互联网对教育影响最大的表现在于：互联网改变了传统的学校以老师为主的教学模式。以慕课为例，这是互联网对教育影响最为生动的例子。慕课作为在线教育的一个平台，提供的始终都是一个平台的功能，将世界各地的各种课程放在平台上，让学生依据自己的需要在慕课平台上选择课程来学习。

慕课的这种教育方式完全符合互联网自由、开放的特征。尊重学生的需求，尽可能为学生提供需要的课程，完全突显出学生的自主性。相对来说，传统学校的教育是以老师为主，老师依据自身的经验来为学生设定相应教学课程，全程参与学生的培养计划。这样的教学方式的确能够最大限度地挖掘出学生的潜能，然而，在创造力的培养上却仍旧不足。而互联网下的教学最重要的一点就是能够激发并培养学生的创造力。创新的能力是互联网发展源源不断的动力，也是互联网对教育带来

的最大的影响。

在互联网时代,并不是说传统的学校一定会消亡,而是在互联网思维的影响下会慢慢被改造。传统学校将主导学生的素质教育,因为素质教育需要一个师生互动的熏陶氛围。这是对学生人生航向和正确价值观塑造的重要场所,老师和学生之间真实的互动最为重要。而那些填鸭式的课程则会由慕课这一类的在线教育平台提供。这一类的课程学生通过自学完全可以掌握,线上老师也可以通过屏幕与学生进行交流。

互联网时代下,我们更加需要关注的是教育的本质。教育的本质不是知识的学习,而是老师的言传身教对学生的价值观和世界观的培养和感染。虽然说互联网的开放为创造力的培育提供了土壤,但创造力的培育也是需要人为引导的。因此,老师的作用不可或缺。只不过在互联网时代,老师的角色并不是固定的,反倒可能类似于孔老夫子所说的"三人行,必有我师"的一种教育模式。

因此,在互联网时代,我们不能仅仅看到互联网发展为教育带来的新的生命力,我们更需要做的是在互联网带来的花样百出的教育新形式中准确抓住教育的本质和有教无类的教育的意义所在,不忘本心,才能将人类的文明不断传承下去。

五、医疗方式:技术的进步和医患关系

互联网对于医疗的影响主要体现在以下几个方面:一是互联网技术的发展,尤其是人工智能的发展为医疗技术提供了一些硬件设施。例如远程诊疗系统、远程操作手术机器人等。这些设备有的可能并没有在医疗场所得到大规模的应用,但在推动医疗事业发展上的确起到了一定的作用。互联网的开放平台也为各地医疗技术的交流提供了一个良好的机会。随着交流机会的增多,一些落后地区的医疗水平也在不断地提升。

二是互联网技术的发展为人们看病提供了一定的便利。随着移动网络的发展，一批医疗相关的 APP 成为智能手机的常客。通过这些 APP，病人们可以通过互联网了解各个医院的详细情况、了解自身疾病的相关情况、通过 APP 提前预约挂号、买药。这些都还是属于医疗辅助类工作，已经基本可以纳入到互联网的服务范围之内。但真正对于病情的望闻问切还需要医生与病人面对面地了解清楚才能够做到精准的治疗。

目前市面上留行的春雨医生、药给力等 APP 的发展为人们的生活提供了一定的便利。然而在技术发展的同时，还有一个问题需要我们重视，那就是医疗掺假的问题。互联网的发展为人们的医疗带来方便的同时也为医疗掺假提供了便利。因此，防范互联网医疗作假也是国家和政府亟须考虑的问题。

三是互联网技术的提高能够间接推动医疗技术的进步。互联网是一个大的平台，各种疑难杂症都会在里面得到体验。而互联网的在线问诊未来会为疑难杂症的攻克提供平台。互联网在医疗方面的影响还没有真正深入。未来物联网和人工智能的快速发展应该能够让医疗做到精准的诊断，从而进行相应的治疗。

从这些特点来看，互联网对于医疗产业的发展还只是停留在表面的一些服务工作上。对于医疗真正涉及的专业知识，互联网是无法代替的。但无论如何，互联网的发展的确能够为人们的医疗带来一些便捷。日后互联网技术的成熟对于医疗技术的发展推动将会深入到医疗发展的核心之中。技术成熟之时，医疗的问病方式都有可能发生变化。

有可能在未来的某一天，医生只需要通过相应的机器人完全能够应付一些疾病。在未来的时代，医患关系可能更加冰冷。医生通过相应的机器人与病人交流，医患之间的关系仅限于治疗和被治疗，甚至一些心理疾病的治疗也可能是这样的状态，这样的医患关系可能不会像现在的医患关系那样产生许多的纠纷，但是这样的医患关系似乎缺少一些人性之间的交流。特别是一些心理疾病的治疗主要依靠的是医生与患者之间的互动来达到治疗效果。未来的冰冷机器下的医患关系是否真的是人们所需要的，对此，我们需要进一步思考。

六、出行方式：方便快捷和基础设施的建设

很大程度上，交通方式的进步更多地是依赖技术的进步与发展。例如高铁的发展为人们的出行带来了便利，这就是依赖高铁技术的发展。技术是交通方式发展进步的根本性推动因素。但是，在互联网时代，交通方式出行将会受到以下几个方面的影响。

首先是互联网的发展慢慢渗透进了交通领域的方方面面。大到航空母舰小到私人车辆，都会与互联网的运用紧密相连。尤其是现在移动互联网发展的高峰期，类似飞机、火车等交通工具本身就能够充分利用互联网。而私家车现在的发展也能够在车内使用互联网装置来达到一些便利。这些都是互联网技术的发展融合进了交通工具本身的发展。

其次是互联网的发展为出行提供了便利。地图导航、打车等交通类的软件都为人们的出行带来了极大的便利。这样的便利建立在移动网络构建的基础之上。随着互联网技术的进一步发展，这些软件 APP 的发展将会提升自身的服务质量，更好地满足消费者的出行要求。这则是互联网从外部服务的角度为人们在交通出行方面提供的便利。

第三是互联网技术的发展带来的新型交通工具的开发。百度和谷歌现如今都在研究无人驾驶汽车。这种新型交通工具的开发研究也是越发离不开互联网技术的发展。相信随着未来人工智能和物联网等的不断发展，新型交通工具将与互联网的发展越来越紧密。这些都是技术层面互联网对交通方式产生的影响。但其实，在交通规则的宣传引导方面，互联网也是一个非常好的平台，能够以非常多样化的形式帮助宣传交通安全常识等工作，帮助人们提升交通安全的意识。

其实，不论智能技术发展到何种程度，交通发展的基础还是在于基础

设施的完善。回顾过去，如果没有完善的高速公路，那么汽车技术的发展将会停滞不前。相应地，智能交通工具的出现也必须依赖基础设施的进步与完善。否则，先进交通工具的出现只会是鸡肋。

第四章

国内传统行业的颠覆与重构

互联网时代,信息的高速流通带来的个性定制、智能制造、众包生产、网络直销、在线服务、需求反馈等都改变着传统制造业链条的各个环节,制造业正在面临着一场颠覆性的变革。

第一节 "互联网+制造业"：信息流通让生产更高效

互联网时代，信息流通加速，封闭式的制造业已被打破。传统制造业从生产方式、生产组织、宣传营销到市场反馈等各个环节都被颠覆。未来的制造业将会进入"私人定制"时代，人人都是设计师，人人都是生产者。

一、正在被颠覆的传统制造业

互联网时代，信息的高速流通带来的个性定制、智能制造、众包生产、网络直销、在线服务、需求反馈等都改变着传统制造业产业链条的各个环节，制造业正在面临着一场颠覆性的变革。

首先，随着消费者的需求越来越个性化，制造业的生产方式开始由大批量生产到"多品种、小批量"生产转变，每个人都可能成为生产者。随着我国互联网和制造业技术的进步，消费者心理需求趋于个性化、多样化。大众对产品的品种、造型和包装的要求也随之提高，导致同类产品的需求量减少，从而提高了对产品规格等方面的要求。既然制造业正在呈现"生产批量减少、生产品种增加"的趋势，如果企业此时还在坚持传统的大批量、单一化生产模式，利润必然会减少，这也是当前传统制造业所面临的问题。[1]那么，互联网是如何推动制造业向"多品种、小批量"方向发展的呢？通过互联网，企业能够快速捕捉市场信息，快速与客户取得联系，缩短签约时间。同时，通过"大数据"平台共享，迅速获取对企业有用的信息。譬如：尚品宅配家居用品有限公司通过利用云中心，使其数据库的用户信息每年至少增加30万。该公司利用大数据定位市场未来走向，进而扩展到家具生态圈的相关领域。这不仅降低了成本，而且形成了批量化生产、个性化制造的新态势，2014年实现年营业额20亿元。[2]另外，传统制造业还面临着回款速度慢导致的企业生产能力减弱、运营成本增加的问题。而这一问题在互联网技术的支持下就可以得以缓解。此外，随着电商的发展，很多人加入物流业的大军，物流公司开始代替传统企业自己的物流系统，正因为每批次的产品数量少，所以物流商可以同时运送多家货物，这也提高了其成本利润率。面对互联网对企业生产方式的改变，传统制造业亟待转型升级。

其次，生产组织也越来越分散化。通过互联网将制造业企业的各业务单元进行分解，调动整个社会资源进行组织协同，这使得制造业可以分散在不同组织与物理空间，出现了很多全新的工业理念或者制造服务。随着互联网跨界发展成为趋势，制造业开始转向合作研发、网络生产、联合设计、共同融资等分散化发展方式。海尔公司就印证了这样的转变，它通过开放性的创新平台来吸引世界各地的设计师提供的创意和设计，吸引大量家电、电子、视频等各方面的人才进行注册登记。海尔利用该平台整合世界设计资源，为不同用户收集不同的解决方法。分散化的生产资源和组织必然导致只有将相应的制造资源构建在互联网的云计算平

---

1 刘振友.互联网+助推传统行业弯道超车[M].北京：中国财政经济出版社,2015:60.
2 罗文."互联网+"：制造强国的新引擎[N].学习时报,2015-04-13.

台上，才能使得全世界都是企业的设计与研发中心，甚至是企业的制造工厂，才能使得从设计、研发到生产制造协同发展得以实现。工业云是数码大方集团的创举。这个平台囊括了工业设计、产品设计、产品建模、产品制造、材料采购、产业链管理、零部件储藏、3D打印，构建不同环节实现生产运作。上年中旬，中瑞德科在数码大方的帮助下对传统的儿童电动车的生产模式进行调整，它们将工业云运用到其生产线，在短短3个月内就成功上市。

再次，互联网为制造业提供了新的销售渠道。到2014年底，我国网络覆盖率达47.9%，比上年高出2.1%，上网人数有6.49亿，其中手机冲浪的人数就有5.57亿，比去年多了5672万人（数据来自中国互联网中心）。在这数以亿计的网民中，大多数人文化程度较高、收入可观，这意味着他们具有较强的购买力，因此这些人是B2C市场的潜在客户。与传统制造业相比，互联网时代的制造业更注重客户个性，只要将用户需求的产品外观、性能展示出来，就会有企业为其打造满意的产品，这种类似于"个性化定制"的服务，是传统制造业难以效仿的。在2008年的金融危机中，许多粤商通过"广货北上"模式躲过了一劫。但传统制造业逐渐衰落后，还是给粤商带来不小压力。后来，众多粤商纷纷加入互联网行业，大大提高了收益。例如，"唯品会"就是在这样的环境下发展起来的。以往，制造商若想卖掉自己的产品，必须经过中间商，但现在，他们通过互联网平台就可以直接进行销售。从消费者角度来说，只要看到"厂家直销"字样就会兴奋，因为这意味着自己能得到更多的优惠。可见，互联网为企业和消费者提供了互惠互利的平台。在互联网的空间里，传统制造业让更多的消费者了解自己的品牌，让产品"走出去"。[1]

最后，消费者与生产者的界限会越来越模糊。在传统的制造业中，

---

[1] 刘振友.互联网+助推传统行业弯道超车［M］.北京：中国财政经济出版社，2015:60.

生产者与消费者是割开的封闭式生产，商品只由生产商掌控。可以预见的是，这种模式将会因网络而改变，顾客可以影响产品生产，他们有权决定生产他们所需要的商品。由此，C2B 模式应运而生。最典型的代表就是小米手机。这类似《技术元素》（电子工业出版社 2012 出版，凯文·凯利著）中的维基百科，其底层的巨大能量若与些许由上而下的游戏规则结合，必能产生意料之外的强大能量，大英百科全书被超越也在情理之中。其实，和大英百科全书类似，目前的制造业同样用最原始的方式高成本低效率地进行生产经营。实际上，企业更应该充分利用网络的优势，随时与用户交流，鼓励用户加入产品生产、设计、研发、营销的各个环节中。企业进入了"端""云""网"的时代，网络让原材料、产品、设备和用户之间的相互沟通成为可能，这无疑更大提高了设备、产品智能化的水平。

二、传统制造业该如何重构

未来的制造业将会通过生产制造柔性化、组织结构扁平化、制造模式服务化、销售渠道网络化等方面进行转型升级、重新架构。

首先，在消费者需求个性化、多样化的时代，以市场需求为导向，建立柔性化的生产线是传统制造业必须考虑的。所谓"柔性化"是指供应链具有足够弹性，产能可根据市场需求快速做出反应："多款式的小批量"可以做，需要大批量翻单、补货也能快速做出来，而且无论大单、小单能做到品质统一可控，成本相差无几、及时交货。对于企业而言，柔性化供应链的最大收益在于把握销售机会的同时，又不至于造成库存风险。区别于以往 B2C 模式下的大批量、标准化、刚性缓慢的生产，以消费者为驱动的 C2B 模式则要求构建能够迅速响应市场、个性化、高度柔性化的生产制造体系。而这种商业模式的形成关键在于互联网打通了生产环节与市场环节之间的壁垒，实现了信息对称。通过利用互联网、大数据技术来迅速采集市场信息并传达给企业生产者，这样生产企业才能以市场需求为导向，进行相关物资采购、生产制造和货物运送的活动，以市场拉动式的发展来取代标准化、大批量的生产方式。精确的市场预测不通过拉动式的生产也可以得到实现，关键是供应链的各方面更紧密地协同，以实现更加"柔性化"的管理。

其次，传统制造业的组织结构要由原来的"金字塔"结构向"扁平化"结构转变。在互联网时代，企业信息量不断增加，更新速度也在加快，这就要求企业要在最短时间内做出决策。由于受到企业管理制度的限制，信息传递的速度会变得缓慢，而过多的层级会导致信息的失真，只有去掉中间层，使组织结构趋于"扁平化"，信息才能够更加精准、快速地传递。网络的渗透提高了企业生产分工的专业化和深度化，企业更多采用共同制造作为他们主要的生产方式。如小米公司总部只设研发设计部，其合作企业承包其他业务，他们之间通过网络进行业务交流，一起经营巨大的企业网络。网络使传统制造业打破了现实的局限，可以凝聚社会各界的优势资源，打造一个跨领域的协同创新的线上平台。利用网络连接各地研发点的企业与日俱增，这无疑提高了产品研发效率，资源配置更加广泛，能更迅速地反馈用户需求，从而更大提高产业运营的效率。德国工程院、西门子公司、弗劳恩霍夫协会等组成的创新网络就是典型例子。它聚集了多种资源（有基础研究、运用研究、新技术等），是德国工业4.0战略的强大技术支持。美国为了不在先进制造业中落于人后，打算10年内落建45个协同创新中心，用于更扁平自治地面向各个行业。[1]

再次，在互联网的影响下，传统的产品制造模式已不适合现代发展潮流，它们逐步向服务制造模式转变。通过从卖产品到卖服务的模式转变，不断为用户创造价值而持续盈利，将产品卖给消费者不再是结束，而是为用户

---

[1] 罗文."互联网+"：制造强国的新引擎[N].学习时报，2015-04-13.

提供服务的开始。比如，三一重工可利用设备上安置的 2G、3G 通信模块，及时得到设备运行的信息，主动进行维护确保产品质量。三一重工接入后台网络管理中心的设备约有 10 万台，其设备运行情况可分别通过 APP 和大数据得以监控。该系统大大提高了企业的利润，3 年内至少获得了 20 亿的额外收益，同时减少了约 60% 的生产成本。服务制造的主要形态有三种：一是远程监控和远程运维等信息服务的开展，企业本身的服务化，二是因网络介入，延伸的有关远程运维、集成开发、服务咨询、信息设计等性质的信息服务企业，三是在此基础上又衍生出的涉猎众包、众设、众筹、电商等新类型企业。

最后，因网络介入，传统制造业要通过传统销售和网络销售"两条腿走路"。从当下的形势来看，传统制造业若满足于原有的营销渠道就会变得被动，无法在市场竞争中获得主动权，所以要利用互联网优势进行转型升级。一方面，传统制造企业要建立自己的网站，已有网站的企业要强化管理，关键是要打造成为商务型网站。当然，建立网站需要更多的资金和精力，可以引进既了解互联网技术又善于管理企业的复合型人才。企业网站的作用就是增强企业与客户之间的沟通。除此之外，企业还应当加强内部管理，降低运营成本。企业要建立和优化内部网就必须完善企业管理信息系统，这也是企业利用好电商平台的前提。例如，小米用 3 年的时间，把销售收入从零做到 300 亿美元，有高于 100 亿美元的身价。一开始小米就选择互联网进行活动，其高配低价深受年轻一代的喜爱。小米这种新型饥饿营销的方式打破了传统销售的格局，取得巨大胜利。平时的网上预约、粉丝群注册、限时秒杀都是小米最受热捧的饥饿营销手段。再比如，"酒香不怕巷子深"的典故与泸州老窖有着密切的关系，在互联网时代，"酒香也怕巷子深"的泸州老窖在困难时期选择变通，勇敢拥抱互联网，它联手酒仙网，以每瓶 139 元的新品价格推出新产品"三人炫"，限量抢购 4 万瓶，开启 24 小时限时活动。在第一天就卖出了 3 万瓶，这算是白酒行业的首例了。总之，传统制造企业要想通过电子商务提升竞争力，必须有严谨的规划，企业网站和信息管理系统的建立都要与企业发展情况、存在的问题以及发展目标紧密结合起来，只有这样，传统企业才能有更大的进步发展空间。

第二节 "互联网+零售业"：
线上线下融合发展

互联网对传统零售业的冲击巨大，网购能够为消费者提供更加多样、个性、实惠的产品，也给予大众更加便捷、自由的消费体验，甚至改变了人们的消费习惯。面对电商的冲击，传统零售业到了转型的关口。是固守旧有模式慢慢被蚕食，还是在逆境中奋起转型？

一、正在被颠覆的传统零售业

互联网电商带来的个性选择、虚拟交易、网络支付、物流便利、市场统一等因素激发消费潜力，同时也让传统零售业举步维艰。

首先，电商日益火爆，对传统零售业的冲击巨大。2014年，中国内地购物中心十强全年销售额累计为565亿元；而2014年天猫"双十一"单日销售额就达571亿元。如今每100元网络零售交易额中，有39元完全是由电子商务拉动新增的消费。这些数字说明电商的发展是超乎人们想象的，可能在你还来不及感知的时候，互联网已经颠覆了人们的生活。2014年，包括网络零售和B2B在内的中国电商交易额直升至13万亿元，同比增长率为25%，相当于全国GDP总量的20%。商务部监测的5000家重点零售公司中，购物中心增长了7.7%，比上年降低了4.5%。超市、专业店和百货店分别增长了5.5%、5.8%和4.1%，比上年分别下降了2.8%、1.7%和6.2%；同时，网络零售增长33.2%，比上年增加了1.3%，两者形成了鲜明的对比（数据来自商务部电子商务司）。一边是电子商务的"井喷"，一边是传统零售业态的"疲软"。电子商务正在悄无声息地改变着人们的消费方式和消费习惯，任何零售企业不可能对此视而不见。电子商务已成为传统零售业战略转型的必然。

其次，随着电商的日益火爆，物流也成为电商角逐的新战场。当电商开始建立自己的物流系统的时候，传统零售业就应该觉醒了。想要抢占更多市场份额，电商就需要在物流上做好功课。配送的时间越短，越能抓住客户的心。目前，我国已经有好几家电商正逐步建立起自己的物流配送系统。苏宁易购就是个很好的例子，自上线以来，苏宁易购不但建立了自己的物流系统，也创造了骄人的业绩。2015年，苏宁易购在物流方面的投入达到150亿元，其物流网点将覆盖全国60个城市。另外，在我国电商中，一直保持翘楚地位的阿里巴巴也在建立自己的物流系统，2013年5月阿里巴巴集团、银泰集团联合复星集团、富春控股、顺丰集团等机构共同宣布"中国智能物流骨干网"项目启动，合作共同组建的"菜鸟网络科技有限公司"正式成立。由此可见，传统零售业还在与电商打价格战的时候，后者已经开始将重心转移到物流环节，这更让传统零售业措手不及。

第三，电商开始强化供应链，进而打造更强大的电子商城。在电子商务发展初期，大部分资金都被用在了广告投放和技术支持上，随着业务量剧增，电商必须挪用一部分资金建立供应链。现在，很多电商都朝着这个方向努力，以避免出现线上产品供应不足的状况。苏宁集团就曾表示，无论如何都要保证线上产品的供应量，而在传统实体店与网点的供求关系出现冲突时，前者应该做出适当让步。这无疑给传统零售业发出了一个"预警信号"——电商已经开始对交易过程中最重要的环节积累能量了。与传统零售业相比，电商的简易流程少了许多中间环节，甚至产品只要下了生产线，就可以立刻拿到网络上进行销售。[1]因此，一旦供不应求，线上业务就会受到打击。所谓"电商"，就是依靠电子平台做生意的人，前者是手段，真正的亮点在于"商务"。可见，电商已经不满足于在B2C平台上建立"集贸市场"，而是想要形成更为完整、强大的贸易系统，即电子商城。面对电商屡出奇招，传统零售业要保持冷静，寻求突围。

第四，互联网加速了全国统一大市场的形成，促进了电商的发展。在我国市场化30年，统一规则下的全国大市场依然困难重重：分割的市场、高昂的中间成本与扭曲的定价机制导致国内流通体系低效，严重抑制了技术创新和产业升级。而互联网具有跨地域、无边界特性，当线下各省市、区域分割严重的局面无法短时间改变的时候，互联网通过其天然属性，将不同区域间巨大的制度与政策落差瞬间抹平，形成了事实上的全国统一大市场。这里的"统一"，是指统一的准入条件、交易规则、信用制度、IT服务、金融及物流体系等。这个市场足够"大"，以淘宝网为例，每天上亿用户、10亿件商品、900万的卖家，每天2000万以上的包裹量，24小时不间断的电子商务交易行为。实现海量需求和供给信息的高效、实时、全局匹配，能驱使各类生产要素在市场平台上自由流动，传统零售业要想获得更大的市场份额，必须进行转型。

二、传统零售业该如何重构

集聚化布局、诚信化经营、精细化管理、专业化陈列、网络化营销将是传统零售业的出路。

---

[1] 陈杰.互联网思维 传统行业如何做电商[M].北京：中国华侨出版社,2014:32.

首先，传统零售商要稳住阵脚，用诚信经营、精细化管理换取顾客忠诚。对于零售行业来说，诚信经营是开启成功大门的"金钥匙"。很多消费者之所以没有倾向于网购，原因在于对其信任度不够，传统零售商若是能让这些消费者建立信任度，就会留着顾客的心。例如，作为全国家电零售业龙头的国美始终以"对消费者负责，全心全意为消费者服务"为宗旨。凡国美电器直营店所出售的商品，其质量、规格、等级、产地均保证原装原厂之正品。国美决不通过非正当手段进行虚假让利欺骗消费者，同时保证消费者在国美所购买的产品均为真实价格。国美把诚信作为开店立业之本，将规范化、标准化、人性化作为服务标准，严格执行国美电器倡导并开展的"彩虹服务"工程。这就使得国美在实体经营中获得了消费的信任和忠诚。此外，传统零售业更加精细化的管理能够让顾客感到更加贴心，有人将零售业看作是一个特殊行业，原因在于它和人们的生活息息相关，所以商家必须让顾客感受到贴心、精细化的服务，进而获得顾客的忠诚。

其次，传统零售商要优化体验，利用大数据分析顾客需求特点，为顾客打造视觉盛宴。实体零售业业绩下滑，零售商们首先应坚持优化自身的服务水平，加强与消费者的互动，得到消费者更大肯定，这点我们要学习日本。它们出色的服务让世界都赞叹不已。在日本街头经常能看到设计精致的袖珍店面与橱窗，顾客享受在如此美轮美奂的场景，以一种轻松自在的状态去购物，自然成交量与消费单价不会低。消费者的购物欲望会因其店面的温和灯光、香薰氛围、物品陈列被激起。日本零售商十分精明，他们懂得投顾客所好，他们努力营造一个优美的环境，尽力提高全面优质的耐心服务，消费者自愿掏出腰包，开始不断消费与购物。为了提供精致服务，流程的标准化不可或缺，即在深度剖析消费者、了解消费者心理各方面信息之后的一个标准的运行模式。日本人秉着认真、细致的态度，从创意理念、运行模式、技术支持等方面设计服务，这都是值得国内零售商借鉴的地方。[1]另外，我们现在已处于大数据时代，不可小觑信息与数据的强大影响力。零售商必须尽其所能地去收集用户的信息数据，并对它们进行剖析、处理、分类及利用，这样才能给用户提供更贴切的服务设计。在这个过程中，企业一定要耐下性子，多收集不同时间的数据信息，对它们进行多次分析和比较，才能得出较为准确的行为规律。

第三，随着行业格局发生着翻天覆地的变迁，传统的实体零售企业所采用的O2O模式必然面临改革。国家统计局的数据显示，2014年，我国社会消费品零售总额262394亿元，其中全国网上零售额27898亿元，比上年增长49.7%。涨幅不小，但网络零售总额占比也才从2010年的3.3%增长到10.5%，大部分传统零售企业还未"触网"。零售业的转型，最关键的是数字化的线上交易将再次与"本地化服务"融合，创造出一种更加高效、更加完美的购物体验。以2013年6月苏宁宣布线上线下商品同价销售为标志，O2O融合深化的大幕正式开启。比如，万达集团已于2014年8月联手百度、腾讯成立一家电子商务公司，首期投资50亿元。这一合作实现了万达线下资源优势与腾讯用户优势、百度大数据优势的结合。实体零售业全身心投入人力、物力于互联网。步步高的"云猴"为其新的电商业务做起了全面开放的线上大平台；沃尔玛也选择加大对电商的投入，改革以前只顾开大店的模式。这些例子都表明，传统零售业的O2O转型是必然趋势。

第四，传统零售商要集聚布局，在传统商圈中另辟蹊径。所谓"集中"就是在某个范围内，存在着各式各样的零售商，而不是统一零售商在一处达到饱和状态。[2]商场经营主题鲜明，能够有效地吸引消费者并刺激消费。例如香港每个商场都拥有大型百货零售，而且都主营中高档商品，但这些商场却彼此各不相同，它们各自拥有自己的主题基调。越是突出的主

---

1 丁昀.被"设计"的体验[J].销售与市场(管理版),2013(11).
2 陈杰.互联网思维 传统行业如何做电商[M].北京:中国华侨出版社,2014:43.

题形式，越容易让消费者过目不忘。商场会因为其设定的独特的主题从同质化的市场中脱颖而出，其自身的定位、形象与档次也更会因此得到升华。同时，这更是吸引消费者长期光顾的有力武器。传统零售商若要与电商抗衡，必须利用自身优势。当不同类型、功能的零售店集中这些极富洞察力的企业到同一个商圈时，其蕴含的消费力将是不可估算的。

第三节 "互联网+物流业"：
让货物流通更便捷

"互联网+物流"正在技术、设备、商业模式等诸多方面改变传统物流业的运作方式和效率水平。特别是在电商物流领域，受电子商务高速发展的拉动，电商物流已出现全新的面貌。

一、正在被颠覆的传统物流业

电商带动下新兴物流业的平台化运营、信息化管理、标准化服务、社会化参与、智能化寄取、高效化操作、全球化流通、网络化查询等因素提高了产品和服务的通达性，也瓜分了传统物流业的大块市场。

首先，随着电子商务行业的高速发展，电商物流业随之盛行。当下，我国涉足电商物流的企业数量规模已相当庞大。全国的700多家连锁企业里，一些大型公司已拥有专门的物流运送点。另外，大约有40家国内上市公司涉足了物流领域。相应地，中国市场很大一部分被国外的电商企业抢占。我国物流市场的竞争因国内1000多家物流配送点和外资物流企业的参与变得更加白热化。显然，我国物流业一直呈现出急速上升的趋势。根据中国电子商务研究中心 (100EC.CN) 的监测数据我们可以得出：在 2014 年，我国快递业务数量高达 140 亿件，其总物流营运额至少达 210 亿元，数量之大在全球都首屈一指。其中很大一部分业务来自电子商务的贡献，整个快递行业的增长率在 2013 年高达 61.8%，有很大一部分来源于电商的贡献。以百世汇通为例，其上海分拨中心日均处理快件数约 100 万单，其中 85% 来自阿里旗下的天猫和淘宝。一边是日益发展的互联网对物流行业的需求不断增大，另一边中国的仓库中只有不到 20% 可称得上现代化，拥有完全电脑化的跟踪系统和最先进的零售技术。社会物流规模扩大、能源消耗和环境污染的加重，传统的物流模式也亟待转型升级。

其次，互联网让物流变得更加高效。互联网对物流业来讲最大的特征是开放、协同和共赢，因为互联网最大的特质是无边界，通过某种技术、某种场景将所有最小的细胞单位进行重组。对物流行业来说，因其传统性，而且是整个社会生态圈的基础部分，因此客户需求是保证物流业发展的主动力，通过互联网把产品、体验、价值协同整合在一起，这样就会提高效率。在互联网时代，以货、组织、车、人这四种基本细胞为单位，这些变化的单位在不同的时间和维度上会发生重叠，又衍生出了零担交易、整车交易以及整个服务链条的运力，最终来托底基础运行的是金融和数据，最底下的是大数据。对于互联网物流平台来讲，互联网是一个效率工具，一是通过在线 IM、移动通信设备，来提高沟通效率；二是通过数据分析和在线协同，来提高管理效率；[1]三是通过场景互换、移动支付和智能匹配，来提高交易效率；四是通过碎片资源重组、碎片时间重组、交易关系重组，来提高资源效率。

再次，服务至上，速度为王，成为现代物流业的特点，传统物流难复制。一方面，物流公司利用互联网的技术与货主进行有效的服务与沟

1　2015 年全国货运行业年会会议纪要［EB/OL］.（2015-07-14）［2015-12-16］.http://www.xd56b.com/sxhNews/31145.jhtml.

通，改善物流公司的信息告知服务和资金结算服务，以及网下的物流服务。当有特殊的货物需要运输时可以用视频影像方式，把货物的装卸情况以视频的形式反馈给货主，使货主对货物能够进行有效的监管。以水产运输为例，假如要从青岛运一批水产到北京。当货物到达目的地时，接收货物的一方没有事先通过互联网技术得到这批水产在途中的氧气、温度、湿度以及水产存活率的相关信息，就不好根据货物现在的质量状态进行定价。另一方面，如今，"快"已不再是电商物流唯一的评价标准，根据需求定制个性化的服务，才是电商物流未来的发展趋势。通过客制化服务，顺丰可以掌控服务供应和需求，最大限度地避免了资源和人力浪费，加快商业运转速度，从而保证了为商家和消费者提供更高品质的物流服务。例如，顺丰近日推出的"电商专配"产品，是为电商商家量身打造的创新型物流服务解决方案。最大特点是，商家可"因需而变"，即根据自身需求，自行选择适合的服务模块和操作流程，物流成本也将因流程的增减而有所差异。顺丰"电商专配"的出现是对传统物流标准化服务模式的颠覆，目标是树立电商物流个性化服务的新标杆，为电商商家提供柔性服务。

最后，物流不再单纯是一个产品，更是一个平台。从B到C不是简单的需求转移，而是将市场需求无限放大，电商正以"超速度"拓展自己的业务渠道，如果物流业务一旦跟不上，市场需求也就满足不了。现在已经有多家物流企业开始意识到这一点，国内相继出现了"顺丰速运""宝供"等物流商，其他快递公司也在朝着这一方向前进。等到新物流供应链完全形成"高效""低成本""强大服务"的时候，传统物流业就会被彻底逼到悬崖边。由此可见，物流并不是一个产品，而是一个平台。在这个平台上，企业能更清楚市场的需求，同时将订单、仓库分拣、标签、运输和末端配送科学连接，这才是一个完整的客户需要的供应链。

二、传统物流业该如何重构

改善内外环境、引进专业人才、O2O模式的创新、加大业务研发、快节奏中的小浪"慢"等是传统物流业升级换代的方向。

首先,传统物流业要实行就近原则,积极布局O2O发展模式。在电子商务不断发展的今天,互联网越来越成为销售、营销、客服、售后的主要平台,而物流行业如果继续局限于线下发展,则必然会被互联网时代的巨轮碾压而过。近年来,阿里、京东、苏宁等企业都在布局O2O,转眼间企业的物流需求已经从B2C物流需求的时代变成O2O和C2B需求的时代。顺丰等企业也已经开始布局这个市场,那些依旧故步自封的合同物流企业必将被市场淘汰。在此局势下,我国传统模式下的物流业已无法适应日益变化的全球格局。一是,高昂的物流成本只增不减,远超过一些发达国家(如德、日、美等),亦超过与其经济状况类似的国家的物流成本。二是,相关从业者的报酬与投入不成正比,物流行业雇佣链需要改善。加强构建物流的信息化(物流的互联网时代)是当下最应做的事。21世纪各个行业百花齐放,原始的点点运输已无法达到高效率、低成本的时代要求。物流业信息化后,一切处理运力和包裹的配送事项都可以在线上进行,这种模式即O2O,物流业成功变革。[1]当然,O2O模式并不是物流企业本身可以实现的,但物流企业作为电子商务发展的重要环节,在O2O模式的推广之中有着重要的发言权。

其次,传统物流业要打造新环境,引进人才,完善管理。对于传统物流而言,"新环境"就是对目前已有的业务进行整合,抛弃落后的、旧有的东西,再借鉴成功企业的经验,助力传统企业的发展。一方面要更重视寻找和培训物流领域精英。对于一个刚开始起步的技术型产业来说,巨大

---

1 郭宇靖,阳娜.传统物流业拥抱"互联网+"转型[N].中华工商时报,2015-04-09.

的专业支持尤为重要。物流企业要以优惠的条件、优厚的待遇，引进现代物流理念、物流管理技术，培养和引进一批专业物流人才，特别是电商人才。传统物流企业应该通过引进人才来改善企业的内部环境。同时，传统物流业要转型，就必须融入符合时代潮流的新元素。相比之下，互联网平台上形成的新型管理模式将带给企业更多的希望。除了管理经验这种"软实力"，传统物流业的硬件设施同样影响其发展。传统物流业要认清自身情况、明确企业目标、打造全新的内外环境。

再次，传统物流业应该利用互联网技术实现智能化发展。物流的过程，是社会产品从厂商转移到消费者的过程，互联网给传统物流业带来了潜移默化的转型升级。首先，智能分仓技术将颠覆传统的物流方式，即货物"不动"数据"动"，物流成本得到降低，物流效率得到提高。大数据预测会指导商家前置库存，包括地域、规模、品类，以最低成本提前运输到消费地，然后待消费者下单后，就从最近的电商仓储地完成最后一公里的配送，这就是"订单未下，物流先行"。另一方面，其在很多层面都带动着物流业的完美转型与演变。如物流业与云计算、物联网、移动客户端及大数据的完美结合，储备与交通智能化、高速铁路、航空绿色化、大型高速船运、健康新能源（环保、新材料科技和新能源汽车）、现代管理科学技术对物流行业的促进，让物流业变得更人性与智能。与此同时，政府管理部门同样应培养互联网思维的习惯，持续改善行业的市场运营和管理，物流的线下模式逐步会被"互联网+"的"天网"模式改变，从而一个公开民主、信息透明、社会化的现代物流体系将会形成。

最后，传统物流业可以转换思维，挖掘行业的文化价值，发展"慢递"。当很多物流企业开始为如何提高自己的快递速度、增加自己的快递规模而焦虑时，传统物流业可以转变思路。随着现代通信技术的不断发展，信件离我们的生活已经越来越远，我们的邮箱常年处于封锁状态，快节奏的生活让物流不断提高自己的速度。与此同时，一个全新的物流业务悄然诞生——"慢递"。所谓"慢递",就是"写给未来的信"。可以写给未来的自己、未来的爱人,甚至未来的孩子。从实用角度来说,"慢递"几乎没有存在的必要。而"慢递"可以"耍情调""玩浪漫",对于被快节奏生活弄得身心疲惫的都市人来说,一个"慢递"让我们"邮寄心情""保存记忆",进而放松身心。"慢递"其实是一个十分小众的行业,"慢递"所针对的其实是心理需求。而且在当下,由于缺乏严格的行业监管,信件能否保存到未来、隐私能否得到保护,都是这一行发展的问题。但在生活节奏越来越快的今天,"慢递"必然在未来有更加广阔的发展空间。

第四节 "互联网+通信业"：
让交流更加通畅

互联网时代，人与人之间的沟通交流的方式更加多样化、内容更加多元化、效果更加形象化。通过通信软件沟通之余，越来越多的人开始通过基于互联网的通信软件进行"自表达""微出版"。通信不再局限于打电话、发短信，它已经成为人们的一种生活方式。

一、正在被颠覆的传统通信业

互联网背景下通信的手段多样化、功能综合化、效果趣味化、表达个性化、成本低廉化、更新短期化、生活社区化、传播品牌化、体验人性化、运营平台化等使得沟通交流更具文化价值与文化内涵，也使得传统通信业备受冷落。

首先，互联网技术让通信手段形式和内容更加多样化。通信行业是为大众交流沟通提供工具的。在过去，人们用书信、电报等方式联系，后来变成了电话和短信，如今，智能手机越来越普及，座机电话的用处退居到了办公室。更甚至，就连手机的通话功能都在不断被冷落，因为人们找到了既方便又省钱的通信方式。目前我国移动电话用户已接近13亿，其中移动宽带用户、3G和4G用户达到6.4亿，再加上原有的2亿固网用户，我国宽带用户已经达到8.4亿。移动互联网的大规模普及为新兴通信业奠定了基础。最简单和直观的例子，过去手机打长途话费较贵，手机在异地漫游状态无论是打电话还是接电话都要支付费用，而借助电话软件，却可以最低的通话资费直拨对方手机和固定电话，并且异地移动通信还可以最彻底地避开手机漫游通话费。电话通信只是将传统的电话网入口改变成了互联网入口，用数据流量转化的方式实现传统方式的电话语音通信，音质更好且打电话特别便宜甚至可以免费通话。现如今，说到通信，人们首先就会想到微信、QQ。短短几年，诸多聊天设备的涌现，让互联网时代多了一个综合性的沟通平台。人们不会再把电话作为唯一的沟通方式，取而代之的是一系列通信软件，这类软件支持视频、语音、发送图片、文件等诸多功能，电话的优势也逐渐被削弱。很明显，越来越多的人都在等待着网络通信带来更多的改变和惊喜。相反，几乎没有人愿意等待传统通信业的成长和更新，因此，传统通信业就要反思转型了。

其次，互联网也让通信增加了"自表达"与"微出版"的功能。人们通信的目的除了要表达自己的意愿、对某些事做一些说明之外，更重要的是让别人知道自己的近况。如今，我们可以用更便捷的方式做到这点。例如，在微信、微博上发表文字和图片，告诉亲朋好友自己的近况。随着互联网的发展，越来越多的人开始用微信、微博等通信手段进行"自表达""微出版"，通信开始变成一种自我品牌的塑造与传播、一种自媒体、一种商业模式。例如，越来越多的人开始利用微信做公众号，做微商。"小众化"是互联网时代业务传播的特性之一，微信、微博这些通信软件可以让我们与朋友圈时刻亲密接触。如果你能加入这些"小众群体"，就能进行"自表达""微出版"。"小众群体"形成后，用户就可以在平台上发布信息。天涯论坛、豆瓣社区、百度贴吧都具备这一属性。互联网的普及，让我们改变了此前单一、传统的通信方式，通信的过程变得更加新颖。处于被冷落位置的传统通信业应该积极求变、寻求出路。

最后,在网络技术不断更新的今天,通信被赋予了"新定义"。过去,数据业务主要有短信、彩信等这些标准化的业务,今天却在往经营流量、信息服务的方向转型。各类多样化业务、内容平台逐渐涌现,如电子书、无线音乐、流量经营等,这些都是"小众传播"的典型表现。可见,我国网络通信产品是向着小众方向发展的。基于互联网平台的通信业,会根据大众的需求,不断创新,开发增值产品。就手机游戏而言,通常是先让用户免费体验,如果觉得好玩就可以花钱购买更多的增值业务。当然,手机报、手机彩铃也遵循了这一做法。可见,网络通信业更加注重"体验营销",推出的也是更好玩、更低价、更灵活的产品,而这都离不开基于互联网平台的创新。例如,UC是全球使用量最大的手机浏览器,可以为全球移动互联网用户提供智能手机上网服务,致力于打造"多快好省"的手机网络平台,UC已经成为占市场份额最多的手机浏览器品牌,正慢慢影响着世界互联网通信业。互联网通信业已经从"产品"变成了"平台",随着消费者的需求更加个性化、多元化,互联网通信业也在不断细分,积极创新,这不得不引起传统行业的重视。

二、传统通信业该如何重构

通过升级传统业务、增强服务弹性、满足个性需求、大数据下的用户管理、体验化营销、建设用户社区、重视终端服务等使得传统通信业转型为综合性信息平台。

首先,传统通信业可以利用互联网向综合信息业转型。2015年发布的《中国互联网发展状况统计报告》显示,网民中使用即时通信的人数持续飙升,已超于90个百分点。2014年,即时通信的使用率仍以一定速度上升。到2014年底,其数额直达91.2%,比2013年提高了5.1%。同时我国使用手机上网的人数已高于PC端的人数,远远超过了5亿大关。便捷性、位置精准性、社交性可谓是手机即时通信的典型优势,所以手机如今已成为娱乐、交易、O2O 等高附加值业务的通道与途径,巨大的手机网民群体已为其他业务带来无法预计的商业利益。[1] 传统通信业可以利用互联网由相对单一的业务模式转变为综合多元的信息服务平台。随着我国通信行业进入全业务竞争时代,中国移动开启了战略定位转型,从"争创世界一流通信企业"转型为"做世界一流企业",从"移动通信专家"变为"移动信息专家";中国联通则以"现代的综合通信与信息服务提供商"为定位,摆脱了过去"基础电信网络运营商"的局限定位。[2] 从中国移动和中国联通的战略定位转型中可以看出,它们都在试图摆脱过去单纯的移动通信商形象,而开始以综合性的信息服务产业为新的转型方向。

其次,传统通信业可以利用互联网技术,积极发展 OTT 业务。随着移动互联网的发展,数据成为电信行业的关注点,进而积极开展 OTT 业务。OTT 业务的增值很大程度是源于互联网对各个领域的大规模渗透,4G 的发展自然会给通信运营业带来更大的利益和商机。要注意的是,互联网(尤其在中国)如今正处于白热化阶段,我国有 10 家互联网公司跃居全球前 30 家互联网公司之列,其盈利以 50% 速度上涨,有望赶超第一名美国。政府应该知道,电信与网络之间对立又统一,必须处理好两者关系。网络中立政策是美国想出的方案,但却重重打击了互联网建设者。全球运营商极力反对,这个政策很有可能被否定。从全面来看,运营商无法因此受益反而受到限制,对网络的发展和扩大也不起任何积极作用。[3] 如今,互联网业务已成为信息通信业发展的主导力量。工业和信息化部有数据显示,2015 年 3 月,三大运营商互联网业务收入超过了 700 亿元,对行业总收入增长的贡献率超过了 100%,互联网服务收入占信息通信全行业的收入比重从 2010 年的 20% 提升到 2014 年的 53%。纵观这几年,

---

1 魏雅华.电商暗战:让红包飞[J].企业研究,2015(3).
2 刘振友.互联网+助推传统行业弯道超车[M].北京:中国财政经济出版社,2015:103.
3 胡虎.工业互联网为通信业提供更好的发展空间[N].人民邮电报,2015-04-15.

网络已逐渐渗透到社会生活的各个行业，这促进了信息通信业的改革，使其迈进了新的阶段。

最后，传统通信业的转型发展必须做好硬件、软件、通道和平台。首先是硬件方面，不少传统运营商是靠做早期通信、网络设备起家的，所以自认为这方面没有问题，而事实并非如此。互联网企业的代名词分别是"新、快、准"，能做到这些，不仅在于投入大量资金和人力，还在于互联网从业者的观念：每天都在更新换代。鉴于此，传统企业应当踏实做好对硬件的检查和更新工作，如今，任何通信产品和核心部件都在向CPU过渡，谁的硬件容量更大，速度更快，在市场中谁才会有立足之地。而对于软件的设计，需要明确用户的需求，以提升客户体验为目标。这就需要对现有功能进行系统化理解，及时弥补不足，并对功能进行融合、规整。当然，传统通信行业还需注重对"渠道"的建设，这是完善服务设备的重要途径。在过去，运营商总以粗放型模式来管理渠道，导致无法提供精准的服务，这就需要借助智能渠道实现"精细模式"，避免因同质化情况明显，而降低企业的利润。然而，所有人的目光最终会集中在平台上，这关系到企业能否提供更完善的服务。传统通信业在提升产品、服务质量的同时，还要注重平台的建设和完善，以便收集和安排好那些零碎的要素。面对互联网的强势冲击，传统通信业运营商要想屹立不倒，关键在于建立一套完整的体系，并着重注意对硬件、软件、通道、平台的完善。

第五节 "互联网+餐饮业"：人人都是美食家

民以食为天，互联网时代，人们可以轻松知晓附近美食，从觅食、订餐到点餐的各个环节都可以通过一部手机搞定。在传统餐饮业不断向现代服务业转型升级的过程中，怎样更好地发挥互联网和餐饮的融合，形成经济发展新动力，成为业界关注的焦点。

一、正在被颠覆的传统餐饮业

互联网餐饮使得美食选择便利化、宣传成本低廉化、用户体验个性化、点餐交易在线化、消费价格折扣化、O2O营销普遍化、用餐服务标准化。这些都使消费者获得了良好的就餐体验和文化体验，也使传统餐饮业望尘莫及。

首先，互联网时代，餐饮变得更加个性化、品牌化、特色化。人被互联网改变是网络时代的本质。餐饮服务供应商会顺着消费者行为的变化重新调整、设计其各个环节的活动。以前，物美价廉是人们购物的标准，现在人们则更青睐趋优消费，更注重品牌化和个性化。对于80后、90后来说，产品本身只是基础，他们更需要的是趣味、好玩、娱乐化。这也恰能驱动顾客自传播。现在的年轻人崇尚少品，因此餐饮业产品要做到极致创新，减少不必要的花边，做到少品化，并塑造自己的品牌标识、核心竞争力和大众粉丝。顾客的角色已从过去的上帝、后来的朋友变成了如今的粉丝。社交是餐饮的核心，场景化已成为餐饮业的盈利点，它们不再单纯做单一产品，而是要做出解决方案。

其次，在互联网的冲击下，餐饮行业重新分配市场利益。企业获取利润的方式，一步步从增量市场扩张转向细分化市场。在此过程中，若既得利益者没有转型能力，就必将面临重新分配甚至淘汰。美团、百度外卖、饿了么等在线外卖平台，其实就等于是一个个大型商场，各个餐馆到这个"商场"开店，"商场"定期收取房租。利益的重新分配是互联网产品与传统产品的最大不同。[1] 以前支付房租，现在在平台上销售有物流费用、平台费用，实质上就是利益的重新分配。网络发展正推动整个快餐行业的加速变革。店面职能在以后可能由原来的盈利、服务、产销，转变为品牌展示与客户服务体验。所以只做线上销售，没有实体店面的企业陆续出现，诸多快餐行业的供应商也都陆续进入快餐业。以前需要在实体店面制作的食品，现在由工厂直接加工，然后直接配送给消费者，这对整个快餐行业都会形成非常大的冲击。

第三，"O2O"是颠覆传统餐饮业的关键。一种新的趋势正在各大餐饮店里流行：那就是互联网的因素日趋明显、食客与店铺线上线下的互动更加频繁，无论点菜还是就餐都更加智能化。食客可以依据自己的喜好，在IPAD上确认菜单，几分钟后，菜品就上桌了。这种互联网技术的应用，不仅为店面节省了不少人力成本，也让食客真切体会到餐饮这一传统行业也能如此"智能"、如此"潮"。目前，除了传统的开门营业方式，各大餐饮老字号都在"互联网+"以及"餐饮O2O"的模式上下功夫。这些举措，

---

1 徐慧."互联网+"时代，餐饮业如何变局？[N].北京商报，2015-07-15.

也为他们带来了不小的收获,团购、外卖、预订、美食交友、微营销所带来的客户已成为他们一支不可轻视的重要部分。根据《餐饮行业市场调查报告》的数据,中国餐饮业的 O2O 市场规模营业额在 2015 年将达到约 1200 亿元。若按照餐饮业每年以 10 个百分点计算,则 2017 年全国餐饮业 O2O 的市场规模将突破 2000 亿元,前景颇为可观。外卖市场的巨大潜力,吸引了包括百度、阿里巴巴、腾讯等在内的互联网大鳄纷纷投身其中。中国餐饮市场的大盘是 3 万亿元,外卖占比仅为 6%,而发达国家在 30% 左右。中国外卖的在线化率大概是 10%,一两年前还不足 2%。5 年后,整个餐饮大盘可以达到 4.4 万亿元,外卖占比也会涨到 10%。随着智能手机的普及、懒人经济的发展等,在线化率会快速增长,未来在线外卖市场大概有 2200 亿元的规模,这也正是百度在战略上决定做餐饮外卖平台的原因。

第四,网络餐饮在运营方式、技术手段、商业模式、业务创新等方面都不同于传统餐饮。从运营模式分析,网络餐饮组织运用主要借助网络平台开展业务,是典型的互联网风格。从餐厅外部的预订、到餐厅内的自助点餐、订单支付,直到用餐过程与友人的共享、用餐结束后的评价,所有业务等都是因网络化与数字化而实现。在技术手段方面,互联网餐饮强调分析与挖掘数据,注重用户交互参与技术,强调将数据分析、用户体验与优化业务有机结合,并通过大数据、云计算技术让业务得到扩大和提高。商业模式方面,网络餐厅能够以它充足的营销手段、不受时空限制的消费者对接能力、餐饮门店廉价的消费者转换投入,进而蔓延至更为庞大的社会群体中,为网络餐厅自助服务做宣传,其商业模式由百货式的一对一服务逐步变为超市式的自助化服务。在业务创新上,网络自助餐厅能够为每个消费者量身定做服务,它打破了空间的局限,可以通过大数据、LBS 等技术手段为消费者提供即时的全面服务。[1]

---

1 互联网餐饮的 IT 发展趋势 [EB/OL].(2014-11-18)[2015-12-17].http://www.pintu360.com/article/54d701cd14ec53c1166100f3.html.

二、传统餐饮业该如何重构

通过就餐体验特色化、菜品服务优质化、网络营销社交化、顾客管理数据化、文化内涵故事化、订餐服务外送化等使得传统餐饮成为一种休闲体验。

首先，传统餐企要重视技术投入，把互联网先进的思维、理念、方式、技术等加入到餐饮业。挖掘网络对传统餐饮业在营销管理等不同层面的作用，加快信息化建设，让互联网技术真正成为加速产业转型的推动机。传统餐饮业应站在提高效益、解决信息化难度的立场，通过不断的技术创新，为餐饮业提供更为有效的解决策略。在内部管理运营层面，加强创新是重中之重，要致力开发餐饮与社交、情感、文化层面的连接处。向外，应注重和供应商打造全方位共赢的平台生态系统，提高组织与运营效率，重构利益分配局面。餐饮企业提高生命力的关键在于清楚知道用户的需求，会因时调整营销服务手段，及时更新产品等级。当然，80后、90后庞大的消费群体更是传统餐饮业对准的人群。他们彰显个性，追求与众不同，他们带着更苛刻的目光满足自身体验，他们向往交流式和娱乐化的服务，这个群体中每个成员都各有特色，不愿苟同。[1]

其次，大数据助力传统餐饮业转型。在互联网不断发展的背景下，餐饮业需要对市场、用户、产品、企业价值链乃至对整个商业生态进行重新审视，企业应根据实际情况，对用户的行为方式、自己的业务流程、商业模式进行分析，然后做出系统、整体、全面的整合。餐饮业要展示自己的特点，还要足够有个性、有辨识度，在人才、组织、战略层面都要时刻准备着。在不久的将来互联网将会全民化，未来成功的餐饮企业将在细分市场数据的驱动下经营，通过对餐厅数据的分析和挖掘，决定

---

[1] 熊丽，王晋. 网络加速餐饮业变革［N］. 经济日报，2015-04-07.

菜品和服务模式，并且通过这种数据驱动精细化管理来降低各项成本，获取新的利润增长点。餐饮行业真正经营的不仅仅是饭菜，更是经营着消费者的大数据。

第三，传统餐饮业要注重顾客体验。比如，海底捞做微信应用的主要诉求是，让服务与顾客自然相遇。对海底捞来说，微信公众账号首先是服务的入口；对消费者来说，微信是线上订餐、个性化需求、个性化调制小料、网上排队及查询、外卖下单等服务的承接方，实现了消费者线上提需求并支付，在线下享受服务的设想，将O2O落到实处。海底捞的初衷并不是为了O2O，也不是为了互联网化，而是简简单单地实现"快乐就餐体验"。再比如，雕爷牛腩还没开业的时候，就已经在网上赚足了人气。之前雕爷就不断在微信、微博和博客上发表各种跨界的文章和互动，当牛腩热潮来临，社交人脉的作用便彰显出来，就因为有了明星和媒体的封测（网络用语，表示封闭测试）和试吃活动，此热潮越发狂热。反之，它的影响力必会大大降低。由此开始，餐饮不单是卖普通食物，商家通过赋予其故事，然后对顾客提供全面深度体验，使其产品拥有超过其本身价值的极致魅力。餐厅只有12道菜的菜单制作灵感也来自互联网。追求极致用户体验的互联网精神，正是雕爷菜单的出发点。还有，五道口小店西少爷有着100天销售20万个肉夹馍的纪录。老板开业之前预先用亮眼的话题对顾客洗脑，在《我为什么要辞职去卖肉夹馍》的文章中，所有关于现实与理想的心灵鸡汤，对北京的爱恨，高不可攀的房价，单调无聊的生活，拜金主义的爱情，都与广大工薪年轻人和将要踏入社会的大学生产生强烈共鸣，所以此文便火了。这无疑是老板很聪明地掌握了用户的需求与喜好，以及他们对完美极限的向往。

第四，更加注重餐饮就餐环境的营造，注重餐厅的装饰轻装修装潢。我们选择一个餐厅吃饭，不光是为了吃饱肚子，在获取身体能量的同时我们更希望在这个地方放松休闲，更希望这个地方能让我们舒服惬意。所以餐饮业花很大精力与物力对室内环境格局进行设计装潢，整体风格要让顾客身心放松,赏心悦目。餐厅的灯光、色调、温度、摆设都要呈现出安逸美好的感觉,包括餐具、餐桌的选择也要考虑人们最舒服的状态,看其是否符合我们的行为习惯。物质生活决定精神生活。如今人们生活水平提高,自然对精神世界的追求变得热烈。他们的要求越来越高,眼光越来越独特,他们希望餐厅是个可以表达浪漫、爱好、品位的聚会佳地。不同的餐厅绞尽脑汁想创意,它们通过自己独特的装修设计来突出鲜明主题,并满足不同顾客的喜好。这些主题可以是文化底蕴的风格,可以是以伟人为原型打造,可以是关于体育运动,也可以是艺术音乐格局,可以为了专门的人情关系,可以少女系,可以萌宠风,可以古典,可以活力。[1]

---

1 六点建议让餐厅空间布局更加舒适 [EB/OL].(2010-06-23)[2015-11-10]. http://life.dayoo.com/meal/ 201006/23/84467_13096581.htm.

第六节 "互联网+金融业"：
让金融服务更高效

显而易见，互联网金融是金融和网络的结合体，企业可在移动通信和网络的帮助下完成支付、融通资金，并实现信息中介。实际上，互联网金融是一种新兴的金融模式，它主要通过云计算、大数据、搜索引擎和社交网络等互联网技术实现资金融通，从而更好地提供服务。同时，互联网金融也在与大金融进行有效结合，其资源配置的效率水平与目前的直接融资和间接融资相当，对经济增长起着非常正面直观的作用。而且它还拥有操作简便、交易成本低、一站化服务的优点。那么，传统金融能否被颠覆，又该如何转型呢？

一、正在被颠覆的传统金融业

在互联网"开放、平等、协作、分享"精神的引领下，大众理财、P2P小额信贷、移动支付、网络众筹、社交金融等激活了金融体系，也为小微企业的融资提供了便利，同时也迫使传统金融业进行转型。在当前的局势下，互联网金融的运作模式主要有P2P小额信贷、第三方支付、众筹等。

首先，随着互联网技术的发展，第三方支付成为重要的网络金融模式。简言之，它是一个交易平台，由第三方机构提供且必须是独立的，这些机构要有能力去担保发生的各种信誉问题，建立在与所交易的产品所在地和外国各大重要银行金融有签约协议的基础上。若从正在起步的市场和功能定位出发，中国现在主要有两大类第三方支付平台：一是网上交易型企业，它们属于用户粘黏性平台（主要有支付宝、盛付通、财付通），它们以大型电商网站为依附开始发展，服务于现有的客户群体，提供支付保障。进入成熟业务阶段时，其业务逐步扩大至更多领域，财付通和支付宝做的是整个行业最为突出的。二是金融支付型企业，快钱、开放式平台银联电子支付、汇付天下是主要代表，它们刚开始更多关注了解挖掘其他行业的需求以及应用。第三方支付让传统的金融企业更趋于后台化，"账户为王"的时代会因账户同一化的发展而指日可待，人们支付、交易和消费的首选甚至可能会变成唯一的方式，有望只会是第三方支付，而其他账户则会居于第三方支付账户的下方，可有可无，只做附属作用。[1]如：2004年12月，浙江支付宝网络科技有限公司注册生成，但于2013年10月，其已推出支付宝业务，"支付宝钱包"和"支付宝"是该公司旗下的两个子品牌，相互独立。支付宝主要提供以下业务：交易支付、网购保障、信用卡还款业务、银行转账、公共事业缴费、手游充值等多个领域。随后，2013年支付宝联合天弘基金一起开通了全新的理财功能——余额宝。到2013年底，已有高于3亿的用户在支付宝上实名认证注册。这一年，支付宝单日成交笔数最大值竟达到1.88亿笔，而仅手机支付单日成交笔数最大值可达4518万笔，其移动支付单日成交额的最大值超过113亿元。2014年4月开始，支付宝摇身变为全球最大规模的第三方支付的企业。

其次，将互联网、小额信贷等紧密联系起来，形成了P2P小额信贷这

---

1 罗毅. 互联网金融的前世、今生和未来［EB/OL］.（2015-05-14）［2015-11-13］. http://www.rmlt.com.cn/2015/0514/386639_7.shtml.

样个人对个人的直接信贷模式。据统计，2014年我国P2P网络借贷市场交易规模达到2514.7亿元，同比增长157.8%，连续6年保持150%的年增长率。P2P小额信贷是这样发展而来的：正规金融机构始终无法处理中小企业融资的难题，但现代信息科技可以大大减少交易成本和信息失衡，实现商业的P2P小额信贷。P2P小额信贷是直接融资的一种，它的资金供求数据拥有高可能性的交易环境，若两方彼此供求匹配合适直接交易即可发生，即使金融中介不进行参与也可以使融资顺畅成为可能。人人贷就是一个典型的例子。人人贷公司成立于2010年5月，隶属北京人人友信投资公司，是其全资子公司，线下45家门店是线上的有力后盾，总部设在北京。员工规模超过100人，全国有超过30个省市被其业务覆盖，山东、上海、浙江、江苏是其主要的交易发生地。人人贷的风险控制机制的两个突出特点为：一是为了控制事前风险的备用金制，二是为了培育风险理念的全程贯彻。

最后，众筹模式在社交网络募集资金的背景下应运而生。众筹融资即把大家的资金、渠道和能力聚集在一起，保证艺术家、个人或小企业有足够的资金来开展某项活动。众筹开始于Kickstarter（美国的一个大众筹资网站），它为用户众筹提供网络平台，创造性人才可以得到这些资金去做他们想做的事。2012年4月，乔布斯法案在美国通过，小型企业通过众筹可获取股权资本然后得到许可，众筹融资很快就能代替部分传统的证券业务。众筹在这两年变得炙手可热，重点国外创业者把矛头转向众筹。众筹与传统融资模式完全不同，其融资不再只来源于风投机构，每个人都能通过该模式得到资金去从事活动或者创作。以北京网信金融集团旗下的众筹模式网站众筹网为例，众筹网有募集资金、资金投放、孵化、资金运营的一站式服务提供给项目发起人。2013年2月，众筹网正式上线，众筹国际、众筹制造、金融众筹、众筹网、开放平台、股权众筹6大板块已投入运营。这里，"爱情保险"是众筹网与长安保险携手推出的项目，将国内众筹融资额的记录推至高于600万的顶峰。近4万人次参与的"快男电影"项目，是有史以来投资人最多的项目。众筹网到 2014 年 7 月，总计拥有 2446 个项目，累计筹资 3408 万元，累计支持 10 万人次。

二、传统金融业该如何重构

通过提供线上线下的金融服务、特色渠道的生活服务、重视移动智能终端、利用互联网拓宽服务覆盖面、开发多元的文化金融产品等使传统金融业向网络化、服务化转型。

传统银行不能因为互联网金融当下还无法对其造成威胁，就不把互联网金融放在眼里。很显然，网络发展趋势和现实的挑战说明一切。商业银行应及时充分利用互联网思想和理念，尽快把传统银行的转型升级付诸实施，来与互联网金融的发展并驾齐驱。

第一，互联网的运用可以帮助传统金融业发展移动金融服务，为客户提供更好的体验。移动化这几年已成为社会发展的主流，它逐渐渗透到人类的各种社会、经济活动，银行金融机构传统的的自助设备（ATM）、网点等由于时空的局限性，会愈发难以适应客户移动化的金融服务需求。因此，移动化金融服务将会主导未来金融业市场的竞争。用户的生活会被移动化全方位介入，对客户日常行为进行安排、建议、提供，这一方面可以极大程度满足回拢客户，另一方面它会给银行带来可观的经济收入。目前，新技术、新渠道在金融服务的应用周期正逐渐缩短，网上银行进入市场已有 10 年，手机银行也经历了 5 年光景，而移动支付虽然发展才有两个年头，不过它在市场上的优劣已十分明显。这次发展契机若是错过了，银行在战略上就会处于被动状态。所以，面对移动化，我们必须弃旧迎新，用网络思维和开放的心态，做到技术安排的安全放心，服务流程的最大便利，真正做到把用户体验放到第一位，并用大数据收集分析用户行为的数据信息，对客户的行为预测能力进行培养指导，让客户真正需要离不开它。

第二，传统金融业必须与网络商业模式发展趋势一致，促进银行的支付创新，稳固它的支付地位。当下竞争的核心和互联网金融着力点以支付为重，这遵循金融发展规律。传统金融也是以支付结算为起点，然后逐步扩展到存贷业务。支付宝发展迅速的原因很大一部分是商业银行对传统业务模式盲目坚守。1990 年，网上炒股开始，金融行业踏入互联网，但支付宝在过了 10 多年后才产生。当时，支付宝是一个看起来不怎么赚钱、商业银行也看不上的领域。实际上，第三方支付企业可以做到的，商业银行同样有条件和能力做到，并更好地发展。

第三，信用信息测度与整合应该受到传统金融业的高度重视。我国金融业经营大部分比较粗糙，有激烈的同质竞争和明显的垄大户现象，以规模扩张作为内在驱动的主要力量。金融机构以规模扩张为主方向，便很难真正发现数据潜在的巨大价值，当然更不会有内在驱动去采取好的行动来进行信息的深度整合。表面形式的客户风险评估，对抵质押物和第三方担保的高度依赖，数据分析不够深入，总是主观臆断，更易引发金融风险。但在这种背景下，一些金融机构仍未真正察觉信用信息深度整合与测度是何其的重要。[1]在理想社会，违约率为零，因而不需要金融中介存在。但在现实生活中，人性缺陷加上个体经营失败风险，使得信用风险成为金融业面临的主要风险。互联网时代虚拟社交网络对实体经济生活的不断替代，加上网络经济行为日益普及与高速扩张，金融机构比以往更需要交易对手信用信息。

第四，传统金融业要积极培养锻炼适应互联网金融发展的专业人才队伍，通过大数据技术提供业务运作与风险控制支撑。我们生活在数据轰炸的网络时代，金融机构市场价值主要以数据分析能力为度量。所以，分析师人员培养显得尤为重要，要从经验丰富的员工中精心挑选，有计划有目的地培养提高员工建模和数据分析的能力，同时更要加强外部购买，如数

---

[1] 陈涛.传统金融业转型如何在"互联网的风口上"起飞［N］.企业家日报，2015-05-03.

据来源、模型技术和引进人才。通过加强专业人才建设来加强传统银行业对数据的挖掘与应用。目前,传统金融业没有前瞻性的系统建设,内部数据信息也不全面,这使得信息无法按照大数据要求进行排列组合,造成了工具和挖掘模型运用的不便。另外,必要的信息共享也因同业竞争受到了阻碍,导致单一金融机构无法掌握全方位的数据信息,技术工具的使用效果亦因此受到影响。更多地,大数据需要经验丰富、懂得建模和数据挖掘工具的复合型人才,这正是中国稀缺的,大数据举步维艰。[1]这也是传统金融业转型升级的方向。

---

1 陈涛.传统金融业转型如何在"互联网的风口上"起飞[N].企业家日报,2015-05-03.

第七节 "互联网+医疗业"：
重塑医疗新生态

互联网在医疗业得到充分利用，其模式亦千姿百态。互联网医疗旨在降低就诊费用，提高就诊服务效率，为病人提供优质、放心、便捷的医疗服务，这些可以通过重塑医患生态圈，重塑购药方式和就医方式，优化就诊体验，改变健康管理模式等得以实现。互联网技术对传统医疗的突破与升华显得尤为迫切。

一、正在被颠覆的传统医疗业

互联网重塑医患生态圈，重塑购药方式和就医方式，优化就诊体验，改变健康管理模式，降低就诊费用，提高就诊服务效率，为病人提供优质、放心、便捷的医疗服务，这是当下传统医疗业望尘莫及的。

健康管理方式被颠覆——网络医疗可将医治未病变为可能。以前，人们只有生病了才看医生，这已经错过了最佳治病时间，不仅花了更多的钱，还要忍受更多煎熬。就健康管理理念而言，人们生活质量提高了，健康管理意识也在增强，越来越需要预防性的健康保健。从技术和手段上看,一可以穿戴设备将生命体征指标通过数据呈现;[1]二可以通过基因检测筛查致病基因,预估疾病发生风险。互联网医疗时代可以转"被动就医"为"主动疾病预防",实现战略前移,做到防患于未然。而医疗服务的重心也将发生转移:由医治短期急性病转向预防性的健康保健和慢性病治疗。这种全新的健康管理理念、手段和技术,降低了医疗机构压力,促进医病于未病和疾病预防,提高了国民健康水平。

就医方式被颠覆——远程医疗和在线问诊的优质医疗资源实现跨时空配置。"四面墙,一张台"是传统的医疗服务模式,病人需自己到医院就诊。但我国没有健全的医疗基础设施,医疗资源紧缺且配置不合理,导致医院人满为患、病人预约挂号困难、医疗服务质量差、医疗效率低等问题。而互联网医疗将使政府不用重建医院和诊所,用"虚拟化"的医疗系统和体制,更好地普及医疗服务,并且能对病人信息进行远程监察和管理。互联网让远程医疗和在线问诊实现了跨时空配置有限医疗资源,提高医疗服务机构、病人和医生彼此之间的沟通能力,打破传统医疗格局,缓解了医疗资源紧缺的现状。它很大程度上提高了医疗服务质量与服务效率,提升了就医体验。[2]

就医体验被颠覆——少折腾、不排队。"三长一短"即"挂号排队、看病等待、取药排队时间长,医生问诊时间短"使就医流程被社会抨击。互联网医疗的出现为"排队时间长"拿出了科学的"诊疗方案",使得缩短就医排队时间指日可待。互联网介入就医的各个阶段,改善了就医体验。互联网医疗与传统就医体验比较,医院的就医过程更为便捷,病人排队就诊时间减少,病人满意度和医院服务效率提高,病人就医体验更

---

1 李股长. 2015 中国互联网医疗发展报告重磅出炉(全文)[EB/OL].(2015-02-11)[2015-11-15]. http://blog.sina.com.cn/s/blog_5e3cf8c80102vdjc.html.
2 2015 中国互联网医疗发展报告[EB/OL].(2015-02-01)[2015-11-22]. http://www.199it.com/archives/326260.html.

加全面。[1]

购药方式被颠覆——更实惠,更方便。传统医疗在购药环节有很多不足。一是处方用药信息封闭,医院绝对垄断病人的用药,病人和医生位置严重失衡,医生和医院的处方并无人监控;二是以前人们选择实体零售药店购药和医院看病购药,耗时耗力。现在的去流通化的方式省时省力,病人可以花少钱、走少路、用少时地买到药品。网上购药的运营方式主要是O2O和B2C两种方式。网售处方药政策逐步放开,医药分离的状况更加明显,网上销售的药品种类将大大增加,互联网医疗的购药方式加速重塑传统的购药方式,并对用户的购药习惯带来更强大的影响,带给用户更舒适的体验。

医患生态被颠覆——患者享受更人性的服务,医生拥有尊严去追求价值。这些年,医患冲突愈发升温,医务人员因患者不满遭受辱骂、敲诈、殴打、围攻医院的行为也屡次出现。互联网重塑了医患的生态系统。另外,互联网让医疗系统的中心变为患者而不再是医院和医生。病人能够通过互联网医疗得到有温度的服务(导诊、答疑、咨询等),从而病人的就医情绪会更柔和,互联网医疗得到一致好评。

二、传统医疗业该如何重构

传统医疗业要利用互联网技术,在线上和线下两端同步发力,从医院、医生和用户三大入口切入,从产业端、企业端和用户端三大领域全方位构建医疗行业新生态。

首先,传统医疗业要通过应用信息技术在医疗行业主要借助医院入口、医生入口、用户入口等三大入口来实现自身转型升级。医院入口主要是基于互联网和物联网技术,改进医院的信息系统、硬件设施及管理效

---

[1] 李股长. 2015中国互联网医疗发展报告重磅出炉(全文)[EB/OL].(2015-02-11)[2015-11-15]. http://blog.sina.com.cn/s/blog_5e3cf8c80102vdjc.html.

率,最终提升医院的智慧医疗水平。医院入口的信息技术应用体现在信息系统、挂号管理、智能硬件以及解决方案等多个领域。医生入口通过在线医疗平台或智能终端帮助医生更好开展诊疗服务,并解决其自身职业发展需求,包括病患管理远程医疗设备类、医学知识库及诊疗助手类以及医生社交论坛类。用户入口可以分为寻医问诊、在线购药(医药电商)、健康管理三种类型。[1]

其次,当前医疗行业需要从产业端、企业端和用户端三大领域全方位构建医疗行业新生态,真正体现出集成式、集合式、纵深式解决方案。

从医疗产业发展角度来讲,要提供"集合式医疗产业服务"。医疗行业须以用户的"医药集合需求"为导向,急用户所急,想用户所想,以"用户端集合式需求"作为医疗产业发展驱动力,推动药品的安全生产、平台式供应、互联式销售、线下医疗服务等,真正体现以"医药集合需求"为导向的产业链服务。

从医药企业发展角度来讲,要构建"纵深化医疗企业生态"。医疗企业须结合医药医疗企业核心资源能力,发力医药的品牌经营环节和用户经营环节,同时战略性布局药品原料种植、精益药品制造、精细网络医药零售、高效物流配送、医疗信息服务整合等,实现纵向一体化,打造以"品牌经营"为核心的医药价值生态圈,全新构建自主医药品牌新体验,拓展多元化的盈利模式。

从用户消费价值来讲,要优化"高价值医疗用户体验"。医疗行业在保障医药产品安全、有效等基础特性的同时,需要提供更好的诊断、治疗、护理等全方位服务。在提供线上友好沟通、用药指导、远程诊断的同时,需要强化线下医药服务终端的现场诊断、辅助检查、健康讲座等,通过医药二维码、医药微商城等实现医疗O2O的高效联动,建设医药诊断治疗护理、线上交流线下服务、远程沟通近程指导等高价值医药用户

---

[1] 廖国红. 站在互联网+风口浪尖,医疗行业如何裂变?[EB/OL].(2015-04-23)[2015-11-22]. http://news.xinhuanet.com/info/ttgg/2015-04/23/c_134177759.htm.

体验。

最后，要真正利用好互联网来改造升级自身，医疗行业需在线上和线下两端同步发力。线上发力，主要是要充分利用互联网、移动互联网和物联网手段，为用户提供便捷高效的服务体验，同时借助大数据来提升线上平台的精细化运营能力和用户价值挖掘能力。线下发力，主要是要回归商业本质，提升用户线下服务质量。不论是在线医疗还是移动医疗，无论是信息服务平台还是在线交易平台，其核心均在于解决用户的真实需求。比如线上平台如何跟线下医生资源充分整合，如何实现"以医导药"，如何优化药品物流配送体验，如何更好实现O2O服务闭环等。

第八节 "互联网+农业"：
开启小农经济大变局

"互联网+农业"是充分利用物联网、大数据、云计算等新一代信息技术与农业的跨界融合，创新基于互联网平台的现代休闲农业新产品、新业态与新模式。以"互联网+农业"驱动，努力达到"信息支持、管理协助、产出高能、产品安全、资源节省、环境友善"的我国现代农业发展新升级。"互联网+农业"完全颠覆传统农业的产业格局，我国小农经济必将经历一次前所未有的变革。

一、正在被颠覆的传统农业

互联网改变了信息的不对称，改变了传统农业的交易方式，重塑了农产品的流通模式，催生了一批新农人，这些都是传统农业发展所没有的。

首先，互联网打破了信息的不对称，扁平化的交易方式改变了传统农业的交易模式。传统农产品渠道层级较多，导致信息透明度较低，交易效率低下。扁平化、透明化的互联网信息与传统农业产业链冗长、信息失衡等特点对应。互联网一是可以快速解决传统的层级批发模式固有的高成本、物流损耗、信息沟通不畅等问题，二是其完全颠覆了传统的产业模式，使交易模式趋于扁平，避免农户和企业之间的高成本和高风险。简单来说，网络科技提高了生产过程的科学性，保证产销间的足够接触，拓宽了销售的可见面。[1]同时使交易更加扁平化，消除了产销的隔阂，上下级层链减少，成本从而也大幅降低。

其次，互联网重塑了农产品流通模式。互联网的催化导致了农产品的流通方式也在发生着变革，线上新型流通模式应运而生，在组织方式、流通主体、上下游影响等方面都产生了正面的创新和变化。第一，各类生产者积极转型，直接对接线上平台。近年来，这种将自家或收购的农产品进行网络销售、农民和合作社变身网商的现象呈井喷趋势。与传统的集市售卖相比，他们拥有更广阔的市场和更强的议价能力。如福建安溪中闽弘泰茶叶合作社 2009 年开始在淘宝上销售铁观音茶叶，2014 年销售额超过 1 亿元。第二，传统批发商和零售商主动求变。传统渠道的批发商和零售商对市场变化高度敏感，同时他们又掌握着农产品流通链条上最多的资源，一旦投身电子商务，将释放出巨大的能量。第三，消费者由被动变主动，成为主导力量。互联网、移动互联网、社交网络赋予消费者前所未有的信息能力，消费者从孤陋寡闻变得见多识广，从分散孤立到相互连接、从消极被动到积极参与，最终扭转了产消格局，占据了主导地位，不断参与各个商业环节中。生产者和消费者的同步信息化，也为未来基于互联网的订单农业奠定了基础。

最后，新农人这么一个生机勃勃、朝气蓬发的新群体在这个过程中诞生。他们代表农村的先进生产力，是三农互联网化的结果。由于具备了互联网思维、较高的文化素质和生产经营水平，新农人的生产效率大大提升，这就为拉动农民创业和就业提供了坚实基础。许多新农人通过电子商务从事农业和非农产品的经营，不仅个人发家致富，也带动了周边的农民创业和就业。著名农民网商王小帮、江苏省徐州市睢宁县沙集镇的"三剑

---

[1] 孙琳，闫秋图."互联网＋农业"：颠覆农业传统生产经营格局[N].人民政协报，2015-06-30.

客"、新疆的维吉达尼、新浪微博农人圈的扁担姐等，无不是新农人带动创业就业的典型案例。新农人主要的经营平台是第三方电子商务。譬如淘宝网，以其平台型电子商务模式的开放性，为新农人的创业渠道降低了准入门槛。同时新农人的主要阵地还有以微信、微博为主的新网络媒体平台。新农人的文化程度比传统农民要高，这亦是新农人能够不断创新的原因。还有一些新农人熟知新媒体之道，微博、微信成为他们优化营销活动的手段，达到一举两得的成效。新农人敢于创新、拥戴互联网，内心充满不安分的想法。他们崇尚市场经济，以透明、开放、分享的互联网为他们创新的土壤。他们代表了大众创新的新开端。

二、传统农业该如何重构

传统农业可以利用互联网技术实现农业生产的标准化、创建廉价高效的营销入口、树立健康安全的品牌形象、打造信息对称的销售模式，进而实现自身的转型升级。

首先，传统农业可以利用物联网技术促进农业实现标准化生产。长期以来，限制农业发展的一个重要问题就是：怎样做到农产品生产的标准化目标。物联网在此发挥了不可替代的作用，它从生产环节开始，推动农业生产实现精准化、自动化，达到减少人力、降低成本的成效，并争取最终实现农产品的标准化生产。物联网技术大大改变着现代农业生产，各种无线传感器能够帮助我们实时收集农业生产现场的不同参数（温度、湿度、光照等），也能同时了解到农产品生长状况等一系列的情况；数据收集之后需要将其进行汇总整合，再用智能系统对其进行定位定量定时处理，从而才能够及时精确地控制农业设备的开关，真正体现并实现"智能化农业"。例如，在春天对水稻进行育秧时，以前都是通过农民的经验来把控水稻育秧所需的温度、湿度、光照、通风、灌溉等条件。这样不仅效率低下，而且精确度远远不行。如今的物联网技术可以很好地解决这个问题，可以通过传感器定时收集光照、温度、湿度等环境参数,并且可以远程操控开关卷帘、浇灌等。[1]

其次,传统农业可以利用互联网创建廉价且高效的营销入口。我们都知道,互联网人在营销方面很在行,传统的饥渴营销原理与新型的社交工具,都展现了互联网人的营销才能。具体到农业,各种成本低廉的通信工具和社会媒体,都能成为推广农产品便利的营销入口。互联网拥有众多的免费资源,如微博、微信、QQ以及MSN等,互联网人不难和自己的消费者建立信任关系,然后以此来推销产品,这是令其他任何行业都羡慕不已的优势。品牌的缺失一直是限制传统农业长足高效发展的一个重要因素,这就导致了农产品附加值低、农民收入微薄。最适合塑造品牌的平台就是互联网,其中一个重要的原因就是它可以进行广泛的营销传播,并且成本十分低廉。潘苹果、褚橙、柳桃盛行的原因就在于互联网强大的营销能力。有三条主要因素可以保证互联网更好地进行农业营销:一是要实现与客户的近距离互动,提供贴切的客户服务,不断改善产品质量;二是要运用好细分市场的理念,通过大数据对目标客户进行高度定位,从而避免盲目营销;三是要适当控制产业链,既不要妄想开展覆盖全产业链的经营,也不应单一进行外包生产,正确的策略应该是,要控制好处于产业链上端的原材料的产品质量,然后实现下游产品加工的标准化生产。[2]

第三,传统农业可以通过互联网塑造健康安全的品牌形象。目前,农产品发展最大的障碍就是食品安全问题。如何让消费者重拾对农副产品的信心?最有效的方法就是通过互联网建立透明的供应链体系。可追溯系统就是从食品领域延伸发展而来的,其目的就是要解决食品安全和食品信誉的问题。通过该系统,消费者只需通过在手机扫描一个二维码,之后就能看到该产品的一系列的追溯信息,例如耕种地点、采摘日期、包装时间

---

1 付云. 互联网对农业的五大改造[J]. 经理人,2014(3).
2 付云. 互联网对农业的五大改造[J]. 经理人,2014(3).

等。当然，只有互联网、物联网、网络视频和云计算等技术，上述种种才有实现的可能。最后，以互联网技术为支撑实现对生产过程进行全程追溯，再配以质检等权威机构的通力合作，这样经过多方协同，真正的透明供应链就可以创造出来了。

最后，传统农业可以利用互联网提高农产品的销售模式。因为农业和农产品有显著的季节性、区域性，又很容易受到天气和温度的影响，加上我国现在的小户经营体制与大市场的有效对接还有距离，所以农产品的销售会不时出现"多收三五斗"式的丰收悖论和"卖难"的现象。当然，电子商务是拉近生产者和消费者距离的最有效工具，能够解决农产品因地域性而滞销的问题。由于电子商务平台的直达服务，省去了中间很多不必要的经销流程，所以产品的价格可以得到大幅降低。以前农产品经营一般都是经过三级到四级的经销商，费用会随流通环节的增加而增加，这些费用最终累积到产品的成本中。而现在可以一级批发商直接到零售商，中间的流通环节一减少，企业的利润随之也就来了。现在凡是能够做大的企业，都是在减少流通环节上下足了工夫。更重要的一点是，互联网渠道能够彻底改变生产和销售的关系，通过大数据分析然后定位消费者需求，农产品的生产和销售都按照消费者的需求去组织，以此来实现农产品的零积压、零库存，这种 C2B 思路在农业生产销售领域逐渐在被认可和运用，例如乐视的生态农业。

第九节 "互联网+交通"：让出行更便捷

一个城市的交通在很大程度上可以反映出一个城市的规划水平，而城市规划水平的高低能够直接决定城市的智慧程度。在"互联网+"的时代，交通作为城市正常运行的保障，越来越需要通过互联网思维来改进其运行方式，在这样的背景之下，智慧交通应运而生。

一、正在被颠覆的传统交通行业

互联网提高了交通行业的信息服务水平。交通行业的信息服务水平随着互联网和移动终端的广泛覆盖变得定制化和个性化。互联网与交通的融合引发的商业模式、安全管理和城市交通规划的变革，对传统交通行业产生了巨大冲击。

首先，互联网将改变传统交通业的商业模式。近几年，互联网企业纷纷进军交通业，百度、阿里巴巴和腾讯大力涉足导航、地图以及交通领域。百度全资收购万方，并且与交通管理部门联合运用大数据，研发出CarNet车载设备；阿里巴巴投资"易图通"，全资收购高德进入交通业，并通过支付宝 NFC 打入公共交通市场；腾讯则收购科菱航睿，联合四维图新一起研制出车联网硬件产品——路宝。BAT 通过打车、专车软件抢夺移动支付入口，腾讯投资快的打车，阿里巴巴投资滴滴打车，百度投资美国叫车 APP Uber，"三国鼎立"的局面一直延续到 2015 年 4 月 1 日滴滴、快的合并。互联网企业拥有雄厚的技术、数据沉淀以及成熟的互联网思维，将在智慧交通行业发展中起到关键作用，也将会对交通行业商业模式创新产生重大影响。[1] 例如，基于客户的需求，Uber 能提供比出租车更快的响应速度，通过与百度地图、宝马 MINI、特斯拉等品牌的强强合作提供更优质的服务，提供给客户带来惊喜的定制服务。甚至比出租车更优惠的价格，能够向客户和专车司机提供富于变化的奖励机制，利用大数据向专车司机提供更优的路线。但对于传统出租车公司来说，互联网的进一步发展又抢占了他们的市场份额，一旦政策监管解禁，Uber 将彻底颠覆传统出租车行业的营业模式。无独有偶，能够提供定制路线的"嗒嗒巴士"也已经在深圳和上海开始运营，依然是门外汉颠覆传统的挤地铁、公交上下班出行方式，依然是大数据聚合用户上下班需求，线下运营调度大巴从而满足上下班需求的模式，如果这一模式得到认可和推广，相信传统的公交车、地铁运营模式也将受到极大的冲击。

其次，互联网让交通管理更高效。在交通管理方面，互联网交通安全综合服务管理平台的应用，将改变现有工作模式，推进交通安全服务管理向更高效、更惠民、更绿色发展，让广大群众感受到"互联网 + 交通管理创新"带来的便捷服务。一是实现服务流程再造。简化办事手续，取消业务申请等纸质材料，建立"网上提交申请信息，网下审核材料、制作牌证、交付寄递"的全新工作机制，推行网上网下综合服务。破除地域限制，实现"服务跟着群众走"。二是提供 131 项在线服务。群众实名注册开通账号后，可享受互联网交通安全综合服务管理平台提供的驾考和车检预约、

---

1 王贝贝."十三五"中国智慧交通发展趋势判断[J].中国智慧城市产业发展月报，2015(2).

办牌办证、违法处理和罚款缴纳、出行信息、信息查询、告知提示、信息公开、重点对象管理、交通安全宣传、业务咨询等 10 大类 131 项服务。三是适应差别化服务需求。互联网交通安全综合服务管理平台将提供网页、手机 APP、短信、语音电话等多种方式，最大限度扩大服务对象覆盖面，针对不同年龄阶段、不同文化层次、不同习惯偏好、不同生活环境群体的服务需求，实行多样化、个性化服务。四是打造统一服务品牌。互联网交通安全综合服务管理平台将启用全国统一的"122.gov.cn"专用互联网域名、"交管 12123"手机 APP，使用全国统一的"12123"交通安全专用公益类服务短号。在实现全国范围内互联互通的同时，将通过加强防护和规范管理等措施，有效保障信息安全，保护公民个人信息。[1]

最后，互联网让城市交通规划更智慧。智慧交通作为智慧城市的重要组成部分，是解决城市交通问题的最佳办法。将城市交通信息通过互联网实时同步到城市交通指挥中心，可以降低交通堵塞现象的发生次数，将信息与个人终端设备同步，可以省去许多无谓的等待时间。在北京，交通调度中心工作人员对北京市综合交通运行情况进行实时监测，并通过广播、电视、网站、手机客户端向公众发布出行服务信息。城市中的红绿灯系统也装有计算机控制信号系统，假设所有道路交通资源都充分利用，按时间分配来控制红绿灯的转换频率，虽然路上的车辆不会因此减少，但至少可以保证路口是畅通的。上海的浦东新区致力于建设"智慧公交"，其目标是要创造更为可视、便捷、可预测、环保、高效、安全和可干预的公共交通服务体系，重点关注公交的细致化管理、车辆的通行效率、交通的流畅度、交通的流量优化和市民的出行感受，并在综合交通信息服务系统平台的基础上，通过建设智慧公交项目（包含公交智能调度管理系统和公交地理信息系统），逐步建立起全面互动的公共交通管理系统。在广州，智慧交通的重点在"公交优先"上。如果有社会车辆进入公交专用道，公交

---

1 公安部：构建互联网交通安全综合服务管理平台 [EB/OL].（2015-07-23）[2015-11-20]. http://legal.people.com.cn/n/2015/0723/c42510-27349536.html.

车载视频和路侧视频监控设备将记录下来，为执法提供依据；如果市民乘公交出行，可以提前查询公交车到站信息，科学规划出行时间；如果某地客流过度集中，附近客流检测设备将自动识别并报送给后台并相应加大运力投放。此外，安装在公交车上和公交站台的物联网设备结合智能调度技术，提高公交调度水平。[1]

二、传统交通行业该如何重构

传统交通行业可以利用基于互联网的大数据技术，更好地配置交通资源，提升交通预测水平。从客户需求和体验出发，为客户提供更加便捷的服务。

首先，传统交通行业通过利用基于互联网的大数据技术，可以高效配置交通资源。传统的交通管理，大多是以人工的方式规划管理，很难实现交通的动态化管理。大数据的超强的分析处理功能，能够帮助交通管理制定出更好的统筹和协调解决方案。这样不仅减少了各个交通部门运营所需的人力和物力，也有助于提升交通资源的合理利用。美国洛杉矶研究所通过进行大数据分析，研究得出，在运营效率增加的情况下，通过优化公交车辆和公交线路安排，甚至可以减少46%的车辆却可以提供相同或者更好的运输服务；同样，大数据技术也能够通过分析历史数据，从而提供降低交通延误以及减少排放的交通信号智能化控制的决策依据，进而建立低排放交通信号控制原型系统和车辆排放环境影响仿真系统等。[2]例如，银川进行"智慧交通"的建设，通过对车辆进行限时限段的收费，大大缓解了交通压力，同时实现了不限号、不限购；交通智行卡可以进行车流量数据采集，即时调控和辅助道路交通仿真；在解决停车、寻找车位导致拥堵等方面，结合空间地理信息系统对全城动态交通进行合理疏导，从而提供人、

---

1 温柔.智能出行网：互联网＋交通[N].广东建设报，2015-07-17.
2 岳建明，袁伦渠.智能交通发展中的大数据分析[J].生产力研究，2013（6）.

车、路全面协同的解决方案；大数据分析在打击黑车等领域和为车辆管理部门提供决策支持等方面也发挥着重要作用。

其次，传统交通行业可以利用互联网，挖掘大数据，提升交通预测的精确度。用传统的方法来治理交通拥堵，一般的思路是加大基础设施投入，也就是通过加宽道路、增加道路里程来提升交通通行能力。不过，这种做法一方面会受到土地资源的限制，另一方面，规划的方案能否满足远景需要也有待考究。运用互联网技术可以对各部门的数据进行准确提炼，从而构建适合的交通预测模型，以便有效地模拟交通未来的运行状态，验证技术方案的具体实施性。比如，在城市交通规划上，通过分析手机信令历史数据和城市公交刷卡数据，大数据技术能建立城市人流分布和迁徙数据模型，对城市线网状况进行动态评价，进而为城市的交通规划和出行诱导提供决策支持。[1]

最后，传统交通行业要利用互联网思维，从客户需求和体验出发，为客户提供更加便捷的服务。例如，在民航业，旅客也需要更快、更便宜或是同样价格更超值、时时有惊喜的航空服务。航空公司要用互动的方式深挖旅客出行相关需求，用平台思维将不同旅客的需求进行集成，并围绕旅客需求整合资源、再造流程从而向旅客提供更便捷、更超值的服务。如果航空公司不愿做根本性的改变，相信有很多企业（比如"携程＋去哪儿"）乃至新创企业愿意这样做，而一旦他们挖掘到客户需求并构建了足够大的客户平台，航空公司可能会像不愿改变的传统出租车公司一样流失客源，甚至可能沦落为只能向客户平台提供飞行服务的包机公司。

未来，"互联网＋交通"方案还要从交通的安全性、精细化管理等方面综合考虑，包括基础设施的智能化、网络安全的长效化。移动通讯网络加大数据的收集、挖掘、整合，再加上智能感应形成新的业务体系和商业模式。政府在这方面可以发挥重要作用，通过政府介入，推动各地交通信息公共服务平台的搭建，使得各方共享数据。

---

[1] 大数据：智能交通管理——一次颠覆传统的技术变革［EB/OL］.（2013-06-09）［2015-11-20］. http://www.tranbbs.com/application/platform/application_117189.shtml.

第十节 "互联网+能源"：
提炼绿色新动能

我国政府正在积极推进能源生产智能化、建设分布式能源网络、探索能源消费新模式和发展基于电网的通信设施和新型业务。互联网与能源行业的融合发展将催生出新的生产业态、商业模式和增值空间。

一、正在被颠覆的传统能源行业

互联网与能源行业的融合发展将改变传统能源行业的商业发展模式，挖掘市场投资潜力，提升能源供给模式，引发生产和科技革命，进而能够给人们的生产生活、社会经济发展带来颠覆性的变化。

首先，互联网与能源产业在各环节的结合将改写原始能源发展的商业模式。众所周知，能源产业的链条十分长，包括从上游的原材料和设备装置，到一次能源和二次能源的生产，再到最终的能源消费。这当中，每个产业链条都需要大量的投资，这些资金获得投资回报都要以能够实现最终终端的能源消费为条件。不同产业链与互联网相结合能产生不同的商业模式。现在，一些行业内的公司综合了项目的实际情况，想出了同时包含信息化和能源技术等要素的综合解决方案，倘若这些技术可以贴切地创造出经济和社会效益，并且得到市场好评，可以说这是很出色的一次网络实践课。但现在，能源互联网的商业模式尚未成熟，有待继续发展。[1]

其次，互联网与能源的融合发展为市场带来巨大的投资机遇。此前，安信证券的报告显示，我国现在的用户端电力销售数额已达 2.5 万亿元，再加上建设投资，预计其市场份额能超过 5 万亿。通过互联网和大数据技术升级，能源的消费终端可以连接未来的车联网、O2O、移动金融等应用，想象空间巨大。这也是互联网巨头争相角逐"互联网＋能源"原因。除了阿里外，腾讯也已加入"互联网＋能源"的竞争，随着支付宝的参战，大数据、云计算和支付金融三大推动"互联网＋能源"技术要素均已到位。例如，2015 年 4 月，中石化宣布与阿里云合作，借助后者的云计算、大数据技术，全面推进大数据提升产油量、车联网、O2O、互联网金融等创新业务。此次中石油战略牵手支付宝，标志着油企的"互联网＋能源"战略布局大幕全面拉开。支付宝是全球最大的移动支付平台，移动活跃用户规模超过 2.7 亿，其母公司蚂蚁金服是国内最具想象空间的互联网金融集团，业务范围涉及支付、信用、银行、理财、O2O 等，其进军"互联网＋能源"领域，预计将为油站的服务形态进化带来深远影响。

第三，在能源互联网发展的背景下，将从根本上颠覆以生产顺应需求的传统的能源供给模式。互联网与能源行业的融合发展将实现能源的多边买卖，每一个主体都可以参与能源的交易。在能源互联网中，各个主体是"生产者"，同时又是"消费者"，在新型的能源体系中，互联共享将成为核心价值观。例如，美国的"净电量"模式与我国的"自发自用，余量上网"的模式相对接近，就是用户通过应用程序将自己家庭太阳能板所产生的富余电量直接卖给电网，但是这些电量不可以去电力市场进行竞拍。现在，美国加利福尼亚州又出现了一种新的电量处置方式，快速接近"能源

---

[1] 李彬.能源互联网数万亿市场蓝海开启［N］.人民政协报，2015-06-30.

+互联网"模式。它允许企业购买屋顶分布式发电装置和商用电力系统所产生的电力,然后在达到一定配额后,就可以将这些电打包售往电力批发市场。

最后,互联网与能源融合发展将引领生产和技术革命。第一,能源供应商将不再只提供单一种类的能源,而是具备提供包括电、天然气、石油等多种能源的能力。传统的电网公司、石油公司、天然气公司等将转变成为掌握多种能源资源的综合能源供应商。第二,能源互联网将衍生出能源数据综合服务平台、区域综合能源系统。前者将集成能源供给、消费、相关技术的各类数据,为包括政府、企业、学校、居民等不同类型参与方提供大数据分析和信息服务;后者把电力、燃气、供热和供冷等多种能源环节和交通、医疗、通信等具有社会基础性支撑的系统进行了有机结合,通过对该系统内多种能源的科学调度,从而实现多重目标,有节能减排、满足用户多种能源的梯级利用、能源的高效利用、社会供能的安全可靠等。[1]此外,能源互联网还将提升集成化信息处理技术,实现纵向集成、横向集成与多样化能源端口集成。在能源大数据、云计算技术等的共同作用下,能源互联网将像网络互联网一样,给人们的生活、社会经济的发展带来根本性的改变。

二、传统能源行业该如何重构

传统能源行业可以通过利用互联网技术提升能源的利用率,线上线下双管齐下来优化管理,利用基于互联网的云计算、大数据实现产业链条的再造升级。

首先,传统能源行业可以利用互联网提升能源利用效率。一方面,在新一轮的电改、油改等行业改革的背景下,能源行业愈加市场化,例如,

---

[1] 互联网+智慧能源引领能源革命［EB/OL］.（2015-07-22）［2015-12-18］. http://news.cnpc.com.cn/system/2015/07/22/001551797.shtml.

最新的电力体制改革方案提出了放开增量售电，这就给能源互联网带来了更大的机遇。另一方面，目前能源行业本身存在着信息不对称、利用率低、资源浪费等问题，而能源互联网可以解决这些问题，互联网可以帮助传统能源行业的电力、电缆，甚至是电能计量产品以及用电信息采集系统等实现新的转型。[1] 例如，微电网是小型的发配电系统，它由分布式发电单元、储能设备、能量转换设备、相关负荷和监控、保护装置组合而成，它同时又是一个自治系统，能够实现自我控制、自我保护和自我管理。在当前严峻的能源环境下，能源互联网这一概念应运而生。在能源互联网的典型构架中，微电网相比传统电网体现的优势，使其成为能源互联网的核心要素之一。全球微电网市场规模稳步成长，目前全球规划、在建以及投入运行的微电网示范工程超过 400 个，辐射到北美、欧洲、东亚、非洲、拉美等地区。中国正在推动智能电网的建设。微电网作为智能电网的重要组成部分，必然也会得到高增长。前瞻产业研究院的分析认为，"十二五"期间中国智能电网的市场规模随着智能电网的建设平均增长率为 8% 左右，并在 2015 年装机容量达到 1.7 万 KW，投资市场将达到 31.67 亿元。

其次，传统能源企业要利用互联网，线上线下双管齐下。"互联网+"思维与能源管理的有效融合，能让客户对能源使用"省心管理、放心买单"，尤其是"线下"能源运营维护体系，能使客户在传统能源管理后台所需的庞大人工得以解放，最大程度替客户为能源消耗所需承担的经济压力"减负"，缩小企业管理边界，使客户更加专注于科研生产主业。例如，在"互联网+能源管理"商业模式中，中航工业建投构建起具有鲜明中航工业特色的两大系统，即"线上"能源综合管理系统（AVIC EMIS）和"线下"能源运营维护体系（AVIC EOMS）。基于互联网（云计算、大数据、物联网）等信息化技术，构建线上能源管理系统，使各能源设施能够交换信息，触发动作和实时控制，将能源生产与能源消费、能源管理互

---

[1] 李彬.能源互联网数万亿市场蓝海开启［N］.人民政协报，2015-06-30.

联,实现能源的信息化、智慧化管理。在"线上"管理的基础上,建立区域性维护运营体系,提供专业化的能源管理服务,实现能源对标管理、集中采购、备件管理、统筹调配,使能源使用更加高效、费用更加节省、供应更有保障。

最后,传统能源行业要利用基于互联网的云计算、大数据实现产业链条的再造升级。云计算、大数据已经成为各行业发展的方向,云计算的时代是一个聚合的时代,产业互通是快速发展的根本。在能源互联网的建设过程中,全国智慧能源公共服务云平台将实现产业链聚合,利用聚合的力量、创新的力量重构能源行业的内部管理、重构产业链,帮助整个行业实现飞跃式的发展。[1] 例如,中国电建选择借助 IBM 在全球云计算领域领先的技术能力和丰富的行业经验,紧紧抓住"互联网+"所带来的巨大发展机遇,通过以互联网为主的一整套信息技术(包括移动互联网、云计算、大数据技术等),建设国内首个"互联网+能源"行业平台——电建云,帮助中国电建集团实现产业升级再造、实现全球化营销及国际化管理,同时驱动传统能源建设行业在工程、流域、资源等方面进行整合和产业升级。作为国内首个开放能源为主导的能源建设云平台,"电建云"将通过 OpenStack 技术构造资源池,关注快速交付,未来包括基础设施、商业新应用、通用软件、行业应用四大模块,通过"互联网+思维",在实现中国电建集团内部工程数字化、流域数字化、可再生能源数字化的基础上,打通能源产业的各个环节,整合电建产业链,实现能源建设、金融、房地产及交通等集团不同层级资源的全面向"互联网+转型"的升级。

---

1 郝多. 能源互联网势起 议能源深耕产业链聚合服务 [EB/OL]. (2015-07-03) [2015-11-11]. http://news.xinhuanet.com/energy/2015/07/03/c_1115807620.htm.

第五章

全球互联网与行业融合发展综览

由于全球各个国家的经济发展、社会基础、科技条件、人文环境等基本国情不同,所以各国互联网与行业的融合发展进程不同、各有亮点、差异较大。本章将从亚洲、欧洲、美洲、大洋洲、非洲五大洲的14个具有代表性的国家,对各个国家互联网与行业融合发展的亮点进行梳理,勾勒一幅全球互联网与行业融合发展的文化地图。

第一节 亚洲（一）：
互联网为创业创新提供新机遇

一、印度：互联网释放创业新空间

印度"盛产"软件工程师，但与之相反的是，其互联网经济发展的步伐在几年前却显得异常缓慢。在所有的新兴市场中，印度是当今世界上互联网渗透率最低的国家，几乎没有什么在线社区。但是，这种状况目前已经在开始发生改变了。印度的一大批互联网公司正如雨后春笋一般崛起，其服务范围包括美国乃至全球各地的大牌公司。这些公司以亚马逊、Groupon 或 Expedia 等为榜样，基于目前印度消费者越来越多的选择网络购物的现实，它们希望能够抓住机遇，实现自己的创业梦。

由于语言和人工成本等问题，印度近年来成为欧美公司的 IT 外包中心。但印度 IT 服务业虽然发达，却不为当地市场服务。对印度这样的新兴市场，越来越多的用户在通过移动互联网接触更大的世界。很多在印度从事 IT 外包行业的技术人才，开始对移动互联网创业跃跃欲试。如果要做一个类比，也许印度移动互联网市场像就 5 年前的中国——无数的机会等待被发掘。

（一）电子商务发展潜力巨大

20世纪90年代，印度经济发展不好，加上基础设施薄弱，因此，这10年间南亚国家的互联网发展经历了一个较为缓慢的历程。如今，由于互联网行业得到了新的投资，并且越来越多的中产阶级消费者能够消费得起互联网服务，印度互联网用户的数量激增。据预计，印度互联网用户的数量将从之前的8000万增长到2015年的2.3亿。对印度电子商务成功发挥关键作用的宽带用户的数量预计也将在同一时期内增加，在总人口中所占的比重将从目前的1.7%提高至12.5%。

希望从中赚钱的不仅仅是当地的投资者，美国硅谷的资金也在涌入这片次大陆。对许多投资者而言，印度科技公司的增长前景比中国、巴西、俄罗斯等其他新兴市场更具吸引力，因为在中国等国家中，互联网普及率已达到大约30%，而印度只有7%。由于大量基础设施投资和本土企业的支持，中国的互联网行业已在过去10年趋于成熟。波士顿咨询集团的数据显示，据估算，中国电子商务行业的总价值达到740亿美元，而印度的同类行业仅为100亿美元。印度政府正在拼命赶超，但如果它能够实现目前给出的到2017年将宽带接入用户数量提高10倍以上的承诺，收益将是巨大的。[1]

虽然不及中美等市场，但是印度的电子商务有着其独特的国情，这意味着电子商务在印度将有着更为广阔的市场前景。印度的商业房地产价格高居不下，实体店销售的房租成本逐渐升高，这时，网络零售的优势因其免去了房租成本而得到凸显。另外，印度的城市人口巨多，交通混乱，道路拥堵是众所周知的，人们外出购买大件商品就会有很多麻烦。所以如今的网上购物、快递送货上门为广大消费者带来了巨大的便利。另外，随着移动互联网时代的到来，基于平板和智能手机的移动购物正逐步取代基于

---

[1] 卢鉴. 印度互联网行业将迎来井喷式发展 [EB/OL]. （2011-12-05）[2015-11-20]. http://news.xinhuanet.com/world/2011-12/05/c_122377136.htm.

电脑的购物。而在移动购物上，印度比中国更有优势。在印度，民众购买力不高，很多人买不起电脑，而更多是通过价格相对低廉的手机上网，这种社会现实使得印度过渡到移动购物的速度更快。[1]

（二）印度电子商务成为投资大佬的战场

印度与科技的"结缘"大概要追溯到 25 年前，经济自由化催生了一大批世界级强手的 IT 企业，比如 Infosys、Wipro 和 TCS 等。而由于第一波科技公司几乎都靠为西方大客户提供软件服务为生，印度也被称为世界经济发展的后勤保障。但尽管印度的科技人才及其工作效率非常突出，大部分来自印度的科技创新和创业企业都集中在了硅谷，而不是印度本国。不过，在过去 5 年里，科技创业企业开始在印度本土萌芽，并逐渐吸引了世界风投机构的注意力。

目前，日本 Softbank Corp、新加坡 Temasek Holdings 及 GIC 私人有限公司向印度快速发展的电子商务领域投入了大量的外汇资金。印度市场一直有着良好的前景，吸引了亚马逊（Amazon）、易贝（eBay）、优步（Uber）、脸书（Facebook）和推特（Twitter）等美国科技品牌纷纷进行投资，建立大规模业务。此外，思科公司（Cisco）刚刚宣布，计划于 2016 年在印度投资 17 亿美元，这笔资金将用于打造智慧城市和数字化项目，这是印度新政府领导正在筹备的计划。思科还创立 2.4 亿美元的基金，用于投资印度初创企业，并进一步加大投资规模，目前正在为当地和海外市场开发完全印度制造的产品。当然，对印度的投资热情最高的还是比尔·盖茨，他除了为提高印度医疗保健水平捐赠资金，还投资了以印度为重点的种子基金。虽然种种迹象表明印度有广阔的市场前景，但依然存在空白之处。有一个明显的变化可能会让印度创新者深感担忧，那就是中国最先进的科技

---

[1] 晨曦. 你所不知道的印度电商业［N］. 中华合作时报，2014-08-22.

品牌目前纷纷进入印度市场。[1]

（三）宽带落后制约印度互联网创业

"独角兽"为硅谷的常用术语，用来称呼估值数十亿美元的创业公司。根据美国《财富》杂志2015年的统计，全球有近百家"独角兽"，其中中国有10多家，包括小米、搜狗、美团、大众点评、滴滴快的、凡客、蘑菇街等；美国有30多家，包括打车软件公司Uber、美国太空探索技术公司Space X、旅游服务软件Airbnb、云存储提供商Dropbox和主打办公场所租赁服务的Wework等。印度有电子商务零售商Flipkart、Snapdeal、打车软件OLACabs、全球第二大移动广告公司InMobi和美食搜索网站Zomato等。但对科技公司来说，宽带基础设施的落后是制约其未来发展的重要因素。

由于印度国土面积广大，很多地方还是偏远农村，运营商在铺设宽带基础设施方面都会面临不小的困难。印度电信部的数据显示，印度2011年有1250万宽带用户，宽带普及率仅为1%。印度的宽带连接状况很不理想，无线网络不能用，而3G网络跟GPRS没什么区别。这种网络状况，要完成网上支付很困难，创业公司最终只能死盯着消费者集中的大都市，很难打入二三线市场。

二、以色列：创业之国，创新之都

以色列面积只有2.1万平方公里，其中2/3国土都是不适宜居住的沙漠，气候严苛，每年约10有个月不见滴雨，是一个自然环境和地理环境非常恶劣的地方。由于历史和宗教原因，以色列自建国始和比邻的国家关系一直处于紧张状态。但是，就是在这么严酷的环境里，800万犹太人

---

[1] 高科技产业：中国VS印度［EB/OL］.（2015-01-05）［2015-11-18］. http://www.indiancn.com/news/keji/2015/0105/27510.html.

创造了"以色列奇迹":2014 年,以色列 GDP 在世界排第 36 位,达到了 2913.57 亿美元,人均 GDP 为 37035 美元,排世界第 25 位,在整个中东地区其工业化和经济发展水平是最高的。以色列在高科技领域的创新成就是全球数一数二的,科技创新对这个自然资源极度贫乏国家的发展极为重要,其贡献率超过 90%。其优势产业有农业、军事、通讯、计算机、生物技术。

以色列在全国有 220 家跨国公司研发中心,2013 年有 70 多家公司在纳斯达克上市,出口额有 64 亿美元。近 10 年,诞生的新生企业有 7027 个,存活 4145 家,倒闭的有近 3000 个,企业的存活率高达 60%,这其中大多是高科技互联网公司。2011 年,苹果公司选中以色列,建立其第一个也是最大的海外研发中心。以色列有诺贝尔奖获得者 10 余人,每万人中有工程师 140 名,居全球之首。人均教授拥有量居世界第一,每 4500 人中就有一名教授。中东地区 10 所最好的大学里,仅以色列就占了 7 所,其中又有 3 所大学在学术领域已位于 100 强世界大学之列。那么,以色列如何成为创新创业的强国呢?

(一)国内国外兼顾,实行全民创新

以色列高新技术产业举世闻名,产品研发和科技创新多在国内完成。军事科技尤其高度发达,且将军工产业创新能力及产业化能力推广应用于民用领域。2013 年,以色列国内高科技企业达到 4000 家,密度全球最高,每 2000 个以色列人就拥有一家高科技公司。与此同时,以色列高科技创业企业的产品、融资主要市场集中在海外,特别是欧美发达国家。比如尼斯克公司所研发的识别系统的应用市场就在美国,未来超过 1 亿美国人的护照将安装由该公司制造的芯片。以色列高新技术企业多到美国纳斯达克、英国创业板 AIM 以及其他欧洲证券市场上市。2013 年度,在纳斯达克上市的公司中,以色列公司数目超过中、印、日、韩及整个欧洲所有公司的总和。[1]

创新在以色列可谓无处不在，创新并不仅仅是在现代化工厂和实验室里实现的，而是更多地蕴含在普通人的日常生活中。当以色列人遇到别人对其说不，他们的第一反应会是为什么；当出现和遇到问题的时候，他们不是绕道而行，或者避而不谈，他们迎接任何问题，并将其视为宝贵的机遇。全民创新的来源何在？一是高度重视教育；二是强调独立人格；三是高质量创业者资源。以色列青年人满18岁必须先服3年兵役，服役期间就可学习国防应用技术。大部分青年退役后选择读大学，其专业方向非常明确，加之服役时的良好训练，一旦选择创业，成功机会将大大增加。

（二）政府参与创业创新实践，构建多目标的创新政策体系

以色列政府主动参与创新创业，与学术界、孵化器、产业投资者、资本市场及其他力量共同营造创新创业机制。一是积极推动工业研发领域国际合作，如和美国合作设立两国产业研发基金项目，促进企业新技术新产品开发及产业化；二是大力推广风险投资，按照公私1:2或1:3比例吸引外国投资资金，设立风险投资基金以支持高科技初创企业发展；三是大力发展高科技企业孵化器，扶植新兴高科技初创企业，助其快速成长。2010年以前，以色列每年为孵化器企业提供超过3500万美元的资金支持，2010年以后转而采取"共担风险，但不共享收益"的方式支持企业家创业。[2]

另外，以色列政府根据在不同经济发展阶段中创新所面临的突出问题，针对不同环节、不同领域、不同层次、不同目标的创新特点和创新需求，制定了相应的支持政策，包括基础性的创新政策和针对重点行业、关键环节、关键技术领域的政策，有效地将创新目标与经济发展和产业发展

---

1 以色列创新创业的启示［EB/OL］.（2015-01-12）［2015-11-18］. http://finance.sina.com.cn/leadership/mroll/20150112/151921277770.shtml.
2 以色列创新创业的启示［EB/OL］.（2015-01-12）［2015-11-18］. http://finance.sina.com.cn/leadership/mroll/20150112/151921277770.shtml.

的总方向结合起来,大大提高了创新效率。这些政策主要包含种子前研究、种子期研究、竞争性研究、共性技术研究以及合作研究等。

(三)鼓励和包容创新试错,社交网络织就信赖

以色列特有的社会文化在鼓励"创新"的同时,也管理着"创新"。以色列人几乎都创过业,当然,和全球的平均水平一样,这其中的大多数都是不成功的。然而,以色列的社会文化使其社会和国人对"失败"都是高度包容的,特别是对于创业的受挫。在以色列,有的雇主甚至认为,前来应聘的员工只有经历过创业失败的打击,他的社会经历才算得上是完整的。以色列的文化认为,若不经过"失败"这个过程,怎么能知道什么样的创新最有可能带来回报呢?在包容的社会文化里,创新的试错有其任意舒展的足够的空间,试错的结果可以使创新的过程能够被我们所预期和管理。不畏权威的个体,加上对失败完全包容并对其科学引导的社会文化,辅以多重社交网络交织产生的信赖感,使得"创新"的理念深深植根于犹太人的基因与行动里。

著名的六度分割理论说的是世界上任何两个人都可以通过五个人连接在一起。而以色列认为,五人太多,可能只需一到两个人就足够了,这无疑是个非常独特的观点。每个以色列人从一出生就一直经历着社交网络的变更,包括从搬家、从小到大的学习教育,还有他们极有特色的集体农场生活和兵役时光。在这期间,两个素未谋面的以色列人往往见面聊上几句,就能发现对方的邻居或亲戚曾经在某个教育阶段、某个集体农场或者某个部队里相处过,而因此有着彼此似曾亲身经历的感觉,而不仅是因为他人介绍才建立的了解和信任。多重社交网络使人和人之间信赖感形成的速度加快,牢固程度变得更高,以色列因此随时都会有更多的具有创新精神的工作团队产生。[1]

---

[1] 韩宗佳. 不创新就会死:以色列创业、创新[EB/OL].(2013-02-16)[2015-11-18]. http://finance.sina.com.cn/column/international/20130216/185414560989.shtml.

第二节 亚洲（二）：
移动互联对传统产业的变革

一、日本：时代发展和网络技术催生互联网金融

日本的互联网金融约诞生于 2000 年，如今，作为日本金融体系中不可或缺的一个组成部分，日本互联网金融还在不断发展着。从日本的发展经验分析，互联网金融不仅需要科学的监管，还需要拥有公平、合理的发展空间。在金融自由化与网络信息技术发展共同的作用下，日本互联网金融得以进一步发展。其发展的高速度得益于原有的集团化模式，重视打造集团内部的互联网金融产业链，把"利益共同体"的业务协同优势发挥得淋漓尽致，在这种模式下互联网金融巨头应运而生，如乐天集团、SBI 集团、Monex 证券等。

（一）传统银行的自我革命

日本和中国在网络银行诞生的时代背景方面有很多类似的地方。2000 年前后，日本银行业因为日渐增多的不良贷款而苦恼。1993 年 3 月到 2000 年，即在日本经济泡沫破灭后，日本银行业的不良贷款整体呈现出不断上

升的趋势，到2001年3月，甚至一度飙升到了32.5万亿日元的历史高峰。日本政府进行了一系列改革（包括修改银行法，放宽对银行业务的限制）来激发金融业的活力，准许外资企业等参与到银行业务中，日本的网络银行便在此时代背景下产生了。日本樱花银行和住友银行（现合并为三井住友银行）、富士通、日本生命保险等多家公司出资成立了日本第一家网络银行Japan Net Bank。需要说明的一点是，虽然最初在日本率先搞网络银行的是传统银行，而后来日本电商也参与了进来，譬如日本第一家网络银行Japan Net Bank在2006年被拥有在线拍卖电商平台的雅虎投资，日本第二个诞生的网络银行eBANK Corporation在2009年2月被日本第一大电商乐天收购，并被改名为乐天银行。从此，日本网络银行增加了新业务——电商领域的支付结算。[1]

（二）成熟的信用体系提升用户满意度

日本的社会信用体系较为成熟，无论企业还是个人，都需要良好的信用，用户若用不真实信息向银行申请信用卡，发现后几年内都无法再向任何一家银行申请该项业务。企业也是这样，一旦有任何有损信用的记录，都会对后续贷款的申请产生严重阻碍。所以，日本很少有个人或企业利用虚假信息和数据来获取银行信贷服务，因为日本有着很好的信用体系，他们对用户充分信任，日本网络银行有着十分方便的申请贷款流程，在授信方面没有很繁琐的数据分析。比如，现在住信SBI网络银行有3种贷款形式：住房贷款、卡贷款和目的贷款。其中，目的贷款是指用户只要有正当合理的使用目的，就有权申请贷款。SBI的目的贷款申请并不需用户面对面的操作，全程可利用邮寄和网络解决。这种贷款又可以进一步分为教育贷款、自由贷款、多目的贷款、车贷、房屋改建贷款。日本网络银行也很注重对大数据的挖掘运用，其更关注大数据在提高用户满意度领域的运

---

[1] 孙继侠. 纯网络银行来袭，看看日本的有益启示［EB/OL］.（2014-12-23）［2015-11-19］. http://i.wshang.com/post/Default/Index/pid/36635.html.

用。比如，SBI 为了给用户提供更好的服务，投身于设立 SBI 证券、住信 SBI 网络银行以及旗下的一些金融公司，还和一部分相当的金融公司进行数据交流沟通。

（三）便利店模式助力网络银行线下业务发展

日本网络银行一般都会发行借记卡，而不发行存折，用户可通过借记卡到其他银行或便利店的自动取款机（ATM，以下用 ATM 表述）进行存取款业务。不发行借记卡的网络银行存款则需从其他银行的账户转入，取现的话，要在转账到传统银行的账户之后才能操作。用户申请借记卡的手续不复杂，只需将相关资料上传到网上，便可收到由网络银行邮寄来的借记卡。日本网络银行的手续费要比传统银行的低，有些甚至都不用手续费，不过其存款利率一般略高于传统银行。例如，住信 SBI 网络银行是最受用户青睐的银行，其合作的提供 ATM 的机构有邮储银行、罗森 ATM（便利店 ATM）、E-net（便利店 ATM）、Seven Bank（日本规模最大的便利店 ATM）、View Altte（东日本旅客铁路公司在自家的各个站点设置的 ATM），前四个是提供免费存款服务的。日本的 24 小时便利店随处可见，比较有特色的金融现象就是在便利店设置 ATM，便利店的 ATM 以此使网络银行的线下业务得到更大的发展。[1]

（四）多举措提升网络银行的安全性

虽然网络银行在日本发展了 14 年之久，但是仍经常会传出用户信息泄露的消息。各家网络银行为了让用户放心，必须绞尽脑汁强化自身的安全防卫能力。住信 SBI 网络银行为了增强安全性，有手机验证码、交易密码、登录密码三重密码的方式保障资金变动的损失。索尼网络银行 yes 一样，只是它的第三重密码是诸如"你喜欢的电影是什么"这样的问题。

---

[1] 孙继侠. 纯网络银行来袭，看看日本的有益启示［EB/OL］.（2014-12-23）［2015-11-19］. http://i.wshang.com/post/Default/Index/pid/36635.html.

Jibun 网络银行通过手机 App 对电脑网络银行功能和 ATM 操作功能进行锁定，如果用户解锁使用后忘了锁定，系统会在一个小时后对相应权限自动锁定，以此来提升安全性，减少了被盗用的可能性。有一些日本网络银行除了有事前风险控制，还推行事后补偿制度，就类似于支付宝的"你敢付，我敢赔"服务，网络银行会赔付用户遇到的经济损失。[1]

二、韩国：移动互联引领产业新发展

我们都知道，作为世界上移动互联网最为发达的地区之一，韩国互联网市场的运营模式和发展经验一直以来都受到各国移动运营商的广泛关注。

（一）韩国高速互联网速度快，覆盖率高

在全业务运营的背景下，蓬勃发展的移动互联网成为了各企业的竞争热点。移动互联网产业链各个角色积极布局移动互联网市场，也使得传统企业既获得机遇，又面临挑战。韩国是全球互联网的领导者，它的平均宽带速度位居世界前列，在 4G 尚未普及的情况下已经宣布了 5G 计划。韩国抓住了移动互联网升级换代的先机，如 2012 年韩国实施"吉咖韩国"战略，三星电子率先开发出基于 5G 核心技术的移动传输网络等各种创新举措，积极促进韩国信息通信技术得到迅猛发展。

韩国的平均带宽超过 20Mbps（也就是我们常说的 20 兆带宽），连互联网的起源地——美国对这个带宽速度也是望尘莫及。现在韩国在高速网络普及率上又拿下榜首，为 100%。而经合组织内其国家的平均覆盖率仅为 54.3%，虽然这个数据已远远高于平均水平，也远超英国、德国和美国等发达国家，但不敌韩国。另外，在其他经济合作和发展组织即 OECD 成员国之中，高速网络普及度较高的国家有瑞典 98%、芬兰

---

[1] 孙继侠. 纯网络银行来袭，看看日本的有益启示［EB/OL］.（2014-12-23）［2015-11-19］. http://i.wshang.com/post/Default/Index/pid/36635.html.

87.8%、日本82.4%、丹麦81.5%、挪威77.9%、美国76.1%，其中北欧集团方面表现也很抢眼，但也没有达到韩国普及率的100%。"移动"和"高速"兼具，现在已经成为韩国网络最明显的两大优势。在移动互联网时代，就像是城市的基础设施一样，高速的移动网络是一切发展的前提。开发者们不必因带宽问题而去削减很多优秀的交互效果，只为了加速页面的显示速度。

（二）韩国是全球移动互联网市场最发达的国家

目前，在全球范围内，韩国是智能手机使用人数最多的国家。Google发布的智能手机使用调查报告表明，韩国智能手机用户占73%，英国62%，排名第二，美国56%。另外，Strategy Analytics的数据表明，韩国智能手机用户中，有约2/3的人每年会买新的智能手机，居全球首位。2012年8月开始，韩国网络手机数量就已超过了韩国总人口数，有16%的韩国人同时拥有至少两部网络手机。[1]

（三）韩国是个认可个性化产品的市场

韩国聊天网站SayClub是最早推广Avatar并将其商业化的，并很快在韩国市场盛行。据2001年统计，韩国的Avatar销售额高达1800万美元，并在两年后，就成长到2.5亿美元。在主要通过广告获取收入的早期网络时代，Avatar模式的商业创新是非常有意义的。韩国年轻一代追求个性和自我表达，这种诉求也反映到智能手机上。可以通过一个事例来看，成立合资公司之前，GO桌面从没在韩国进行任何运营和推广，但却自发形成了开发GO桌面主题设计的用户社区，其设计师和用户的活跃程度，甚至比我们在中国自主运营的社区还要高。对于中国，韩国还有另外一个意义。从地缘和文化方面，韩国作为在儒家文化辐射范围内的亚洲国家，它

---

[1] 张向东. 为什么做移动互联网，一定要去韩国？[EB/OL]. (2014-05-13) [2015-11-18]. http://tech.163.com/14/0513/07/9542D4T00094ODu.html.

在亚太地区率先进入发达国家行列，首尔成为了十分前沿的都市风尚圈，可以说，韩国引导了亚洲国家的流行文化和新生活方式。对于正在迅猛城市化的中国市场来说，韩国的生活方式、社会形态和流行产业等众多方面都有着非常重大和前瞻性的参考价值。[1]

（四）韩国市场却是个封闭的市场

韩国市场很成熟，消费者有很强的购物欲望，看似一切都好，但韩国市场的封闭性是其不足。其封闭性主要有两点：一是大众的民族主义情绪非常严重，韩国民众对国货的支持程度在世界范围内是数一数二的。这样的好处是借着三星的优势，Android 就有广阔的市场，而借着 Android 的优势，桌面市场又很有空间；其坏处是本土品牌过于民族情结和爱国情结，外来品牌在这种情况下就很被动。二是韩国商业市场裙带关系太过紧凑。韩国国土面积小，人口少而集中。这样的国情就促使其凭借人际关系来建立商业环境，说白了就是个人情社会，这一点很像中国。但是韩国更严重在其有着更为明确的长幼辈分，更为森严的上下等级链。在拓展商业活动中，无论是渠道还是运营，如果不先积累人际关系，想成功几乎是天方夜谭。

---

1 张向东. 为什么做移动互联网，一定要去韩国？[EB/OL].（2014-05-13）[2015-11-18]. http://tech.163.com/14/0513/07/9542D4T00094ODu.html.

第三节 欧洲：
创意与技术双轮驱动经济发展

一、英国：当文化创意遇上数字科技

在整个世界范围内，英国是首个界定文化创意产业内涵并提出相关战略发展规划及政策的国家。英国在经过了约 30 年的快速发展后，已形成较成熟的文化创意产业体系和运作模式，文化创意产业成为国内的第二大产业，仅次于金融服务业。科技与文化的联系从未如此紧密过，每一次科学技术上的重大创新，都会对文化的传播方式和发展模式产生革命性的影响。在互联网时代，英国文化创意产业与数字技术融合发展的经验，对我国有很大的借鉴意义。

（一）政府是帮助文化创意与数字科技融合的主推力

作为首个政策性推进文化创意产业的国家，英国采取相关措施积极推进产业数字化的发展：1998 年，英国积极计划以应对数字化风潮；2000 年，开始研究数字化对音乐消费的改变以及知识产权保障的重要程度；2002 年，探索数字化对电影生产及销售的改变，提出了应对数字科技发展趋势的电影产业政策。近10年来,英投入巨大资金,花费了约2亿欧元用于数字化项目的改造和建设。2009年中旬,英国政府在《数字英国》计划中,提出了打造良好的数字文化创意产业环境,努力把科技创新和文化创意产业推进完美结合的目标。

英国政府致力于推动文化创意产业与以网络数字化为代表的新兴科技的融合,大力推动影视、出版、广播、广告、设计等行业的数字化产业优化升级,开拓数字书店、数字教育、数字图书馆、数字报纸、数字剧场等方面的发展,使用先进数字技术来创建集产业研发、生产、流通、交易四位一体的数字化平台,利用通信网络技术,打造一个无界限的"虚拟集聚区",实现产、政、研、学、消费等各个链条上的数字化高度融合。[1]

伦敦政府组织实施了"伦敦创意与数字融合项目"。伦敦是技术、设计和创意天才们的全球枢纽之一。时至今日,全球许多城市都可以声称自己是技术创业的枢纽。但伦敦,作为融合了全球顶尖的技术、设计与创意的城市,拥有其独特的潜力。此外,创新往往是边缘式的,因此跨越技术、设计与创意这两个学科的边界以及文化将带来激动人心的创新。伦敦融合("伦敦创意与数字融合项目"的简称)的580万英镑欧盟地区发展基金项目由兰卡斯特大学领导,这个项目为伦敦的创意与数字企业提供互动、定制和深度的支持,来帮助它们协作、创新与成长,目前已经创造了新的工作岗位,带来了业务增长以及伦敦顶尖高校之间的合作纽带关系。在两个产业日趋融合的大背景下,伦敦的创意与数字企业要么接受挑战,要么被甩在后面。因此,它们需要与更广泛的经济紧密结合,企业之间也应当互相连接。伦敦融合断开了已经存在的网络关系,重新创建了一个"网络的网络"来开始项目,希望证明互联网技术的发展已经结束了创意产业和数字产业之间的不同。

---

[1] 王燕.科技是文化创意产业腾飞的翅膀——英国文化创意产业的印象与启示[J].江南论坛,2011(10).

（二）科技提升了文化产品和文化企业的竞争力

英国在发展文化创意产业之时，注重文化创意与数字科技的共同发展。以数字科技支撑的出版、娱乐产品、传媒、动漫、影视制作产业十分发达。数字科技为文化创意产业注入新鲜血液，更使文化创意产品具有更强大的生命力。1997年6月，第一部《哈利·波特》电影诞生之后，其借助数字科技，超越了小说本身的范畴，电影以及电影附加产品的开发，致全球经济收益高于上百亿美元，是数字科技与文化创意成功结合的经典之作。[1] 它的根本原因在于科技对于提升文化产品的生命力具有重要的推动作用。数字科技让哈利·波特这位小魔法师，从二维变成立体，从好莱坞电影到电玩游戏，占据全球大人和小孩的心。就在哈利·波特出现的前一年，还有另一个由数字科技引爆的创意，也缔造了惊人的商业成绩——电玩"古墓奇兵"，各种商机就这么产生了。

英国的数字技术为文化创意产业注入新的活水；文化创意则让数技术更加人性化。例如电玩产业，英国的游戏软件消费与开发制造居全球第三，仅位于美国、日本之后。英国通过游戏软件产业进行就业的人口数量在创意产业中是增长之最。众人皆知的娱乐软件大厂美商艺电（Electronic Arts），欧洲总部设于英国，员工人数仅低于美国总部，多达540名。SONY、微软、日本任天堂等游戏机大厂，同样也在英国拥有游戏软件研发的团队。1997年开始往后5年里，游戏软件产业带来的就业人口增长高过英国传统的创意产业（如电影、摄影、设计等），达到了8%。英国电玩产业的发展充分展现了文化创意对数字技术的增值。反之，数字技术也对英国的传统文化产生质的影响。伦敦泰晤士河沿岸，尽是古典与现代交错的景象。新兴企业利用数字科技创作与行销进行群聚，形成新型企业群，成为英国一大特色。以专注数字设计而闻名的Digit公司，此外，英国知名电音乐团所创办的蕃茄公司，数字多

---

1 王燕.科技是文化创意产业腾飞的翅膀——英国文化创意产业的印象与启示[J].江南论坛,2011（10）.

媒体进驻进来。由此可见，文化创意结合了数字科技之后，会产生更高的价值。

科技也提升了文化企业的竞争力。剑桥大学出版社，在从纸质出版转向电子出版的进程中，数字化技术运用是重要焦点，通过网上订阅、开发数字图书等方式抢占数字出版市场，赢得市场先机，在数字化市场上立于不败之地。由此可见，将数字科技融入文化创意产业一能提高文化产品的科技含量，二能丰富文化产品的表现形式，增加其附加价值。与此同时，拓展了科技研究领域，提升了科技产品的文化底蕴和文化内涵，将文化和网络融合发展，互利共赢，不断促进文化产品和科技产品的持续性发展。[1]

二、德国："工业 4.0"引发的产业变革

"工业 4.0"在德国将是引发产品变革的利器，它是德国联邦教研部和联邦经济技术部 2013 年于汉诺威工业博览会上首次提出的。简言之，它提出未来制造业的发展蓝图，还有继蒸汽机的应用、规模化生产、电子信息技术等三次工业革命之后，人类将迎来以 CPS(信息物理融合系统)为基础，以生产高度网络化、数字化、机器自组织为标志的第四次工业革命。这一概念一出现，便在欧洲乃至全球工业业务领域掀起了极大的关注和认同。德国政府也将"工业 4.0"纳入《高技术战略 2020》中，"工业 4.0"正式成为一项国家战略，旨在充分利用互联网、物联网和大数据的运用实现人、数据和设备的协同运作，推动制造业的智能化变革和模式创新，为未来发展德国智能制造业打下坚固的基础。

在德国人的愿景中，"工业 4.0"是一种高度自动化、高度信息化、高度网络化的生产状态，工厂内人、机、料自主协同，自组织、高效运转，

---

[1] 王燕.科技是文化创意产业腾飞的翅膀——英国文化创意产业的印象与启示［J］.江南论坛，2011（10）.

工厂外,通过端对端集成、横向集成,实现了价值链的共享、协作,效率、成本、质量、个性化都得到了质的飞跃。任何所谓的革命,除了技术创新、生产力飞跃,还包括组织方式和社会形态方面的变化。所以第四次工业革命也是如此,"工业4.0"战略就包括了从生产技术到经济组织方式以及社会方面的深刻变化。

(一)生产技术突破:CPS系统成为战略主线

德国具有的扎实的工业基础和全球首屈一指的制造业早已被大家熟知,例如汽车、机床等行业在世界市场上占据绝对的领先优势,另外在工业软件、嵌入式计算机技术等方面更是行业的全球领导者,这些技术基础,将推动着德国进入第四次工业革命的浪潮中。

德国第四次工业革命的重点是通过整合利用德国的优势技术,如:自动化设备、嵌入式计算机技术、工业软件等,进而形成以CPS为代表的"工业4.0"战略核心。[1] "工业4.0"战略的宗旨是支持工业领域内新一代革命技术的研发创造,鼓励物联网和互联网融入制造业,进而可以与新一轮技术革命带来的挑战抗衡,以此让信息技术与工业的融合技术达到有史以来的最高峰。

"工业4.0"的一大特点是:它打破了大规模生产和专业个性化定制之间的矛盾,只需一条生产线就能自动识别每个工件的加工要求,采取相应的操作,生产出符合不同用户需求的产品。西门子安贝格电子设备制造工厂——德国"工业4.0"的模范工厂,位于位于德国南部巴伐利亚州,主要生产可编程逻辑控制器。你可看到,几个盛满元件的盒子依次排在流水线进口处等待装配。第一步扫码,机械手臂从盒中取出一个元件放在传感器下扫描条码;第二步自动装配,将元件放于流水线上,会有另一只机械手臂根据条码显示的产品类型进行自动装配,整个过程仅需几秒钟。第三步

---

[1] 朱铎先,胡虎.赛博物理系统:智能制造"炼金术"[N].人民邮电报,2015-07-13.

元件自动进入下一个生产环节。该工厂每年可装配 30 亿这样的元件。与 1989 年刚建厂的时候比较，员工数量和工厂面积与之前差不多，而工厂产能竟提高了 8 倍，这无不归功于生产过程的高度自动化，即产品和生产设备之间的互联互通。通过条码，产品可"告知"生产设备它们的要求是什么，下一个工序是什么。生产设备和电脑可以自主处理 75% 的生产流程，只有剩余 1/4 的工作需要人工参与。[1]

（二）组织方式创新：从产业到企业的优化再造

从产业协作的组织形式来看，"工业 4.0"将无处不在的通信设施、嵌入式终端系统、传感器、智能控制系统通过 CPS 形成一个智能网络，使人与人、机器与机器、人与机器以及服务与服务之间能够互联，实现纵横和端对端的高度集成。[2] 简单地讲，纵向集成是一个企业内部的集成，包括企业内部信息化系统之间、信息化系统与生产设备之间的集成，是点的概念，是其他两个集成的基础；端对端是围绕产品生命周期企业间的集成，是产品价值链的集成，是线（或叫链）的概念；横向集成是以供应链为主线，企业之间的集成，是社会化合作的重要基础，是生态圈、是网的概念。德国工业 4.0 战略中，通过以上三个集成，全面打通企业内部（信息化系统及生产设备）、社会化的集成、协同和企业之间，实现个性化、高效、社会化和智能的生产，以充分发挥社会化协同制造的优势（包含产品研发、生产、销售、服务等内容）。

从企业管理的组织形式角度，在工业 4.0 时代，企业利用信息技术手段和现代管理思想，进行业务流程重组和企业组织重塑，现有的组织体系将会被推翻，符合智能制造要求的组织模式会诞生。CPS 的智能工厂将会

---

[1] 唐志强，何梦舒. 德国：互联网＋制造业从愿景到现实［N］. 经济参考报，2015-07-13.
[2] 安筱鹏. 深刻解析："工业 4.0"为什么？是什么？怎么干？［EB/OL］.（2014-12-09）［2015-11-24］. http://www.vccoo.com/v/a37b6e.

加快普及,然后进一步推动企业业务流程的优化和再造。[1]

(三)社会形态变革:教育体制需改革、老龄化问题缓解

一方面,通过数字化、智能化,年老变成宝。德国人力资源匮乏、老龄化严重,如果在自动化的基础上,实现数字化、智能化生产,体力劳动将大为减少,对劳动者的体力、反应敏捷度等方面的要求也将大大降低。在这种工作环境中,体力将不再是问题,这些老龄的劳动者可继续工作,延长他们的职业生涯,而他们的丰富经验与敬业精神,将有助于提升产品创新、质量与市场的竞争力。这样,通过技术手段,老龄化问题就得到最大程度缓解。

另一方面,教育体制亟待改革。首先,"工业4.0"的人才需求导致了选择优秀员工标准的改变,重复性的体力工作和部分脑力工作已不断地被智能机器所取代。其次,人机交互以及机器之间的对话会很常见,员工角色不再是最初的服务者、操作者,而是一个规划者、协调者、决策者的角色。最后,目前德国传统的大学教育体系中的教学理念和学科设置都是按照20世纪70年代工业需求制定的,这与"工业4.0"的人才需求已经有了很大的差别,过去的教育理念和学科设置是否依然适用于"工业4.0"的实践,成为"工业4.0"背景下对教育最大的挑战。[2]

"工业4.0"所产生的意义已经超出了原先传统工业的意义范畴,它不再只提高产品的生产效率,更能通过互联网,将工厂的仓储系统、生产设施、维护管理等融入同一信息管理系统中,能进行自动交换信息,触发动作和控制。当然,"工业4.0"的应用甚至不只局限于单一工厂的智能化,它可以促进整个产品价值链的融合,涉及物流、销售、原料、制造等多个

---

1 安筱鹏.深刻解析:"工业4.0"为什么?是什么?怎么干?[EB/OL].(2014-12-09)[2015-11-24]. http://www.vccoo.com/v/a37b6e.
2 安筱鹏.深刻解析:"工业4.0"为什么?是什么?怎么干?[EB/OL].(2014-12-09)[2015-11-24]. http://www.vccoo.com/v/a37b6e.

环节。互联网应在全球范围的每个环节实现,不过要创造这样一个全球价值链,目前是存在许多亟需解决的问题的。当前的德国"工业4.0"标准化正在建设,各大企业"未来工厂"采用的接口设置、数据格式、互联方式等标准都不一样。但要让价值链上的不同参与方能有效沟通,必须确定相同的标准。数据管理也是"工业4.0"面临的主要挑战。"自动化+网络化"产生海量数据,这些数据何去何从?读取、传输、使用这些数据时,数据安全如何保障?它们都是德国业界正在思考的问题。[1] 今年4月,德国政府宣布接管此前由行业协会主导的"工业4.0平台",以加快标准化、技术研发、数据安全、人才培养、法律框架等关键领域的发展。因此,德国今天要为明天的市场竞争打基础,然后以巩固其工业强国地位。

---

1 唐志强,何梦舒.德国:互联网+制造业从愿景到现实[N].经济参考报,2015-07-13.

第四节　北美洲：从"万物互联"走向"万物智能"

一、美国：人工智能在探索中发展

起床前，咖啡已自动煮好；出门时，汽车已自动驾驶到门前；没有牛奶了，冰箱会自动订购……如果这是你对物联网的全部想象，那么这些还不够好：如果今天醒来就是不想喝咖啡，出门前临时决定想走路，牛奶没有忽然想改成喝豆浆呢？如果物联网智能一些该多好？

"人工智能即研究如何使计算机去做只有人才能做的所谓智能工作"，麻省理工学院的温斯顿教授说；"人工智能是关于知识的学科，是人工智能诞生至今怎样表示知识、怎样获得知识并使用知识的科学"，美国斯坦福大学人工智能研究中心尼尔逊教授说。总而言之，人工智能的本质是研究开发、模拟延伸和扩展人的智能的方法、理论、技术、应用系统的一门新科学，是对人思维的信息过程的模拟，是物化的人的智能。

（一）积极布局人工智能技术，抢占战略制高点

从人工智能产生到今天，无论是发达国家还是发展中国家都纷纷加大

对人工智能的科研经费的投入，其中美国政府发展人工智能产业主要通过公共投资的方式，在2013年美国政府将22亿美元投入先进制造业——"国家机器人计划"。美国在技术上主攻军用机器人技术。现阶段技术突破的重点一个是云机器人技术（机器人技术的未来研究方向之一），二是人脑仿生计算技术。随着宽带网络设施、大数据、云计算等技术的不断进步，未来机器人技术成本的降低将使机器人量化生产成为现实。

对于人工智能的学术研究，学术界进一步沿着连接主义的路线让计算机对人脑的模拟程度更高。人脑仿生计算技术的发展，将使电脑可以模仿人类大脑的运算，并能够实现学习和记忆，同时可以触类旁通并实现对知识的创造，这种具有创新能力的设计将会让电脑拥有自我学习和创造的能力，与人类大脑的功能几无二致。美国IBM公司正在研究一种新型的仿生芯片，利用这些芯片，人类可以实现电脑模仿人脑的运算过程，预计最快到2019年可完全模拟出人类大脑。在2013年初的国情咨文中，美国总统奥巴马特别提到为人脑绘图的计划，宣布投入30亿美元在10年内绘制出"人类大脑图谱"，以了解人脑的运行机理。[1]

人脑科学有望助推人工智能达到最佳理想状态。迄今为止的人工智能都只是利用机器来模拟人脑进行简单的运算和处理，与简单的人工智能相同步，但是模拟人脑进行复杂、高级运算的人脑研发活动始终未曾止步，美欧人脑科研计划（统称"人脑计划"）为这一技术努力描绘了一份崭新的演进路线图。2013年4月2日，美国总统奥巴马正式宣布了"运用先进创新型神经技术的大脑研究计划（BRAIN）"（又称"大脑活动图谱项目"）。由美国国家卫生研究院、国防高级研究计划局及国家科学基金会等单位组织实施。通过利用计算机模拟法来绘制详细的人脑模型，推动神经形态计算系统、人工智能和机器人的发展，这是美欧人脑计划的一致目标。这将使得人工智能向高级别人脑模拟升级，从而助推人工

---

1 杨希.人工智能在国外[N].人民邮电报，2015-02-04.

智能实现终极理想和目标。

（二）美国互联网巨头加大人工智能研究与应用

美国互联网巨头加大对人工智能的研究与实践，企图横跨整个产业，扩展其商业的垄断范围。他们正不断向汽车、医疗、机器人、基础设施等领域进行产业延伸。这些领域的核心都是人工智能。"Web2.0""大数据""云计算"只是概念或者技术，通过概念或者技术进行人工智能的开发运用，才是贴近大众生活的具体应用和产品。

作为"云计算""Web2.0""大数据"等领域领头羊的Apple、Facebook、Google、Amazon互联网四大巨头几乎已经涉足所有行业。但是，他们并没有去专注发展这些概念，而是不断推出贴近人们生活或者办公应用的产品。Google和Apple在很短的时间内成为智能手机领域的两大主角，并远远超过其他的传统手机企业，当然也甩掉了一些跟进的手机厂商。随着时代的发展，不仅仅是手机，从MP3、游戏机、数码相机，到车载导航，他们的产品逐步延伸到了各类电子产品的领域里。这使得传统行业在市场发展中举步维艰。这些重大的改变，便是由Goolge和Apple等带来的产业革命。

Google、Apple、Amazon、Facebook四大巨头不再满足于电子产品的发展，正不断向其他产业延伸：医疗业——医疗信息系统、治疗方法搜索、患者病例数据库；汽车业——汽车安全设备、自动驾驶汽车、车载信息娱乐系统；机器人——自然灾害救援机器人、保健护理机器人、危险作业机器人、核电事故处理机器人、军工机器人；基础设施——智慧城市、智能电网、智能家居。并且，当代社会全球人口老龄化问题棘手，上述领域在未来都会变得越来越重要。美国互联网的四大巨头在涉足上述领域的进程中，已呈现出不断向各个产业链上下游扩张的趋势。这是因为，他们所围绕的这些领域的核心就是人工智能。[1]

（三）人工智能成为高科技企业下次网络革命和产业革命的技术焦点

2013年，谷歌成功收购了八家机器人相关企业，同时加紧寻找机器学习领域的企业和人才，Andrew Zisserman 和 DeepMind 被其收购，DARPA 原负责人 Regina Dugan 被聘请负责研究颠覆性创新项目，并安排著名计算机科学家 Jeff Dean（曾构建 Google 基础算法和开发平台）转入深度学习领域。2014年，苹果在自动化上的投资预算高达110亿美元。苹果的 Siri 智能助理脱胎于 DARPA（美国先进研究项目局）资本支出达1.5亿美元，CALO 项目（Cognitive Assistant that Learns and Organizes）已有5年，是美国最早得到大规模产业化运用的人工智能项目。2015年，Amazon 计划将自己的机器人飞行器投入到快递服务。[2]

二、加拿大：互联互通，三网融合

媒介即讯息，这是加拿大传播学者麦克卢汉的话，意思是媒介本身是最有意义的讯息，而不是媒介展示的内容。三网融合后的互联互通是21世纪的标志性媒介，受众的媒介素养会因其受到很大影响。

电信网络、Internet、广播电视网络在向下一代互联网演变过程中，通过技术改造，三大网络技术功能越来越接近，业务范围变得一致，网络的资源共享和互联互通能为用户提供数据、语音和广播电视等多种服务。[3] CRTC 已在加拿大建立，它是一个融合的管制机构，负责管理融合业务。宏观看来，隔阂和政策壁垒在加拿大并不存在，电信、互联网、电视业务互相融合、互相渗透。

---

1 王喜文.人工智能：互联网巨头全产业扩张的注脚[N].中国电子报，2014-06-17.
2 杨希.人工智能在国外[N].人民邮电报，2015-02-04.
3 楼旭东.三网融合发展与媒介素养提升的整合研究[J].今传媒，2015（1）.

（一）CRTC——统一的监管机构

加拿大广播电视电信委员会（CRTC，以下用CRTC表述），根据1968年广播法成立于同年的4月1日，它是加拿大联邦政府发放许可证事务、监督管理广播电视事业的机构。CRTC制定互联互通规则，享有规则制定权和许可证批准权，对电信和广播、电视经营部门发放经营许可证，协调纠纷，保证公平竞争和普遍服务（但不管频率分配）。委员会每年经由通信部长向议会提供年度报告，在下面设立必要的派出机构。它负责执行《电信法》《广播电视法》，遵循加拿大《广播电视电信委员会法》，全国广播电视和电缆电视，以及跨界的电信事业都由它进行管理和监督。

（二）全面的三网融合相关法律体系

有关三网融合的法律有：《加拿大广播电视电信委员会法》《电信法》《广播法》。其对三网融合的基本态度是：仅坚持政策上的开放态度，对广播电视与电信在未来的综合业务中的优劣不作评判，大力支持市场竞争，准许不同业务互融，实现对电信和媒体不同的公共政策目标。加拿大广播法第9条明确规定，由CRTC颁发许可证，对广电传输服务许可证设定等级，还规定了许可证的有效期为7年，同时也规定了对所播放节目内容的一些限制。

加拿大电信市场不是广播电视市场，它没有花过多篇幅在其条件上，只是在申请人或申请团体的资格上做了一些规定，市场准入分为国际与一般。加拿大政府允许有线电视运营商提供电信业务的同时，也允许电信运营商提供有线电视业务，两者互融发展。1999年，加拿大政府颁布了《新媒体豁免令》，它规定网络传播广播电视有免予申请许可证的资格，"利用互联网传播广播电视的媒体"也被纳入"新媒体"的定义中。

（三）监管政策开放，IPTV网络电视逐渐成型

在电信和有线电视集团的并购下，加拿大有线电视网经营政策放开，

电信和电视业务交织在一起。在20世纪80年代末，加拿大最大的有线电视公司——罗杰斯传播公司（RC）成功收购了加拿大唯一的全国性无线电话公司，使其不仅拥有了750万的加拿大有线电视用户，同时也拥有了几十万美国用户。而且，加拿大的宾馆饭店的电视机都具有上网、听广播、玩游戏、点播电视节目等功能，为用户带来了极大的便利。

CRTC对手机电视业务不实施监管。CRTC规定，放宽手机电视业务的监管，不仅可以推动加拿大电视行业的创新，更不会影响广播电视行业履行《广播法》赋予的各项义务。CRTC规定，手机电视业务不论服务是否经由互联网提供，都不应被管制。CRTC认为，由贝尔移动、TELUS移动、Rogers无线与MobiTV公司携手研发的手机电视业务可以适用CRTC委员会制定的《新媒体豁免令》，而豁免令原本是针对在互联网上提供服务的。

CRTC在2015年5月公布了近几年加拿大IPTV网络电视的发展进程：2014年其市值超过65亿万美元。而相比2014年同期，2015年上半年又有所增长。这组权威数据表明，传统有线电视和IPTV网络电视总收入由2013年的63亿美元增长到2014年的65亿美元，其中IPTV网络电视用户保有量为880万左右。同时，用户数量也增长了29%，而用户数量的增长反过来又使总营收增长39%。值得关注的是，根据调查结果，订阅有线电视付费节目的用户数量也下降了5.2%，营收方面则下降3.2%。另外，卫星直播电视业务的总收入也出现了下降，降幅为2.4%，市值为24亿美元。据此可知，就有线电视而言，IPTV网络电视已经在加拿大渐成气候，越来越多的用户倾向于选择这一新兴的业务。

第五节 南美洲：
网络技术提振经济发展

一、巴西：公共网络建设

20世纪90年代，巴西政府的信息化开始建设，巴西的公共网络建设也相应展开。起初，巴西联邦政府主要着眼于推进办公自动化，十分重视政府公用网络的建设管理方面问题。巴西政府指定专业部门和机构具体负责应用信息技术，主推业务系统建设，电子政务的建设与应用水平不断提高。巴西政府经过近30年的不断努力，其在公用网络建设管理、电子政务应用领域，尤其在某些重要的领域中取得重大突破和进展，其总体水平领先于其他南美国家。具有鲜明巴西特色的公共网络建设管理和电子政务应用，在世界范围内造成了相当的影响力。[1]

（一）集中统一的信息化管理体系

巴西联邦政府相关部门根据不同部门职能分类负责推进国家信息化工

---

1 芦艳荣.巴西电子政务发展模式探究[J].电子政务，2014（7）.

作。国家信息安全办公室直设巴西总统府下,来管理政府的内部信息安全;联邦政府推出国家信息化全局发展策略;联邦审计法院从政府投资角度,检查和审计政府各部门效益的发挥情况和电子政务投资使用效率;预算部检查监督电子政务项目实施情况,计划承担制定联邦政府项目预算和电子政务规划,并评估各部门电子政务的发展水平;科技部负责理清国家整体信息化的发展思路和制定政策;通信部负责管理传媒和通信,下设有巴西通信局,用来规划管理通信业务,其下属的巴西通信公司负责建设国家宽带出口支干线;受国会委托,巴西国家信息技术研究所负责认证全国数字的工作。

项目建设方面,巴西政府重视业务的相关度与服务的整体度。在推行电子政务的过程中,巴西政府将改善政府机构的工作效率和服务水平放在首位。这一思维理念推动巴西电子政务建设科学合理地实现了资源整合,防止业务系统的自建自管自用和部门所有。通过建立一整套统一的信息系统,巴西政府将不同部门和单位的相关业务和资源,从源头上进行整合,减少不必要的重复投资,较好地确保了政务信息资源的项目的深化应用和科学配置。

(二) 外包的网络建设和技术应用运行模式

项目外包是巴西联邦政府各部门和州政府的电子政务建设经常采用的服务形式,它较好地保证了电子政务建设及运行维护的市场化、专业化的高水平。"推进电子政务的效果主要不在于 who,更在于 how"是其理念。政府机构虽然在长时间都拥有高水准的专业技术人才很不容易,不过通过积极的市场竞争,与实力强、信用高的企业合作,也可以得到规范专业优质的 IT 服务。多次实践后,巴西政府和 IT 企业彼此建立了良好的外包合作体系:通过项目外包,巴西政府不仅从 IT 企业那里获得良好的基础设施、完善的数据安全保护、先进的应用解决方案和及时的快捷服务,同时也实现了合理的利润、确定了与 IT 企业稳定的合作关系。另外,政府部门也把部分精力投入到电子政务应用系统的管理使用上,并在有关部门设置信息化管理机构,用来负责对外包公司运行管理和监督。[1]

值得注意的是,适时监控政府各项支出情况的由计划与预算部、财政部、联邦审计法院共用的政府开支信息系统发挥着重大作用,有着很大的系统应用效果。该系统覆盖了巴西联邦政府所有部门,审计法院可通过网络获得实时账目,知道每个部门的所有开支,能够快速、便捷、灵活地审计。更重要的是,审计法院可对被审计单位提出建议,提供预防。政府开支信息系统亦通过项目外包这一服务形式,由第三方公司负责开发建设和运维。第三方企业也负责大部分州政府和巴西联邦的数据资源存储。政府选择存储公司时用法律规定的方式而不是招标的方式来选择长期合作的公司,这些公司的存储主要也只服务于政府部门。巴西主要是以巴西中央银行信息处理中心、国家信息技术研究所等为主来承担政府重大外包项目。

(三)基于电子认证的信息安全保障系统

巴西政府处理信息安全保障的关键就是电子认证。巴西高度重视国家电子政务信息安全体系建设,并予以重点部署。而正是《电子认证法》的颁布和实施,有效地促进了巴西国家数字认证的快速规范发展。该法明确规定使用数字证书的电子文档具备与传统文档一样的法律效益。巴西电子认证系统按欧盟标准,全国密钥统一化,联邦政府统一管理根证书,国家信息技术研究所负责行动计划工作的完成。这种加密技术建立在PKI非对称加密方法上,符合国际标准,兼容性极强;数字证书存储介质类型很多,不仅能够使用磁条,还支持芯片和U-key;[2] 数字认证后的数据和文档不仅能保存30年,而且还强制投保。

---

1 芦艳荣.巴西电子政务发展模式探究[J].电子政务,2014(7).
2 芦艳荣.巴西电子政务发展模式探究[J].电子政务,2014(7).

巴西电子认证工作系统有四层结构，分别由巴西公共密钥基础设施（ICP）管理委员会、密钥认证机构（CA）、国家信息技术研究所（Root CA）和密钥注册登记机构（RA）共同组成，业务机制合理有效。ICP委托国家信息技术研究所（Root CA）负责管理维护监督的一系列工作，但不负责证书发放；证书认证机构或企业应得到国家信息技术研究所数字证书的许可，审查符合条件后，可委托证书注册机构或企业面向个人、企业和组织办理相关证书；而证书认证机构则需要接受国家技术信息研究所的年审。到现在为止，巴西有13家数字认证登记机构，600多个注册机构，业务达全国范围之广。[1]（ICP于2001年8月成立，组成部分有政府机构、司法机构、大专院校和相关专业协会，能以国会名义制定电子认证的发展规划和规范政策，还负责与其他国家地区和组织之间进行相互认证；ICP下设有专家组，专门负责业务支持和电子认证技术的认证。）

二、阿根廷：新技术助力农业新发展

作为发展中国家，阿根廷是南美洲十分重要的农业大国之一。在近20年来，阿根廷的农业产业实现了快速的发展，并取得了举世瞩目的成就。在短短的二三十年时间内，通过农业产业化发展，阿根廷从最初的粮食紧缺国，一跃成为全球主要的粮食出口国之一，而实现"大逆转"的背后有着哪些大智慧呢？不可忽视的是，阿根廷农业实现产业化发展是由多方引擎共同推进的。而阿根廷政府对现代农业生物科技等新技术的运用和研发是最为重要的因素。研究表明，技术、劳动力、土地、资本等是拉动农业发展不可或缺的要素，而其中最强大的驱动引擎当属技术。阿根廷农业发展主要是因为其对新技术的广泛运用。从1980年到2010年，免耕技术和遗传育种和生物技术被阿根廷政府重点应用推广。首先，免耕从20世纪

---

[1] 芦艳荣. 巴西电子政务发展模式探究 [J]. 电子政务, 2014 (7).

80年代初逐渐发展，然后转基因作物应用在20世纪90年代末有力促进了免耕技术的发展。与此同时，水土流失、燃料消耗等问题得到有效的改善。通过利用免耕技术这一整体系统，先进的作物管理、推广转基因抗除草剂作物、大规模机械化等被有效利用。现在阿根廷有75%的作物种植面积是免耕。其次，积极发展包括转基因在内的生物和新的遗传育种技术。另外，新技术还包括农化产品和化肥的使用，积极应用抗除草剂作物，推广精准农业并建设新型谷物仓储系统，经过持续的技术改革，阿根廷已从十分原始的农业生产阶段朝着规模化、机械化、信息化现代农业发展。

农业产业化作为一项系统工程，阿根廷从多个方面努力，取得了现有的成就。例如，阿根廷积极出台相关政策和法规，构建法律体系，简化审批程序；加强对盗版行为的打击力度，为技术公司提供良好的投资环境；加快农村金融信贷体系的构建，为农业发展提供有力的资金保障；成立农村合作社等组织来积极推广新技术。以农业生物科技为代表的技术的应用在众多要素中处于举足轻重的位置。首先，阿根廷发展的重要目标就是生物技术产业；其次，阿根廷实行开放包容的战略，推广生物技术应用时，一方面政府大力扶持本地研发，加强竞争能力，提升其创新能力（如阿根廷科学家积极开发抗旱大豆、抗旱玉米和甘蔗等）。另一方面，阿根廷亦十分重视广泛的国际合作，包括上游的研发、国际化的商业合作，通过新理念和新技术的运用，并通过商业化开发，阿根廷积极加入到全球的产业链与市场之中。

第六节 大洋洲：
信息化助力现代农业发展

澳大利亚和新西兰的人口相对稀少，农业人口往往拥有大量的土地，农业组织化水平相对较高，和中国的农业土地碎块化经营以及城乡经济二元化国情有所不同，澳大利亚和新西兰的农业信息化水平相对较高，两国政府在促进农业信息化方面有一些非常值得借鉴的经验。

一、澳大利亚：生态农业和信息化有机结合

澳大利亚逐步迈进宽带网络和数字经济（主要是数字智能服务）时代，其农业生产力和可持续发展水平得到显著提高。澳大利亚在过去20年已将计算机和感知技术运用到农场中，得到了不错的效果。

（一）搭建农业信息化服务平台

澳大利亚国家信息与通信技术研究机构 NICTA 利用 Farmnet 平台研发了各种便于农民使用的智能应用软件，农民可免费下载，其他公司也可参加平台上各项应用软件的研发，此专项服务软件不收费。该平台在

电脑、手机等终端都可以使用。澳大利亚农业与资源经济局建立了农业信息平台，包括监测信息系统、预测系统、农产品信息系统等。监测信息系统负责相关情况的监测，如降水量、干旱区域以及土地减少的情况等。信息的采集点、采集区域由相关部门确定，本部门采集一些典型信息。信息采集点的监测系统有的是自动的，有些是卫星数据（如土地减少量），有些由人员定期更新信息。信息包括：卫星系统的信息、土地管理局的信息等。信息是公开的，其他部门可以共享，尤其是提供给农业部门决策参考。

（二）发挥定位系统的效益和优势

全球卫星定位系统（GPS，以下用 GPS 表述）让农业获取土地的深度数据成为可能，他们通过分析卫星图片即可了解大部分植被生长的各种信息。澳大利亚可持续发展和环保部开发了一套定位系统 GNSS（Global Navigation Satellite Systems），旨在通过技术手段达到精准定位：水资源、交通、海拔、高度、水情、行政管理、地址、物业等。借助卫星图示得以显示房屋、水资源、交通、邮编、地址、每一块用地等的准确数据。这套全球卫星导航系统，在维多利亚州共有 102 个基站，每个基站间隔 20 公里，全覆盖（覆盖范围达到 100%）。通过互联网进行适时监测，管理人员可定位到客户使用的地理位置，看到每个基站的运行状态，并可在农业上使用 GPS 精确耕作，使作物布局更科学合理，还可用于排灌等。灾害防治方面，可监测到细微的土地的移动情况（在全澳范围精确到 0.5 毫米），监测地质灾害、山体滑坡，以及森林火险监测等。定位系统也用于一些市政设施，海洋工作中用于海底定位。另外还可应用于老龄方面的服务（自动化）。农业产值提高 5%~10%，将来每年可带来 3600 万澳元的收益，使 GDP 增长 1.1%~2.1%。

（三）广泛使用智能决策软件和互联网

澳大利亚相关农业管理部门非常善于运用软件工具来帮助农民更好

的进行生产活动。澳大利亚农业与资源经济局使用"多项目分析系统（MCAS-S）"，帮助有关部门进行评估，为用户分析哪些地方便于居住、种植和投资等（决策分析系统）。系统可根据用户选择的环境方面、工作方面等因素，综合算出参考值。

澳大利亚大部分的农业从业者都以网络作为生活的基本工具，网络给他们提供了各种如产品、价格、天气等预告消息；同时，网络可以让农业从业者之间进行自由交流，从而获得来自商业、政府和教育的相关信息。农业生产越来越离不开互联网，农业部门因新一代宽带网络的发展，其生产力快速增长和市场开拓的潜力更大。澳大利亚农业企业十分重视通信和电脑所提供的新服务，然而受到成本过高、全球普遍可用性不足和服务不够成熟等问题的制约，农业企业对新服务的热情仍旧难以持续。为了彻底改善以上问题，并将更加可靠的卫星接入服务和地面无线服务提供给农业从业者，该国正在进行国家宽带网络基础设施的建设。

（四）传感器的应用打造智能农场

澳大利亚逐步迈进宽带网络和数字经济（主要是数字智能服务）时代，其农业生产力和可持续发展水平得到显著提高。澳大利亚在过去20年已将计算机和感知技术运用到农场中，得到不错的效果。地面传感系统能够实现对地区的有效监控，并且可以实现对水分、肥料等生长情况的实时监控。农业从业者可以通过地面传感系统获得可靠的环境、天气等预告。

在Kirby智能农场（新南威尔士州北部城市阿米代尔的试点项目），澳大利亚联邦科学与工业研究组织（CSIRO，以下用CSIRO表述）与新英格兰大学联合研究宽带和其他数字服务对农业的影响问题，该研究展示了宽带网络怎样为农业产业从业者们如企业和组织带来好处，并且实现智能农场的信息联网，帮助农业从业者们了解了更多现代农场的情况。在这项研究当中，CSIRO 和新英格兰大学组建了一个平台，支撑这个平台的是农场的数据库，而该数据库是由很多包括土壤特征、地形等构成的空间化信息组成的。通过本地无线网络控制传感器，同时将传感器获得的关于温度、湿度等环境的数据传送给分析服务和远程云计算平台，以此来有效支撑智能农场的相关服务和应用。

二、新西兰：将信息化融入生态农业旅游

新西兰非常重视互联网等信息技术在农业发展各个方面的运用，通过将信息化引入生态农业、提升信息通讯技术、实施高速宽带计划等举措来助推生态农业旅游发展，这对于我国新型城镇化背景下的农业发展有重要的借鉴意义。

（一）信息化助推生态农业和生态旅游发展

新西兰风景宜人，到处都是迷人的田园风光，也是世界上少有的农业发达国家。新西兰强调将农业的发展和环境保护结合起来，用信息化手段来实现生态农业发展的目的。新西兰农业发展也面临一些挑战，比如突然的土壤退化，会使土地保有的一些养分失掉，可能会污染到水源，同时一旦水资源被氮肥渗到就会被污染，而水源对牛羊都是非常重要的。除此之外，过度的放牧也会严重影响土地退化。因此，新西兰特别重视土壤的保护，用计算机技术为植物量身定做一个计划，进行量少而多次地进行施肥。此外，新西兰科学家还立志于培育一些新的品种，比如牧草品种。林肯大学研究了生态氮的肥料，就可以防止下渗而污染水源。未来为了确保最低限度的环境退化，新西兰还将使用计算机进行模拟种植。

新西兰是世界少有的以农业为主的发达国家，有漂亮的牧场、牛羊、无污染的农产品，旅游业也是重要产业。信息技术在旅游中的作

用非常大，很多游客都是从互联网上获得旅游的相关信息。在新西兰，农民比较富有，对信息化技术应用得较好。许多农民、企业都有自己的网页，通过网络与外界联系。酒店的网站上除了酒店的展示介绍外，还有专门的网页介绍相关食品的来源、产地等信息以及供应商的介绍，可以订购。农民定期将自己的农产品带到城市销售。新西兰通过互联网应用创新，增强游客对新西兰各个景点的了解，并且增强了旅游线路的黏性。比如：有的游客对酒感兴趣，他们就开发出了"品酒之旅"的旅游线路，通过互联网将特色酒庄的信息发布，在地图上标注，并且附有详细的酒的相关介绍及展示。另外，新西兰与当地的农庄结合，开发旅游，让自驾游客能够一路上停下来到农庄旅游。推广一些"让游客慢下来"的措施：沿途多建厕所，建立旅游信息中心（站），多在互联网上预先发布信息让游客预知，开通 Wi-Fi 网络，小城镇提供 Wi-Fi 服务等。

（二）政府重视信息通讯技术，带动企业投资电信基建

新西兰的相关政府部门都非常重视信息通讯技术在农业的应用，政府投入了大量资金更新和采用卫星定位系统以及信息监测系统，普及性地帮助农民实施了解天气、土地等情况，帮助农民更有效地进行播种、施肥、收割等。政府认为卫星定位、信息监测、移动技术等信息通讯技术可以有效地为农民提供相关农业生产信息，这已经成为连接政府和农民最有效沟通的桥梁。

新西兰地广人稀，很多偏远地区的电信基础设施建设投资较大，收益较小，新西兰在制定国家宽带计划时，从 2011 年 7 月开始，城市宽带网建设由政府投资，约 13.5 亿新元；边远地区投资 3 亿新元，主要来源国家税收，该税收是对行业内的一些公司设立的特殊税收，根据企业的营业额收取，一次性征收。其他的项目大多数由参建公司投入。这种政府引导，从宽带运营商征收相关费用后用于电信基建的方法非常简便有效，可以减轻政府的财政负担，而建成后运营商又会持续获利，增加其参与积极性。

（三）实施高速宽带网计划，利用互联网促进当地经济发展

新西兰高度重视宽带基础设施建设。新西兰第一产业部制定了国家城市超宽带服务网和覆盖郊区、农村边远地区的宽带网计划。城市建100M的网络，可升级到1G。2019年将覆盖新西兰75%的人口（大多数人集中在城市或城郊）。边远地区的宽带网服务对象针对学校和医院，主要让边远地区学校的学生能通过宽带网络享受到像城市学生一样的服务，为医院的远程诊断服务，覆盖1000个学校，为边远地区提供无线通讯。2016年覆盖边远地区86%的范围。由IKIM组织对宽带的建设进行评估，根据用户的下载使用情况进行监控，得出数据进行评估。

新西兰实施了一个项目"web-raising"：项目预计投入10万新元，用互联网促进当地经济发展。新西兰数字化决策机构安排经费建立网站，农民将自己的信息发布到网上，同时也为当地农民提供各种信息服务，带给旅游者全方位的感受。新西兰提倡大家将值得体验的景点列在地图上，发布到互联网上，微视频展示的精彩瞬间，个人拍摄的有趣的故事可以上传到网上。该平台2005年建立以来，当地社区的企业已全部加入到平台上，当地企业、居民通过这个平台与旅游者得到了更好的融合互动。

我国正在加速城镇化进程，也面临着很多重大问题，比如城乡如何一体化、农村如何可持续发展等。澳大利亚和新西兰的生态农业与信息化结合的发展模式为我们提供了一种启示：依托各地农村的特色和基本情况，我们可以借用信息化手段打造不同的生态农业，实现农业经济的可持续发展。当然，澳大利亚和新西兰的一些做法还有待改进，比如：一般酒店的上网服务费用很高，不利于游客及时查询相关信息；Wi-Fi的覆盖率还不是很高,还有很大的发展空间。另外,新西兰的宽带资费只强调流量差异,但是不强调速度差异,因此在有的时候会出现网速过慢现象等。另外,我国与澳大利亚和新西兰两国的自贸区谈判已经完成,未来包括农业在内的合作将会有新的飞跃。

第七节 非洲：
银行与电信业的大融合时代来临

一、肯尼亚：移动金融服务兴起

农村支付作为一项重要的金融服务，对农村金融生态构建和基础设施建设具有积极作用。特别对于广大发展中国家，能否摸索出一条能够改善农村支付服务并可持续的商业化模式，是各国共同面临的一份重大课题。

肯尼亚 M-Pesa 移动银行业务的发展经验印证了移动支付是改善金融服务、加快建设农村基础设施的重要方式和手段，而这无疑促进了移动支付在农村的普及，进而促进了农村其他金融发展的进程。[1]借助移动支付对农村金融服务和生态环境进行优化和改善，国际上在这方面已经有相当成熟的做法。以东南亚国家和一些非洲国家为例，移动支付是其本地人小额汇款转账的主要方式。此外，M-Pesa 手机银行业务从 2007 年到现在飞速发展，在用户和同行中具有很大的影响，对传统银行业的发展具有巨大的冲击。

---

1 温信祥,王昌盛,张晓东.从肯尼亚移动货币看移动支付在中国农村金融服务中的应用前景[J].国际金融,2014(11).

（一）新型移动银行的运作模式

2007年3月，"M-Pesa"的移动银行业务由肯尼亚移动运营商Safaricom正式推出。

该业务主要由三个系统组成：首先是帮助客户进行注册、存取现金和其他相关增值服务的代理商网点营销系统；其次是为客户提供操作界面的手机客户端应用系统；最后是保障网络交易顺利运行的后台处理系统。它们都独立于各大商业银行金融体系之外。

起初，M-Pesa的业务功能十分单一，只有一些最基本功能，如存取款、汇款及手机充值等，后来由于操作方便，简单实用，得到市场认可，很快便取得了进一步的发展。2010年，肯尼亚人可以通过M-Pesa账户来实现超市付款，这是M-Pesa开发的一项重要的服务，其有效提升了用户的消费体验。2011年，M-Pesa推出国际预付费Visa卡，为用户提供国际预付费Visa卡转账业务；此外，用户可以接收到来自45个欧美国家的国际汇款，这也是由M-Pesa与西联汇款之间的合作才得以实现的。2012年，在国内业务上，M-Pesa与Diamond Trust Bank、Equity Bank结盟，Safaricom通过开发类似电子货币的跨国转账系统来探索国外业务，通过合作网点，客户可以自由办理取款业务，这也极大地优化了国际汇款和支付。到了2013年，M-Pesa的用户迅猛增加，M-Pesa也着眼于人们的生活，不断优化和完善其业务范围。[1]

（二）M-Pesa的代理营销网络

M-Pesa在全国范围内通过设立各种代理机构来组建自己的代理营销网络。首先，一些品牌运营商，它们大多具有较多的经营网点；其次，包括分布在居住密集区的零售商，如加油站、超市等小型店铺；第三，包括

---

[1] 温信祥,王昌盛,张晓东.从肯尼亚移动货币看移动支付在中国农村金融服务中的应用前景［J］.国际金融,2014（11）.

金融机构，如一些小微金融组织和部分有较强合作意愿的银行。营销代理系统是其业务传播、挖掘用户、服务运作的重要载体；最后，控制交易风险、优化服务、管理代理网点也是 Safaricom 业务未来必须面对的事。这些对 M-Pesa 的发展影响不容小觑。

另外，Safaricom 通过超级代理、分层管理和分组合作三种模式来构建自己的管理体系，这也有效推动了其业务的良性运行。首先，通过与银行机构合作构建超级代理模式。作为一个货币交易中转站或者超级代理机构，Safaricom 的各个合作伙伴与各地区的 Safaricom 运营商、代理商网点直接交易，而不面对 M-Pesa 的终端消费客户开展具体金融业务。其次，将多个网点分组，组内分别设立主代理机构来构建分层管理模式。与 Safaricom 的主机系统交易，为其他网点提供货币的灵活支持，对组内的网点进行管理是主代理结构的三项主要职责。最后是分组合作模式。该模式与分层管理模式不同，在结构上和分层管理模式类似，其各网点间是合作关系。[1]

（三）M-Pesa 的社会及经济影响

由于肯尼亚开办银行高昂的成本，导致整个肯尼亚集聚在大城市的约 1000 个银行物理网点设立的限制非常多，并且其服务对象仅仅定位为高端人群。很多肯尼亚人在 M-Pesa 出现前对金融相关服务了解很少。M-Pesa 把目标对象定位到了"蓝海"市场，和肯尼亚银行服务的"红海"市场不同，它的业务极大地提升了很多用户的体验性和便捷性。该业务实现了企业自身经济效益和社会效益的统一。与此同时，在该业务出现之后，移动运营商 Safaricom 的收益和用户都大幅增加。

据 Safaricom 的报告，目前在肯尼亚的网络支付中有 50% 是利用 M-Pesa 来实现的。该项业务收入在 2013 年达 2.53 亿美元，为 Safaricom

---

[1] 温信祥,王昌盛,张晓东.从肯尼亚移动货币看移动支付在中国农村金融服务中的应用前景[J].国际金融,2014(11).

集团总收入的 18%，保持了连续 5 年的高速增长，M-Pesa 业务不断发展。面对互联网金融的强大冲击，传统银行感受到了极大的竞争压力，纷纷与 Safaricom 进行合作。因此，在肯尼亚，人们几乎可以在国家的各个地方通过 Safaricom 的合作网点办理取款存款业务，并实现在 M-Pesa 账户和银行账户之间的自由转账。[1]

二、尼日利亚：电子商务逐步发展

在尼日利亚约为 1.6 亿人口的土地上，电子商务网站却只有寥寥几家，实体超市和商场数量也十分稀少，电子商务公司便发现了莫大的市场和机遇。虽然困难重重，但在历经长时间的努力之后，电子商务终于在非洲最大的经济体尼日利亚站稳脚跟。电子商务如今每年的收入已经超过 10 亿美元大关，并且保持增长势头，但是在该领域真正成熟之前，仍然有许多困难需要克服。

（一）电子商务市场潜力巨大

尼日利亚仅旧都拉各斯就有 2100 万人口，而在如此大量人口的城市却拥有很少的大型实体商场。人口的密集，交通的不便，使得人们纷纷选择上网购物，这推动着尼日利亚电子商务市场的迅猛发展。

在非洲大陆上，尼日利亚网络用户已经超过南非、肯尼亚和埃及等国家，成为非洲最主要的电商市场之一。据估计，尼日利亚电商总值可达 100 亿美元左右。不过，运费过高和网络支付安全性问题仍旧是尼日利亚电商发展的主要障碍。据尼日利亚通讯委员会（NCC）称，尼日利亚网络用户已达 7400 万。全球市场调研公司 Ipsos 的一项研究表明，尼日利亚人增加网购的消费欲望越来越强。65% 尼日利亚网络用户有网购经历，24%

---

[1] 温信祥，王昌盛，张晓东. 从肯尼亚移动货币看移动支付在中国农村金融服务中的应用前景［J］. 国际金融，2014（11）.

则希望今后进行网购。Ipsos调查发现，非洲范围内，各国之间的跨境网购36%来自尼日利亚网络消费者。南非是尼日利亚消费者跨境网购的主要目的地，在过去12个月里，30%的尼日利亚跨境网购者从南非网购产品，其次是肯尼亚，为2%，埃及为1%。众所周知，低价是网商们吸引消费者的重要"法宝"。而在尼日利亚，仅仅为了便利去网购，并且不在意网络商品的价格，这种新兴市场毕竟只占了很少的比例。

（二）值得信赖的物流系统作为支撑

尼日利亚当前基础设施薄弱且面临地广人稀（首都除外）的现状，物流系统并没有受到应有的关注。在该国缺乏一个值得信赖的邮政服务，直接导致该国物流基础设施薄弱。国有NIPOST公司，负责尼日利亚的邮政工作，但是该公司并不能保证相关邮件能够准时到达目的地，并且该公司服务能力有限，不能够承担大批量工作。为了迎合消费者的需求，许多电子商务公司都建立了自己独有的物流系统。Jumia公司和Konga公司都建立了自己的物流分配系统。一是通过与当地小型快递公司达成合作协议，二是建设自有物流。而这些运输方式通常是货车和摩托车。Konga还在尼日利亚主要城市建立了单独的分拣中心与交货中心，但是随着租金的上涨，相关设施的扩大受到一定的影响。总而言之，相关的物流系统建设成本是非常高昂的，这直接影响到电子商务公司的市场推广。

（三）网络支付安全性问题是尼日利亚电商发展的主要障碍

当然，尼日利亚电商的发展仍有很多不足，从客观上看，包括落后的基础设施、延误的港口作业等。主观上来看，在尼日利亚拉各斯，网商们要通过一些列措施来使消费者可以放心地进行网购，打消人们对网络诈骗的忧虑。根据最近针对网络消费者的一项调查，53%受访尼日利亚网络消费者称快速交货会促进他们更经常网购，40%则表示支付安全有保证是促进网购的关键因素，31%表示产品价格便宜是促进自己网购的关键因素。

研究表明，网购支付的安全性问题和运费成本问题是阻碍消费者增加网购的主要原因。在没有网购经历的尼日利亚消费者中，31%表示自己目前不网购的原因是担心支付安全问题，27%则表示运费太高是自己目前不网购的原因。尼日利亚消费者对网络支付安全性问题的普遍担忧意味着货到付款仍旧是最常使用也是最受欢迎的支付方式。调查数据显示，39%的尼日利亚网络消费者使用现金支付货款，32%则表示自己偏向于货到付款的支付方式。网络支付安全非常重要，这就是为什么提供既便捷又安全的支付方式的 PayPal 能够风靡全球的原因。PayPal 在认可一项交易时，不会和卖家共享财务信息让消费者的金融财产更安全[1]。

（四）尼日利亚将成为电子商务革命的最大受益人

当然，促进尼日利亚电子商务在今年突飞猛进的一个原因是埃博拉病毒的肆虐。人们为了减少在公共场合的出行，纷纷选择电子商务进行物品采购。电子商务对尼日利亚周边国家的影响也是深远的。因为互联网可以成为一个主要的统一方式使得非洲各国在未来得到一定形式的统一化。这里还有诸多的利好消息会进一步促进电子商务在尼日利亚的发展。尼日利亚将有更多的中产阶级，尼日利亚将有更多的奢侈品需求。尼日利亚在2050的人口数量将超过4.4亿人，而美国同期人口的预测量是4亿。通过电子商务的革新，尼日利亚的消费者能够选购来自世界各地的商品，尼日利亚人也能够在一些新兴领域开拓大大小小的贸易。

---

1 吴以辉. 尼日利亚电商市场：人们因交通拥挤而网购［EB/OL］.（2014-04-12）［2015-11-20］. http://www.cifnews.com/Article/8824.

第六章

"互联网+"与文化产业发展

中国文化有着5000年底蕴,文化早已经根植于各行各业之中。在互联网时代,各个行业都在向大平台、大融合、大联盟、大整合的方向发展。对于文化产业来说,要完成这样的互联网化,则要从自身与互联网融合与其他行业的合作方面出发。

第一节 我国文化产业发展现状综述

一、基本态势：我国文化产业迈入全面快速发展新轨道

过去 10 年间，我国文化产业的发展保持快速发展的基本态势。自 1998 年中央政府在文化部设立文化产业司以来，文化产业在我国的发展迅速纳入到国民经济发展的管理体系之中。[1] 从已经过去的"十一五"和"十二五"发展情况来看，文化产业的发展已经成为国人的普遍共识，在国民经济 GDP 中的比率已经达到 3.77%。2014 年，在各省市经济下行、增速发展放缓的情况下，文化产业的增速仍维持在 10% 左右，其中北京、上海等地的增速仍保持在 16% 左右，加快转变经济发展方式是"十二五"时期的主线，中共十八届五中全会关于"十三五"规划的建设中提出了创新、协调、绿色、开放、共享等五大发展理念，我国文化必将得到更快发展，其发展必然会从"分业发展"走向融合发展。[2] 文化科技、文化旅游、文化金融等一批新兴的文化产业新业态为文化产业的快速发展注入了新的活力，文化创意、数字出版、移动多媒体、动漫游戏等新兴文化产业成为文化产业发展新的增长点和构建现代文化产业体系的重要组

---

[1] 范周. 文化建设要注重"精气神"的高度统一 [J]. 中国国情国力, 2014（12）.
[2] 涂丹. 文化产业创新发展的城市特色与转型路径 [J]. 学习与实践, 2015（7）.

成部分。以目前的增速和产业发展的实际状况来看,在"十二五"末期文化产业增加值达到GDP比重的5%左右,应该是没有悬念的。而在这期间,内涵式发展、传统文化产业的更新换代、文化产业品牌建设、文化与金融的高度融合,尤其是小微文化企业的发展和特色文化产业的发展成为当下的突出特色。伴随着国民经济的产业结构调整,在丝绸之路经济带、长江经济带、京津冀一体化、京杭大运河经济带、西南大通道、环渤海经济圈以及成渝经济带的产业发展下,"十三五"规划期间文化产业也将在区域经济和特色化发展等方面产生越来越重要的作用。[1] 目前,全国各省、市、自治区及其所属市、县已经展开的"十三五"规划的各项调研和编制工作,更加凸显了上述的特色。预计在这样一个宏观经济背景下,文化产业的发展会继续为国民经济的发展注入新的活力,产业结构的调整以及文化体制改革的深层次问题也会得到深化与解决,对外文化贸易的步伐会进一步加快,文化产业的人才培养建设也会发生根本性的变化。伴随着"十三五"的到来,中国文化产业发展将全面进入快速发展的时期,在文化产业全面快速发展的同时,文化建设进程中呈现出的几个突出特点值得我们关注。

第一,我国文化建设的不平衡现象依然存在。

从国内发展情况看,一方面表现为文化建设的"东高西低"。不论是公共文化建设,还是文化产业发展,我国文化建设的速度与水平与经济发展的整体格局基本相同,呈现出东高西低的态势。东部地区是我国经济最发达的地区,其文化建设已经进入了中等发达国家的水平,文化产业迅速增长,渗透与融合进一步加速,基本公共文化设施完善,公共文化服务水平不断提升。相较于东部地区,中西部地区的文化建设不论是在人才、资本、技术、规模方面,还是在市场、价值创造、品牌影响力方面均存在较大差距。中部地区公共文化建设基本达标,文化产业体系基本形成,但

---

[1] 涂丹. 文化产业创新发展的城市特色与转型路径[J]. 学习与实践, 2015(7).

GDP贡献率较低，产业发展特点有待进一步明确；西部地区公共文化建设欠账多，基本的公共文化建设还未达标，文化产业总体规模小，文化消费市场不活跃，文化资源活化的手段比较单一。整体看来，目前我国东部地区和中西部地区文化建设水平差距较大客观存在，这样的差距由自然条件、观念意识、经济水平、人才积累、技术创新和管理体制等多种因素导致，在短期内难以得到实质性解决。在看到差距的同时，我们也要认识到中西部地区文化产业发展的潜力。发达地区经济发展水平高，文化建设水平较其他地区而言走在前列已是不争的事实。然而，在文化建设成果显著的背后，我们不能忽视的是经济发达地区区域内文化建设的不平衡性。这同样需要我们予以清晰认识。

另一方面表现为文化建设的"城乡鸿沟"。城乡二元结构伴随着我国经济社会的发展产生，并对社会发展的方方面面产生了相当的影响。而在文化建设方面，城乡二元结构亦十分凸显。不论是文化产业还是公共文化建设，城乡文化建设均表现出很强烈的不平衡性，这些问题都需要在未来文化建设的过程中逐渐解决。尽管国家和政府已经通过采取包括加大对农村的财政投入等在内的各项政策和措施来缩小这种差距，但从根本上改变城乡差异仍然任重道远。城乡文化建设不平衡的解决，需要在实践中不断探索。目前许多地方通过引入民间和个人资本参与文化建设，通过PPP模式来探索文化建设的新路子，这是一种很有意义的探索，对于解决目前城乡文化建设不平衡的问题具有探索性的作用。在互联网的时代下，我们更可以通过大量数据和网络互动反馈，创新乡村公共文化服务体系，以财政效能来引导投入，在更深程度上提高公共文化服务水平。

从世界局势来看，我国文化产业发展与国际还存在较大差距。在当今世界，文化和文化产业已成为综合国力竞争的一个主要领域。根据相关部门的统计显示，世界主要发达国家中，美国文化产业增加值占GDP比重达31%左右，日本是20%左右，欧洲平均在10%~15%之间，韩国高于

15%。根据国家统计局的数据统计，相比之下，我国当前文化产业增加值为 3000 亿元人民币，占 GDP 的 3% 左右，与发达国家相比，我国的文化产业发展还存在很大的差距。

第二，文化体制改革将会在相当长的一段时期内成为制约我国文化产业进一步发展的主要瓶颈。

文化体制改革在地方比中央改得好，因为各个省市，特别是市和县这两级，文化的各个功能都相对集中。部分省市的文化主管部门已经变成了一个大的综合部门，把文化、广电、新闻出版、旅游和体育合并在一个区域内。但在中央层面并没有统一。例如动漫，全国四五个部门都在管动漫，真正需要管的事情没有人管。由于管理体制没有理顺，我国文化体制改革逐步迈向深水区。党的十八大和十八届三中全会对深化文化体制改革做出部署，2014 年 12 月中央全面深化改革领导小组第八次会议在京召开，这次会议在总结改革现有成绩的同时，预示着新一轮的文化体制改革也吹响了号角。"目前，我们正处于'十二五'与'十三五'对接的承上启下阶段。我们要以更高的站位、更宽的视野、更务实的举措，在国家发展的大战略、大背景中深入思考和精心谋划文化改革发展。"文化部部长雒树刚在一次发言中表示，要以文化产业转型升级为突破口，推动文化产业成为国民经济支柱性产业。2015 年，文化体制改革要逐渐向深水区挺近。要在巩固改革良好势头的基础上，继续以满足新时期人民群众的精神文化需要为出发点，不断完善文化产业政策体系，进一步转变文化行政部门职能，推进涉及深层次矛盾和难点问题的重大任务的解决，进而充分激发文化发展的活力。

第三，顶层设计不到位，政策实效性差。

所谓文化产业的顶层设计就是要加强对全国文化产业发展的统筹力度，要求把文化体制改革、文化市场建设、文化产业区域布局、文化产业人才培养等指导方针、基本内容、实施路径进行更具操作性的连接，要突破五年规划的限制，进行长期的战略性的全面设计、统筹规划。目前东中西部的产业发展定位不清，各类传统文化产业、新兴文化产业齐头并进，同质化发展。如北京、上海、广州、深圳等特大城市，在产业布局上存在一定程度的领域重复，而中部地区、西部地区则存在盲目超前发展的情况。因此，我认为应该在顶层设计上做好区域统筹，让东部更注重文化和科技的结合，以及设计和创意在产业上的体现，发展文化产业的前端业态；中部要使内容生产型的文化产业得到充分发展，让中部地区成为东部地区产业的接续地点；西部地区主要和传统产业门类进行融合发展，关注民生领域，做好生产性文化产业以及文化旅游、观光农业等融合业态。希望我国可以在加快文化立法步伐、加强区域统筹发展和建立评估标准体系这三个方面努力，以加强文化产业顶层设计。

"十二五"期间，我国出台了大量的文化政策，特别是在2014年，文化产业迎来了升级版的政策支持，传递出文化产业作为支撑和引领经济结构优化升级重要抓手的强烈信号。2014年出台的政策涵盖了产业融合、文化金融、文化体制改革、财税支持、小微文化企业支持、文化产业带（走廊）建设等方面。但实际情况是管用的政策少，政策落地性也不强，并且以国家层面的政策较多，而各省（自治区、直辖市）政策相对较少。很多省市主要是结合国家政策，进行了简单的结合与呼应，内容上缺少新意和亮点，还有一些省市没有政策出台。一是各省市在2012年已集中出台了一批意见或规划，二是国家出台的很多措施，地方可以直接参考执行。而在制定细化配套文件方面，还需要一个探索期。因此，政府部门在制定"十三五"文化产业规划的过程中，一定要注重实效性，密切结合国家的最新政策，充分利用好政策红利。同时，各地政府一定要从实际出发，保证规划的可落实性。只有能够落实的规划才能够真正作用于发展，纸上谈兵亦是水中泡影。

二、融合发展：互联网背景下传统文化产业发展新常态

2015年是中国经济进入新常态的"第二年"，也是全面深化改革的关键之年。文化产业的融合发展也将迎来"新常态"，互联网背景下传统文

化产业发展迎来新机遇。

（一）两条腿走路：文化产业与文化事业协调发展

10年前，党的十六大对文化事业和文化产业做出了明确划分，这是我国文化事业和产业具有里程碑意义的事件，由此从2002年到2012年的10年时间里，我国文化领域在不断推进的过程中成果显著。2015年1月，中办、国办正式印发了《关于加快构建现代公共文化服务体系的意见》（以下简称《意见》），《意见》首次明确了公共文化与文化产业的融合发展的指导思想。文化产业离开了公共文化做支撑，是缺少土壤的；只有公共文化发展起来了文化产业才有更大的市场。[1] 近年来，文化产业蒸蒸日上，公共文化却似乎受到了冷落。然而，公共文化和文化产业在文化强国建设道路上应相辅相成，缺一不可。

一方面，公共文化服务为文化产业发展提供市场、导向和支持。文化消费需求决定文化生产，作为需求市场的重要组成部分，公共文化需求在一定程度上决定了文化产品的生产方向。图书馆、群众文化馆、科技馆等基层文化设施既有公益惠民的功能，又为文化市场上的文化产品生产提供了需求导向。政府文化采购力度日益加大，针对这部分的文化生产更显得尤为重要。公共文化服务通过票价补贴、剧场运营补贴等方式，支持艺术表演团体的公益性演出；鼓励在商业演出和电影放映中安排低价场次或门票，鼓励出版适应群众购买能力的图书报刊，鼓励网络文化运营商开发更多低收费业务。如此种种，公共文化服务扮演起了文化产业生产和群众文化消费之间的桥梁角色。

另一方面，文化产业为公共文化服务提供内容、形式和传播手段。公共文化服务切忌"空对空"，需要文化产业为之提供实实在在的内容，才能满足人民日益增长的精神文化需求。群众艺术馆、文化馆、图书馆在公

---

1 汪名立.文化产业与公共文化融合发展[N].国际商报，2015-01-29.

共文化服务设施体系中占有极其重要的地位，它们的运转则依赖于文化产业中的演艺、出版、电影、电视等多个行业。宋城演艺是民营文化企业的代表，是完全产业化的组织，但他们每年都会和当地政府合作，邀请残疾人、生活困难等弱势群体进入宋城观看演出，为公共文化服务做出了不少贡献。

当今，移动互联网迅猛发展，90后、00后成为文化消费的主力军。2014年，中国游戏市场用户已达到5.17亿，实际收入达到1144.8亿元人民币。如此庞大的游戏产业，商家大多选择了"免费+付费"的盈利模式。简言之就是，用户免费玩游戏，付费买装备。免费的那一部分带有公益文化的性质，而收费部分则更多地体现出经营性产业的内涵。类似地，电子阅读、移动APP下载及服务都在很大程度上体现出文化产业和事业的紧密结合。移动互联网条件下，线上支付的便捷性使得文化消费突破了时间和空间的限制，变得更加畅通，文化产业和文化事业的融合也更加方便快捷。仍以北京惠民文化消费季来说，线上交易成为2014年消费季的最大亮点，成交金额高达28.8亿元，占交易总量的55%，这个比重势必会越占越大。

文化事业和文化产业的协调发展，满足了文化建设把社会效益放在第一位，社会效益和经济效益相统一的要求。当公共文化遇上文化产业，如何使二者携手共进、最大限度地发挥合力，推动文化建设健康发展，是我们必须深入思考的问题。

（二）"单兵突进"非智慧：产业之间需协同"作战"

2014年3月17日，文化部发布《文化部关于贯彻落实〈国务院关于推进文化创意和设计服务与相关产业融合发展的若干意见〉的实施意见》，从制度上支持和保证文化产业与相关产业融合的持续发展，产业之间的融合主要凸显在以下一些领域，文化科技、文化旅游、文化金融、文化体育、文化商务、文化制造、文化农业等。

第一，文化科技融合趋势明显，成为推动企业创新发展的重要途径。

文化与科技融合，是增强文化产业核心竞争力的重要途径。党的十七大以来，我国不断加强文化与科技融合发展，并逐步形成了多层次、宽视野、跨行业的崭新格局。文化与科技融合发展，形成文化创新与科技创新"双轮驱动"的发展模式。

励丰文化作为广东省文化创意产业的标杆性企业，同时也是国家级文化产业创意基地，自2008年以来利用科技的力量在文化创意产业取得了长足的发展。作为"印象"系列的战略合作方，励丰文化参与到大型室内实景演艺项目《又见平遥》的声光电创意和技术制作中。该剧自2013年2月18日公演以来，演出了1300多场，观看人数达65万人次，票房收入近亿元，拉动平遥县旅游综合收入超过数亿，成为了文化产业发展的新范本。大数据在传媒、博物馆、图书馆领域大显身手；微信成最受欢迎的文化传播平台；科幻电影、小说带动科普发展等文化科技融合的现象在不断上演着。

第二，文化旅游成为拉动经济增长的新引擎。国家旅游局2015年7月12日发布，2015年上半年，我国旅游业逆势上扬，呈现旅游消费和投资两旺的良好态势。旅游消费总额创历史新高，旅游投资继续保持高速增长，入境旅游继续回升。数据显示，上半年，全国实际完成旅游投资3018亿元，同比增长28%；国内旅游消费1.65万亿元，增长14.5%；出入境旅游总人数1.27亿人次，同比增长9.8%。国家旅游局表示，在投资增长乏力并且新的消费热点不多及稳增长难度加大的情况下，旅游业对经济增长的贡献进一步显现。[1]而在"十三五"期间，预计我国17%的贫困人口将实现旅游脱贫。

近年来，文化创意和旅游两大产业群融合而成的文化创意旅游表现十分抢眼。文化创意旅游运用创意产业的思维方式和发展模式整合旅游资源、创新旅游产品、锻造旅游产业链。传统旅游以静态展示为主，体现的

---

1 孙雨.上半年入境旅游稳步复苏[N].北京日报，2015-07-13.

仅仅是观光功能，缺乏深度体验和参与。随着现代人旅游需求的多元化，文化创意产业与旅游因子"嫁接"，丰富了旅游者的体验，成为旅游产品创意化表达的重要路径。文化创意旅游激活了城市的无形资源，使城市文化符号感性化。一个传说、一个故事可以直接嫁接到旅游产品上，表达文化内涵，创造市场价值。如瑞典的"哥德堡号"仿古商船就是一个典型的创意展示品，它把古老的历史变成一个鲜活的文化旅游景观，通过环球航行秀诠释瑞典文化和历史，所到之处吸引了政府、企业和居民的高度关注，产生了巨大的综合效益。

第三，文化金融成为我国文化产业持续快速健康发展的重要动力。2014年3月，文化部、财政部和中国人民银行共同出台了《关于深入推进文化金融合作的意见》，明确文化与金融合作已成为我国文化产业持续快速健康发展的重要动力。文化金融是虚拟金融的无形延伸，既以净资产的物质形态存在于经济基础，又以品牌信用等无形资产形式存在于上层建筑，因此，"文化金融"既是软硬兼顾的新金融，更是智慧型新金融[1]。例如，南京银行召开"鑫动文化"品牌发布会，并一次性推出演艺贷、出版贷、影视贷等八大文化金融产品；山东省"文化项目社会办"项目于2014年推介了307个文化项目，投资额约697.34亿元，涵盖文化演出、文化活动、文化产业等多个门类，这两个成功的尝试为文化产业的融资难提供了新曙光。

第四，文化体育迎来新的发展机遇期。从2014年10月20日国务院《关于加快发展体育产业促进体育消费的若干意见》出台到2015年3月16日《中国足球改革发展总体方案》出台，中国迎来了足球甚至整个体育产业发展的黄金时代。

随着全球体育市场的增长速度日益强劲，国内体育产业的发展也逐渐加速。据统计，我国的体育运动人口约6.8亿，我国体育产业总值为

---

[1] 李国旺. 新时代催生了文化金融新业态[N]. 上海证券报，2014-12-03.

3563亿元，占GDP的比重仅为0.6%，与世界上发达国家体育产业占比2%以上相比，我国体育产业的发展还处于较低水平。[1] 近年来，随着体育改革与发展的利好消息频频传出，在自上而下的政策推动下，体育产业迎来发展的机遇期。加之居民体育消费需求旺盛、健康养生观念的催化、资本市场的青睐、互联网新兴手段的介入等多种因素，中国体育产业在运营、中介、衍生品等多个环节正迎来新的发展蓝海。6月30日，"中国最大的体育产业投资基金"在北京宣布成立，该基金总规模达到人民币20亿元，其投资方向囊括了"互联网+体育"、O2O体育服务、智能硬件、在线增值服务、体育培训、场馆服务、赛事组织和媒体等体育产业细分领域。

第五，文化制造成为"中国智造"的下一个突破口。从"中国制造"到"中国智造"，是我国由制造业大国走向制造业强国的必经之路。"中国智造"的发展，正是要破解"中国制造"所面临的困难与挑战，为我国经济发展注入新动力，向全世界亮出"中国智造"新形象。2014年3月14日，国务院发布《推进文化创意和设计服务与相关产业融合发展的若干意见》，这一文件的出台为中国智造、文化创意产业发展指明了新的方向，同时也是强大的推动。

要想成功实现从"制造"到"智造"，其实就是在原本的制造中加入文化创意与设计的元素。例如台湾的"法蓝瓷"，其以创意设计为引领，将传统与现代、时尚与创新充分融合起来锻造创意产品，真正实现了将文化资源转化为文化资产。还有一种做法是交互融合，实现业态创新即从"竖井"到"通渠"。主要是通过创意设计与制造业、建筑业等领域的融合，打破产业间的"竖井"状态，形成融合互动的"通渠"。例如洛可可集团旗下的原创设计品牌"SANSA上上"就是典型例子，通过创意设计，

---

1 马坤. 体育产业政策扶持5万亿市场空间[J]. 股市动态分析, 2015 (19).

创造出了全新的家居业态。[1]

三、双重属性：文化产业发展中需要注意的几个新问题

（一）如何实现双效统一

在我国，文化产业的发展历程已经走过大约20年，我们对文化产业的认识也随着对理论的了解和实践的探索而逐渐深入。一个时期以来，我们的文化发展以市场为导向，忽略了社会主义核心价值体系建设的根本底线，在一些领域中表现为完全地迎合市场、迎合消费者。更有甚者，为了获取观众、听众以及消费者的注意力，将一些不健康、不文明或有悖于社会主义道德价值观的内容流入社会，乃至于这些内容成为评价作品收视率、收听率、点击率的一个重要因素。之所以产生出这样的文化产品，说到底是缺少对文化认知的表现。

社会主义文化强国建设的基础和支撑在于国民科学文化素质的明显提升。换言之，发展文化产业绝不仅仅是为了增加GDP等经济目的，更重要的是要满足人民群众的精神生活需求、提高国民文化素养，社会效益是放在第一位的。同时，文化产业是服务于国民经济运行和社会发展的重要产业形态。文化产业的渗透力和辐射力很强，与其他产业的关联度也很高。因此，在文化产业发展的不同阶段和不同环节，都能够吸纳大量的社会就业，无论是创意运营类的顶尖人才，还是一般的技术管理人员，或者最基层的文化产业从业者，都能够找到用武之地。这对国家的整体经济发展与社会稳定而言是非常重要的。

文化产业的社会效益和经济效益的讨论一直都是业界关注的焦点，有人认为重视社会效益就意味着要放弃市场，也有人认为追求经济效益就很难顾及到社会效益。这种非此即彼的看法肯定是不对的，但是文化产品作

---

1 范周.顶层设计描绘文化产业发展新前景[N].中国出版传媒商报，2015-01-27.

为一种特殊的商品，如何既"叫好"又"叫座"，确实是很多人在思考的问题。几个月前在和文化部党组成员刘玉珠的对话中我们针对这个问题达成了以下共识：

总体上，我们要求社会效益第一，努力实现社会效益和经济效益相统一。但是，这首先要求我们要正确地理解社会效益，社会效益包括政治效益，但不能等同于政治效益。满足人们的消费需求、弘扬社会主义优秀传统文化和价值观、增加就业和税收、结构调整、鼓励产品的创新创造等都可以归为文化产业的社会效益。因此社会效益内容很丰富，不仅仅局限于政治一个方面。

第二，社会效益还需区分"整体"和"个体"的问题。从整体和个体的不同角度看的话，对文化产业社会效益的要求是不一样的。文化产业门类众多，有的居于内容生产的核心地位，对人们价值观和社会的整体影响很大，这部分主体坚持社会效益第一不容置疑。但对于一些和意识形态关联度不太高的产业门类而言，这部分市场主体应遵循的底线是守法。作为政府来讲，鼓励经营者在守法的前提下引导市场主体向社会效益方面努力。但是要注意前提和引导的关系，对文化企业而言，首先是依法经营，其次是社会责任意识，两方面都要兼顾到。

因此，从国家整体角度来讲，我们倡导整个文化产业发展，坚持社会效益第一，经济效益服从社会效益。但是这里面既要正确地理解什么是社会效益，或者社会效益的内涵，同时也要在一定程度上做到整体和个体的区别对待。文化要创新，但不是建立在对民族文化传统的割裂之上；人民要娱乐，但不是低俗的迎合跟取悦；文化产业要利润，但不是唯理论而不计后果。使命感和责任心、良知和底线永远是文化产业从业人员的基本原则，这是有多少利润都不能换取和摧毁的。放眼看去，欧美和日韩的文化产业建设莫不是这样，国家精神至上、国家信仰和国民精神至上，都是这些国家进行文化产品生产的大前提。因此，面对当下大好机遇期，我们应该通过文化产品的创意、设计、生产、传播，不断发展文化产业，为我国社会主义核心价值体系建设，为中华文化走出去，进而为实现中华民族文化的伟大复兴和中国梦的实现贡献力量。

（二）如何走出国门拥抱世界

"十二五"以来，中央一系列重要文件均对进一步发展对外文化贸易指明了新方向，提出了新要求。党的十八大报告提出要推动文化产业成为国民经济支柱性产业、增强文化贸易的整体实力和国际竞争力。2003年至2013年，我国文化产品进出口从60.9亿美元攀升至274.1亿美元，年均增长16.2%；但同时，我国对外文化贸易在对外贸易中的比重偏低，核心的文化产品和服务贸易逆差仍然存在，文化企业参与国际竞争的能力还很弱。[1] 大大小小的文化交流活动异彩纷呈、国际时尚开始流行中国元素、上百所孔子学院在全球掀起了汉语热……种种迹象表明，中国文化已香飘万里。但与经济贸易顺差相比，我国的文化贸易仍存在严重逆差：演出市场常年保持着赤字、动漫市场供需不足导致中国成为国外动画产品出口的主市场、孔子学院也面临经费不足等困境……对于文化贸易走出去，我们仍需要在多方面下功夫。

首先，坚持内容为王的基础上，要注重文化产品的创作与行销。为什么日本的动漫、美国的电影可以畅销全球？这其中除了他们的科技因素之外，更重要的是他们的作品符合国际价值观。以日本为例，日本在开发文化产品时，尽可能包容多元要素。如日本作为全球电视动画片大国，首创大量采用西方经典交响乐作为动画片的背景音乐、片头曲、片尾曲、插入曲、角色主题音乐等。如日本动画片《无敌铁金刚》采用了蓝调旋律结合流行摇滚与爵士节奏的方式；《机动战士钢弹》的音乐带有古典与巴洛克音乐的特质；《银河英雄传》采用了马勒第一、二、三、四、五、七等六

---

[1] 陈恒.加快发展对外文化贸易［N］.光明日报，2014-03-19.

首交响曲,而《EVA》采用巴赫的无伴奏大提琴组曲和贝多芬第九号交响曲等,使得西方经典音乐与日本创意相结合,加强了动画片的美感,适应了西方受众的审美习惯,有利于日本动画片进入欧美动画消费市场。

对于中国国粹京剧"走出去"所面临的难题,一方面是因为缺乏渠道,另一方面,也有国外观众看不懂,以及京剧自身宣传的问题。所以,文化产品的开发要遵循市场规律、市场认可,才能存活下来。当然我们也有走出去成功的例子,河南嵩山少林寺的大型实景表演《禅宗少林》,得到了国外各界人士的欢迎和赞叹;此外,在海外知名电影盛会,如柏林电影节、好莱坞电影节、戛纳电影节上,中国影星亮相的机会也越来越多。这些例子都说明中国国际文化贸易前景十分广阔。但是"酒香也怕巷子深",好的产品也需要宣传与营销,我们在这一方面要加快步伐,学会在国际上讲好中国故事。

其次,找准渠道,适销对路。国外很多国家的经验表明,一个产品要想获得当地民众的欢迎,必须实施本土战略。目前以美欧日为代表,已经形成了对外文化贸易的三大模式:美国模式是一种"强势辐射"模式,即以跨国公司为主导,倡导市场经济基础上的自由、民主、平等、竞争,利用全球网络广泛汇聚文化资源和开发大量产品,形成国际文化贸易的规模优势;欧盟模式是一种"柔性连接"模式,以柔性亲和力加强欧洲一体化,倡导文化多样性,拓展国际文化贸易,发挥欧盟在全球的影响力;日本模式是"时尚引导"模式,该模式的重点是把科技开发与时尚创意相结合,通过实施产学研结合的"彻底数字化""泛在日本""i-Japan""酷日本"等多个战略,引领全球时尚消费的潮流。中国也需要找到一条适合自身的路子。

最后,把引进来与走出去相结合。发展文化贸易,必须与引进来形成良性互动。一方面,要适当地引进来,但是在引进来的过程中,要注重对本国的文化保护,文化安全也是走出去要面临的一大难题。另一方面,中华文化与世界其他国家或民族的文化是相通的,只有"走出去",才能加快中外文化之间的碰撞和融合,鼓励文化企业"走出去"需要扶持与帮助,除了资金上的支持,政府还应该做好文化企业"走出去"的相关服务事项。澳大利亚政府有关机构十分重视为文化企业拓展国际市场提供服务,如利用网站、办事处、大使馆等平台为文化产品的出口提供政策咨询、市场信息、市场调查、选择合作伙伴、文化交流人才培养等。这些服务为文化企业的"走出去"节省了大量的时间和资金成本,为文化产品的国际营销提供了强有力的支持。

(三)人才培养如何适应时代要求

近年来,我国文化产业飞速发展,融合发展趋势愈发明显。而在文化产业融合过程中,文化产业衍生出非常多的新业态。人是文化产业发展的根本动力,新业态的不断产生对文化产业人才培养提出了新的要求,而文化人才的培养模式要按需调整。

新业态下,文化产业渗透到金融、科技、艺术、经济等各个方面,这对于复合型、跨学科背景的文化产业人才需求逐渐旺盛。那些既懂经营管理,又懂文化创作,既懂财经政法,又懂文化运营,既懂文化与美学,又有操作技能的人才受到企业的推崇。产业的发展可以说是日新月异,一天不关注前沿,就会被产业的发展甩在后面,警示我们,人才培养要紧密与产业实际相结合。现在的传媒出版业,不再是仅谈新闻素养、只谈出版方法的旧模式,而更多地承载了新科学技术手段和新媒体传播背景,这就需要我们的高校在培养人才时重视学科的前沿发展方向。在未来的发展中,专科、本科、研究生的多元化培养体系应建立,坚持通识教育和特色教育结合,学校教育和学生兴趣结合,学校教育和市场需求结合,学校教育和产业发展的大方向结合才是长远之策。

对于人才的发展建设,我们也应该遵循"请进来"和"走出去"的战略思维。2008年以来,江苏省全面实施"万名海外人才引进计划"。组团赴美洲招聘高层次人才,建立留学人员回国服务"绿色通道",成立全省留学回国人员联谊会。同时，继续加大国外智力引进力度。以引进紧缺急需的外国专家为重点，组织实施200项引进国外技术管理人才项目；不断扩大引智成果，建立2个国家级、8个省级引智成果示范基地；实施百村（镇）引智工程，择优选出10个引智示范村（镇）。通过这些努力，江苏省的人才素质得到了极大提高。我们应当让大量的人才"走出去"，与全球的青年才俊进行文化交流。这样才能打造具有国际视野的高素质人才。同时，我们也需要把大量的人才"请进来"。

中国的文化产品要想真正走出世界，需要文化产业所有从业人员的共同努力，而就文化产业的人才培养而言，则需要通过教育培养国际视野。"一带一路"不仅仅是经济贸易的"一带一路"，更是文化交流与传播的全球化与国际化，我们需要更多懂传播、更懂国际传播的人才参与到文化"走出去"中，将中华传统与现代文化融汇到世界文化洪流中。

第二节 "互联网 + 文化产业"：
协同创新，携手共进

2015年，李克强总理在《政府工作报告》中提出"互联网 +"的新概念。信息时代网络技术与多种行业结合产生了新的变化，也为文化产业的发展带来全新契机。2014年，基于互联网的文化产业新业态蓬勃发展，深刻地改变着文化产业的内在结构和人们的文化消费习惯。[1]《政府工作报告》明确提出要制定"互联网 +"行动计划，这也在互联网因子原本高度活跃的文化产业领域投下不小的波澜。通过网络看电影、听音乐、玩游戏、看小说等正成为当下社会文化生活的新习惯，互联网与传统文化产业的融合，成为一个新的市场契机。而在更多观点看来，随着两者更深度地融合发展，特别是互联网巨头提出的"泛娱乐"战略，将有望在盘活文化产业方面带来新的发展契机。

而在近日国务院印发的《关于积极推进"互联网 +"行动的指导意见》中，再次提出包括创业创新、协同制造、现代农业、智慧能源等在内的11

---

[1] 鲁元珍."互联网 +"给文化产业带来什么[J].决策探索（上半月），2015（4）.

项重点行动,并就做好保障支撑进行了部署。[1] 国家对"互联网+"的顶层设计,必将催生出经济社会发展的新格局,"互联网+"将成为改变你我的重要力量。文化建设是社会发展的重要方面,同样处于"互联网+"的宏观趋势之下,文化建设如何从"互联网+"的浪潮中找到支点,我们需要进行深入思考。

关于"互联网+"的演化与推进,时来则匆,其进也难,关键在于时务面前,快速找准方法和路径。如果说连接是基础、融合是途径,那么协同便是"互联网+"的目标和最佳状态,创新则是"互联网+"带动其他领域创新发展的突破口。协同、创新将成为"互联网+"落地生根,不断拓展其发展深度与广度的支撑。

文化建设是社会发展的重要方面,与"互联网+"的有机结合是必然的。在文化产业方面,近年来,我国文化产业无论是数量还是质量,都得到了很大程度的提升,但仍然面临"新常态"背景下的转型升级困境;在公共文化建设方面,我国公共文化建设水平稳步提升,人们群众的文化需求逐渐得到满足,但仍存在内容供给数量缺口与供给方式创新的瓶颈。因此,"互联网+"必将成为其跨越瓶颈、创新形式、丰富内容、创造并满足需求的撬动点,找到文化建设与"互联网+"快速、有效结合的重点,很有必要。

一、互通共融:"互联网+"与文化产业链条的内在联系

(一)互联网重构文化生产力——智慧链

作为创意性、知识性、融合性强的产业,文化生产力的发展从来不会是没有支撑的,有三大要素十分重要。第一,对资源具有高度依赖性;第二,对人才具有高度依赖性;第三,对开放和多元包容具有高度

---

[1] 赵晓辉,眸迪."互联网+"顶层设计催生经济新格局[N].中华工商时报,2015-07-06.

依赖性。

互联网的功能远远超出我们的意料,通过对硬件、软件、创意以及资本等要素的整合,可以塑造一个极具包容性的文化商业生态系统,这是一种颠覆。社交网络就是很好的例子。据调查,参与社交网络的人群中,94%的人通过社交功能进行学习,78%的人用以分享知识,49%的人借以和专家互动,形成一个个鲜活灵动的"大脑链"。[1]

(二)互联网提升与重塑文化产业平台经济——平台链

平台经济所指的是一种虚拟或真实的交易场所,平台本身并不生产产品,但可以促成双方或多方供求之间的交易,收取恰当的费用或赚取差价而获得收益。[2] 随着互联网的快速升级和普及,平台经济也随之发生了深刻变化,信息的集聚、实体的集聚,不断带动周边产业的发展从而形成产业集群。

互联网给中国文化产业发展带来新的爆发点和增长点,越来越多的平台型文化企业与文化创意平台经济集群开始出现,并且崭露头角。像京东商城、凡客诚品、一号店、阿里巴巴、易讯、易购、库巴、当当、亚马逊等平台型企业均把网络效应发挥到了极致,网络效应的能量是不可估量的,"免费"和"开放"的噱头始终受到大家的青睐。

(三)互联网推动了文化产业精准定位服务群——服务链

随着互联网技术的不断突破,中国文化产业的市场定位也愈来愈精确。互联网可以提供全面感知、互联互通以及智慧服务,正是这些大数据技术的突破使得文化产业的市场定位更加精准。用户广泛的移动分布,运输带来的边际成本的降低,内容服务高度的汇聚集中,这些突破都是史无

---

[1] 花建.互联网是文化产业发展的新发力点[N].光明日报,2014-12-15.
[2] 安相根.信息技术产业平台经济的发展方向及其特点研究[J].现代经济信息,2015(1).

前例的，是互联网推动了文化产业可以最快找到自己的服务群体，文化消费、文化服务的效率均得到了质的提升。

有调查表明，中国的90后一代，超过70%的人都有上网经历，超过一半的城镇儿童的家中有互联网连接。[1]在这样的互联网背景下，90后、00后成为了影视产业的重要受众群。就电影产业而言，从2014年到2015年上半年，IP电影受到追捧，像《何以笙箫默》《左耳》《小时代4》等纷纷争相上映，这样一些电影原本就有大量的粉丝，所以对于电影投资者来讲风险小、回报大。

（四）互联网推动中国文化走出去——贸易链

文化走出去是我国的文化发展战略，所谓文化走出去，就是开展多渠道多形式多层次的对外文化交流，广泛参与世界文明对话，不断提高文化国际传播能力，不断发展外向型文化产业，扩大我国文化产品和服务在世界市场上的份额，从而增进国际社会对中华文化和中国的认识，增强我国文化的影响力和我国的国际话语权，进一步提升我国文化软实力。[2]

近年来中国对外文化出口结构发生了很大变化，以中国的网络游戏为例，依托互联网，采用授权代理、联合运营等出口形态，在经过7年探索发展与经验总结的基础上，中国游戏行业的海外销售额在2013呈现出井喷式增长，销售总额达18.2亿美元，比2012年增长了219.3%(数据来源：GPC and IDC)，中国原创网络游戏海外出口保持高速增长势头。除了网络游戏外，许多影视公司也频频向外使力，北京万达文化产业集团收购美国第三大电影院线AMC影院公司，小马奔腾公司收购数字王国等，这样一些例子都展现出我国文化企业的实力。

---

1 丁家永.当前消费者行为分析与思考的三个课题[J].科技智囊,2011(9).
2 赵丽涛.社会主义核心价值观"走出去"的战略思考——文化软实力的视角[J].湖北民族学院学报（哲学社会科学版）,2013(3).

二、颠覆创新:当文化产业牵手"互联网+"

(一)大数据:助力文化产业转型升级

文化产业经过近20年的发展,成果十分明显。但是依旧存在许多深层次问题,比如文化内容的创作水平较低、文化服务质量较欠缺、文化产品供需矛盾等问题。如今,文化产业正处于面临转型升级的重要阶段,大数据的出现为文化产业转型升级提供了相当好的契机。

文化产业对大数据技术的运用有着得天独厚优势。首先,文化产业涵盖的范围十分广泛,作为它自身来讲,拥有的数据量越多消费价值就越大。其次,有一句话说得好"文化产业是个筐,什么东西都可以往里装",虽然是俗语,但是我们不可否认的是文化产业本身就是数据和内容的产生地。文化产业归根到底是进行内容生产的产业,因此,大数据的驱动和激活能力,还体现在它对于内容生产的作用上。大数据不是万能的,在现阶段技术上的落后可能使大数据有这样或那样的问题和偏差,但是不可否认的是,现阶段大数据虽然不能决定文化产品的内容创制,但可以优化文化产品的内容创制,为文化产品的创作提供建设性意见。最后,用户资源也是文化产业的一大优势,文化产业拥有庞大的用户基数和规模,对庞大的用户资源去进行数据分析,毫无疑问这将会是文化产业未来基于大数据业务转型的关键性条件。[1]

1. 大数据时代的文化产业

2014年两会后,国务院出台的第一个文件就是《关于推进文化创意和设计服务与相关产业融合发展的若干意见》,其中明确提出要推动文化产品和服务的生产、传播、消费的数字化、网络化进程。互联网数字技术的运用如火如荼,从美国的《纸牌屋》到中国的《小时代》,从淘宝网到亚

---

[1] 张宜春,蒋伟.大数据:助力文化产业转型升级[N].中国文化报,2014-01-21.

马逊，大数据的作用一次次被证实。

随着时代的进步、科技的发展，在网络、物联网、云计算之后，大数据逐渐进入到了人们的视野，并引起人们的注意。美国在2012年3月22日宣布将投资2亿美元实施"大数据研究与发展计划"，可以看出美国对于大数据重要性的肯定，而随后世界各国也给予了大数据很大的关注，如果说这仅仅是政策或宏观上的关注，大数据在实践上取得的成果更是引人注目。不论是Facebook利用大数据进行的广告投放所取得的可观收益，还是《纸牌屋》热播背后大数据的巨大作用，不得不承认，大数据的时代已经到来。所谓大数据，是一种在多样或大量数据中快速收集数据和分析数据的能力，其根本依然是洞悉消费者需求。[1]现如今，文化消费的个性化程度越来越高，意味着"大数据"的应用价值也越来越显著。在大数据的时代，文化产业与大数据的融合也体现了文化产业学科一直存在的现象，实践先行、理论滞后。不论影视业《纸牌屋》依靠大数据而赚的眼球经济和热烈讨论，还是电子商务中淘宝、娱乐宝和京东出版的纷纷试水，大数据在文化产业行业的运用越来越广、越来越普遍。

2. 大数据时代的文化企业

过去我们常常通过因果关系来判断事物，但大数据的出现完全颠覆了我们的惯性思维，海量的数据使得社会更加理性，人们的生活和行动愈发透明。这是一次革命，同样也是一次挑战。多种多样的大数据环环相扣，任何一环都可能影响人们的生活以至于整个社会。因此，对大数据时代的展望十分必要，而大数据时代，文化企业想要适应这个巨变的时代，也需要通过展望和预测，来作出相应的准备与调整。文化产业作为以科技发展进步为支撑的现代产业，与大数据融合应当是自然而然的，可以看到许多文化企业并未及时跟上时代的步伐，没有很好地抓住大数据的转型期，民营书店的倒闭、《竞报》等一系列纸质媒体的倒闭，正告诉我们文化产业

---

[1] 王崇. "大数据"时代美术编辑思维方式初探[J]. 科技与出版, 2014（3）.

转型的重要性。大数据时代既是文化产业的一次机遇期又是一次挑战期，想要将文化产业做大做强必须抓好大数据这次机遇，将文化产品与大数据完美融合。

传统的文化企业想要自己建立数据库、购进大数据技术不是没有可能，但资金和技术上的难度可见一斑。但还有一种方便快捷的方法可以使传统文化企业搭上大数据的快车，成功抓住受众的数据和信息，有针对性地进行文化产品的创制和宣传推广，这就是建立与大数据机构的紧密合作关系，形成良好的分享与互动关系。在传统报纸深受威胁的今天，英国《卫报》仍然保持活力，就是在于《卫报》在报道中对于大数据的运用，不仅通过网络收集的数据分析热门话题和内容，还在内容编写上，用大数据说话，以数据来作为报道说服力的佐证，赢得读者的欢迎和持续关注。要做到不被时代抛弃，大数据时代的文化企业必须做出颠覆与创新。

（二）工业 4.0："智能制造"在文化产业中的运用

1. 从"中国制造"到"中国智造"还有多远

历经 20 年发展，中国被誉为世界工厂、全球制造业大国。中国工业与信息化部的统计数据显示，2013 年中国工业占 GDP 的 37%，提供了全国 25% 的就业岗位。在 500 余种工业产品中，水泥、发电设备、手机、计算机、彩电占全球产量的 50% 以上，有 220 多种产量居世界第一，中国制造业在全球的比例约为 20%。[1]

《中国制造 2025》近日正式公布，提出通过"三步走"实现制造强国的战略目标。制造业由大到强，创新是必由之路。从"中国制造"到"中国智造"，专利制度的有效运用将发挥重要的助推作用。

根据国家知识产权局统计数字显示，早在 2010 年的时候，国内发明专利申请中，企业发明专利申请比重达到 52.9%。这一数据充分表明中国

---

[1] 吴兴杰. 产业 4.0 时代是什么？——从 2010 年到 2050 年人类经济发展的总趋势分析 [J]. 商业文化, 2015（1）.

企业知识产权创造的主体地位得到加强,而这个背后的根本原因是中国经济的强大。在这个令人振奋的变化背后,人们看到的是中国企业自主创新能力的不断加强,看到的是经济发展方式的转变,看到的是从"中国制造"到"中国智造"的跨越。

工业1.0时代:18世纪末,有了机械制造设备,创造了机器工厂的"蒸汽时代";工业2.0时代:在19世纪与20世纪之交,有了电气化和自动化,将制造业带入分工明确、大批量生产的流水线模式;工业3.0时代:从20世纪70年代初,一直延续至今,信息化的出现使得更高水平的自动化制造得以实现,机器开始起到非常大的作用,从"体力劳动"到"脑力劳动",机器均可以部分替代,大大提高了生产效率。

进入工业4.0时代,有了智能化。有关资料表明,工业4.0可以实现4个互联。一是生产设备之间的互联。这意味着跨地域、跨行业、跨企业的智能工厂将无所不在。二是设备和产品的互联,这就意味着智能工厂能够自行运转。三是虚拟和现实的互联。四是万物互联,即将一切还未连接起来的人、数据、流程和万事万物都连接起来。随着互联网不断向万物互联进化,人们将以多种更为紧密和更有价值的方式连接在一起。根据思科研究显示,在未来10年,万物互联在全球范围内创造的整体价值将达到19万亿美元,其中商业领域价值为14.4万亿美元[1]。

自《政府工作报告》提出"互联网+",且在国务院常务会再度明确概念后,互联网将在中国制造业升级过程中扮演相当重要的角色。我们在研究互联网对零售业的影响时,会提到一个轨迹:过去技术对零售变革的推动,是"技术变革—生产变革—零售变革—顾客变化",而"互联网+"时代的轨迹变为"技术变革—顾客变化—零售变革—生产变革",与手工技术和工业技术革命不同,互联网信息技术革命的基本逻辑是:信息技术发展—信息传播路径增加—顾客全渠道购买—公司全渠道零售—公司适应

---

1 陈仕炜.万物互联开启智能未来 助推转型共创无限价值[J].IT时代周刊,2015(2).

全渠道零售的生产。究其原因，互联网打破时间、距离的限制，使信息高度透明、公开化，这显然大大降低了消费者与企业的沟通成本，也大大提升了消费者在生产经营销售等环节的参与度，开始优化资源配置。以小米为例，小米手机通过微博等互联网交互平台让用户与消费者参与到产品设计、测试等前端环节，作为 userinnovation 的代表，小米手机的案例恰恰说明了"互联网+"时代"用户体验为中心"给制造业带来的新变化。可以说，传统的制造企业一直以来以自我为中心，而中国的互联网化是从消费者互联开始，"互联网+"给中国制造业提供了一个难得的机遇。要积极融入互联网而不是被动等待颠覆，则须以用户需求为导向、以体验为核心，重建传统制造企业与用户之间的供需关系，围绕个性化、定制化和精准化的用户需求，从传统大规模制造向大规模定制转型。

2. 工业 4.0 带来的文化产业变革

我们知道，工业 4.0 时代的到来是社会生产力发展的必然产物，也是新兴产业产生的一种表现形式，随着中国社会与经济发展进程的加快，工业 4.0 与文化产业的联系越来越密切。一方面，工业 4.0 的发展需要文化产业的支持；另一方面，工业 4.0 将会为企业智能制造在文化产业中发挥不可替代的重要作用。

目前，我国制造业的发展还处于萌芽阶段，对于社会多元化的需求还跟不上趟，经过这么多年的发展，虽然和传统制造业相比进步不少，但离国际水准还差一大截。工业 4.0 恰好是一个机遇，对于文化产业工作者而言更要紧随其后，高速学习、分享教育、跨界整合会成为工业 4.0 完成时期人们必须掌握的能力。例如大型在线教育模式慕课（MOOC）现在已经非常成功地突破了传统教育的框架，这使得更多的成功者和领头人可以随时通过网络传播自己的经验。文化产业与工业 4.0 时代智能制造的融合，既是共同的机遇又潜藏着危机，文化产业人才的培养要能跟上时代的发展要求。

(三)创新 2.0:时代发展"新常态"

1. "互联网 +"引领创新 2.0 时代

2015 年 3 月 5 日,十二届全国人大三次会议上国务院总理李克强在政府工作报告中首次提出"互联网 +"实际上是创新 2.0 下的互联网发展新形态、新业态,是知识社会创新 2.0 推动下的互联网形态演进。[1]

新一代信息技术的发展催生了创新 2.0,引领了创新驱动发展的"新常态"。"新常态"强调走创新 2.0 时代的群众路线,走创新道路、内涵发展道路,所以,以人为本、注重创新、用户体验的价值越来越凸显,我们要彻底地转变思维方式,跳出条条框框,要充分融入到从创意设计到工艺制造这种大众创业、万众创新、开放创新的环境氛围中去,把握机遇,实现腾飞。

"互联网 +"的提出也引发创新 2.0 研究群的热议。讨论认为,"互联网 +"实际上涵盖了当下创新 2.0 研究与发展中的新工业革命(工业 4.0、第三次工业革命)、开放开源、众包众筹、创客浪潮、智慧城市等一系列热点趋势。智慧城市建设作为"新常态"下实现发展转型的重要战略,也将紧跟"互联网 +"演进和发展的脉动,并在其中扮演举足轻重的作用。

2. 创客崛起:这是最好的时代

如果说在创新 1.0 时代,创新的主体是拥有不同专业背景的科研人士,那么在这风起云涌的创新 2.0 时代,创新的主体已然悄无声息地开始向大众转变。这是一场静悄悄的革命,每一个人都有可能成为创客,不论年龄、不分职业、不管地域,或许一个属于"创客"的黄金时代就要来临了,这可以称得上是最好的时代了。

《经济学人》杂志在 2012 年提出:"虽然互联网是人类最大的革命,但它不属于产业革命。只有这个革命渗透到第一、第二产业,才会发生大

---

[1] 刘九如. 互联网"底盘"和大数据"轮子"[J]. 中国信息化, 2015(3).

规模的产业进步。"[1]"互联网+"的热潮是建立在制造业、实体经济之上的一次"乘方",推动实体经济健康持续发展仍是中国最重要的任务。作为推动实体经济有效发展的手段,"大众创业、万众创新"就成为了政府工作的焦点。

2015年6月4日,国务院审议通过了《关于大力推进大众创业万众创新若干政策措施的意见》,这是一份推进"大众创业、万众创新"的系统性、普惠性政策文件,是迎接"创时代"、推进"双创"工作的顶层设计。如今创业创新成为了社会发展的新动力,也已成为我国经济结构调整、创新驱动发展的新引擎。在"大众创业、万众创新"的洪流中,创客成为最为重要的力量,他们从生活各个角度推动文化和科技、创意设计与科技、社会服务与科技的融合,为社会创新提供新动力。创客们的行动,充分释放了草根创新的潜在活力,为许多社会与环境问题提供了新的解决方案。国家政策使得"大众创业、万众创新"不再是一句稍显"空洞"的口号,而是实实在在有着多项财税金融扶持的"新政策"。这一政策背后,属于"创客"的最好时代已经来临。《意见》从9大领域、30个方面明确了96条政策措施,从建立创业扶持的新机制、财税金融新政策、创业服务新模式方面为创意创业提供了保障。此外,各地也纷纷出台政策推动创新创业发展。

2015年1月5日,深圳市政府首次以官方名义向海外推介深圳"创客之城"的名片,发布关于促进创客发展的若干措施,规定创客空间最高可获100万资助,还举办了深圳国际创客周,为国内外创客打造互动交流平台。我们有理由相信:创客崛起,将更有力推动中国经济转型,也将从根本上改变社会未来。

---

1 徐思彦,李正风.公众参与创新的社会网络:创客运动与创客空间[J].科学学研究,2014(12).

三、如虎添翼:"互联网+"对文化产业发展的影响

(一)服务升级:互联网激发文化消费意愿

中国文化产业投资基金副总经理张元林指出,互联网平台颠覆了传统资讯生产的组织形式、传播途径、商业模式,借助互联网,资讯传播传递成本变得非常低廉。[1]根据国家新闻出版广电总局直属报刊《中国电影报》获悉,截至2015年7月30日,全国电影市场2015年总票房超203亿元,同比去年上半年的137.43亿元、前年上半年的109.94亿元增幅分别达48%和85%。正是因为互联网降低了成本才使得票价越来越低,从而激发了人们的消费意愿。

加深文化产品和文化服务市场的精准分析。随着大数据技术的发展,文化公司可通过数据的采集和分析,运用可量化的精确市场定位技术,实现对文化市场的精准分析,以及对客户的更妥帖服务。以《纸牌屋》为例,《纸牌屋》的投资方Netflix公司的网站有近3000万订阅用户,这些用户每天在Netflix上产生3000多万个行为,Netflix基于这些数据和第三方数据(如尼尔森的收视调查)进行分析,并最终做出了拍摄《纸牌屋》的决策。

(二)消除壁垒:推动新的文化产业生态链的形成

"互联网通过整合创意、硬件、软件、资本等要素,正在形成具有极大包容性的文化商业生态系统,把文化企业和文化消费者的隔阂逐步消融。"[2]以电影生产为例,片方通过开设微信、微博公众账号的方式定期发布影片动态,与观众互动,打通口碑营销,催生粉丝经济。而逐渐兴起的在线售票则凭借着便利、低价的优势,吸引着用户和影迷,同时提高了影院

---

[1] 鲁元珍."互联网+":给文化产业带来什么[J].决策探索(上半月),2015(4).
[2] 鲁元珍."互联网+":给文化产业带来什么[J].决策探索(上半月),2015(4).

资源使用效率。观众通过众筹方式转化为投资者，进而增加影片的持续关注度、观众的参与度。这些互联网的新形式与文化产业产生了微妙反应，在过去一年半时间内，中国有超过 100 部影视作品通过众筹平台成功募集到制作费用。借助互联网金融平台，真正实现了制作者与消费者间界限的突破，实现了影视产业与草根资本的对接。

伴随网络技术的不断发展，人们对互联网的依赖性逐渐增强，所谓的"手机党"遍地开花。互联网重构与颠覆了文化产业，使得许多传统产业不得不去蜕变，新的文化产业生态链不断形成。那么，文化产业如何做，才能在这个新的生态链中更好地发展下去呢？找准定位至关重要。从这方面来说，互联网的发展形成了平台经济。

（三）跨界融合：促进泛文化产业平台的搭建

互联网的出现让很多不可能成为了可能，使得原本较为松散的企业、散布的资源可以集中到一起，这就是所谓的平台型企业和平台经济集群，这种泛文化产业平台的搭建，使得各产业门类不再孤立存在，而是全面跨界连接、融通共生。

融通共生过程中要注意重塑内容生产关系。互联网时代，科技固然可以颠覆文化产业发展模式，但是文化产业的核心还是内容生产。要充分发挥"互联网+"和"文化创意+"对内容生产的促进作用，让所有创作者可以通过网络触达用户，通过基于互联网的生态找到与其匹配的消费者，获取认同感和商业价值，使内容领域"生产关系"的变化驱动"生产力"发展。例如：在腾讯动漫等平台上，无法通过传统动漫媒体实现职业化的佟遥，在腾讯动漫上拥有了点击量过亿的作品《王牌御史》，这背后，是渠道、终端等多方面的驱动。

（四）汇聚力量：加快文化贸易走出去的步伐

全球化的贸易与文化交流趋势势不可挡。互联网对推动中国文化走向世界提供了强大动力。在"互联网+"模式下,文化活动是多方向的,无论电影、电视、音乐、动漫还是电子游戏,在输入外来产品的同时,将以灵活的内容和新颖的平台,同中国文化一起迈出国门。在新的网络环境下,中国应该生产更多让海外受众乐于接受的文化产品,而非宣传品。因此,民营文化企业和文化人才宜将眼界放远。只有当民间的个体力量汇聚在一起,才能真正形成中华文化的强势崛起。

(五)注入活力:激发大众创业、万众创新的热情

"互联网+"带来的科技、艺术、人才自由交流,将催生一个大创意时代。"互联网+"的发展模式要求企业和个人从资源驱动型转化为创新驱动型,以适应网络与文化产业的深入融合。众筹模式的兴起为一大批中小微企业提供了新思路,极大激发了"大众创业、万众创新"的活力。众筹模式的兴起为小微文化企业解决了一个非常大的难题,那就是融资难。

回顾众筹行业的大事件,2014年3月,淘宝众筹频道上线;2014年7月,京东金融上线了京东众筹……越来越多的巨头开始瞄准"众筹"领域,2014年也因此被业界人士定义为"众筹元年",折射出该领域蓬勃的爆发潜力,众筹已经开始成为互联网时代融资的重要方式。股权众筹可以为众人投资创业,将闲散的资金聚集在一起,帮助一些有梦想的年轻人创业。它最大的特点就是人多力量大,众人拾柴火焰高,为创业者提供了无限可能的同时,也为投资人实现了参与梦想成功后的满足感。创业创新蔚然成风,互联网精神及技术所带来的新型投融资模式,将深刻地影响中国经济,这也是中国经济未来的答案所在。

第三节　在文化产业转型升级当中
需要处理好的关系

一、数字手段广泛运用，文化产业与文化事业如何协调

近 10 年来，我们党始终把文化建设放在党和国家全局工作重要战略地位，促进文化事业和文化产业协调发展，推动文化建设不断取得新成就，走出中国特色社会主义文化发展道路。在这条发展道路上，促进文化事业和文化产业协调发展是一个重要要求。

公益性文化事业和经营性文化产业都是文化发展中不可或缺的重要组成。公益性文化事业是维护公民基本文化权益、满足人民群众基本文化需求的重要保障，是维护公共文化生活的公平与正义，促进社会和谐稳定的必然要求。经营性文化产业是推动科学发展、转变经济发展方式的客观要求，是满足群众精神文化需求、保障人民文化权益的重要途径，也是提高我们国家文化软实力、扩大中华文化影响力的必由之路。应该说，科学地把握文化事业和文化产业的辩证关系，意义重大。

纵观近 10 年来的文化建设进程，文化与科技的融合成为重要的驱动力。随着知识经济时代全球一体化的加速，文化消费的方式不断发生新的变革，新的文化业态逐渐改变了文化服务的方式，服务形式的升级转型和服务手段的升级转型成为文化发展重要特点。我们可以注意到，将现代信息手段和时代元素融入文化下乡，广泛借助新技术、新媒体搭建新的传播平台，采用先进信息手段拓展文化服务领域和渠道，提升公共文化服务水平，拓展公共文化服务的空间，增强公共文化服务的效果，对公益性文化事业的整体发展起到了关键作用。同样，文化创意、数字出版、移动多媒体、动漫游戏等新兴文化产业成为文化产业发展新的增长点和构建现代文化产业体系的重要组成部分。以科技为基础，培育新的文化业态，增强文化产品的表现力、吸引力和感染力，成为文化产业发展的明显趋势。

在数字时代，文化产品的内容是最重要的，好的内容在数字化条件下会给我们带来更大的平台。比如三网融合后数字音乐会发展，在这个平台上，是否有创意，服务是否到位，技术是否能达到家庭音乐、手机音乐的要求，营销是否精确化，将决定谁会在竞争中胜出。

当然，我们不能盲目地去运用数字技术进行文化产品的开发。数字技术的发展，为文化遗产的保护提供了全新的高科技手段。各个国家纷纷推出相关的措施和计划。然而，数字技术毕竟只是技术手段，最终不可能代替人类的智慧和精神。如果没有正确的理念加以引导，它可能堕落成"数字陷阱"。虚拟性有可能让一种文化变成一种"真实的"幻境，同时也会使那些不具传播强势的文化样式受到来自"文化单极化"的挤压，从而在"马太效应"中更加速其消亡。

二、人人都有话语权，舆论监督与文化治理如何平衡

互联网时代，我们利用互联网技术可以更有效率地去进行文化治理，但与此同时，人们舆论监督渠道也在不断拓展。互联网也是一把双刃剑，在这样的时代，我们更需要去寻求舆论监督与文化治理的平

衡。在中共十八届三中全会审议通过的《中共中央关于全面深化改革若干重大问题的决定》中就把国家治理能力现代化作为重要目标进行了战略部署。

互联网的快速发展把人类带入了一个全新的信息时代，人与人之间不再只有单一的联系方式，而是变得多层次、多元化。互联网在改变我们的经济、生活、思维的同时，也触碰到了人类的政治生态环境。与传统媒体不同的是，互联网环境下的新媒体表述形式多样、互动性强，传播的速度也加快，无形中为社会舆论监督提供了较大空间，人们宣泄情绪和表达意见也有了平台。

增强公众知情权、扩大公众的政治参与是发扬民主政治、加强舆论监督、考验政府能力的有效手段，但是，在这个过程中，有一些人会利用这个平台见缝插针、挑起事端，所以正确引导很重要。

一方面，我们要给予文化治理高度的重视。因为文化治理对我国政治治理、经济治理、社会治理有机统一的整体结构具有精神引领和文化认同的作用。文化治理也对塑造人的价值认同和发挥文化创造能力有巨大的作用。另一方面，我们也要确保人民的话语权地位，特别是在当下互联网的环境中，微信微博都可以成为人们发表意见的渠道，舆论监督显得十分必要。寻求舆论监督和文化治理间的平衡点是我们始终要高度重视的问题。

三、盗版成本极度低，原创审美与技术复制如何取舍

这是一个移动互联网盛行的时代，这是一个极度标榜创新与盛行复制的时代。技术在革新的同时，大批量的文化复制与重复生产也紧随其后。有人认为，模仿也是一种能力，有人认为只有原创才值得被尊重。但是，无论在艺术界还是时尚界，我们很难说模仿就是错的，因为艺术家可以在模仿的基础上再创新。如果大家都去照搬还需那么多原创吗？其实，我们

不能偏执地去看待这个问题，照搬与创新并非水火不容。在一些层面上，复制并非简单的重复，而是在其中蕴含了深刻的艺术发展规律。从某种程度上说复制与创新是一种互相依赖、互相融合的关系。

一方面，我们需要明白复制是创新的起点。对于戏剧、舞蹈、绘画、雕刻等这类艺术而言，复制事实上是一次重新创作、一次重新被记住的机会。复制的过程也是一个使原作的意义不断深化、升华的过程，模仿式创新也不失为一种创新。就拿百度的例子来讲，一般人会始终认为，百度的商业模式全盘模仿了谷歌，百度从来没有否认过它模仿谷歌，它本土化的创新我们却很少注意，中国人就是喜欢用这种思维方式去否定很多东西，不能说不好，但起码不全面不客观。2011年1月初，百度悄无声息地上线了一款新UGC产品"大全"，这个"大全"是由用户团队将某一特定主题下的资源进行人工整理，帮助浏览者迅速获得精选信息。[1]据了解，"大全"目前仅在少部分的主题贴吧中进行测试，如以著名动漫柯南为主题的"柯南"吧等，但还未到普及使用阶段。这个产品实质上是一种"纵向创新"。

另一方面，从更高的意义上来看，复制的过程也体现出了继承与创新的关系。在艺术界有一幅很有名的画作——法国画家马塞尔·杜尚的《带胡须的蒙娜丽莎》，加上两撇胡须就登上了艺术的殿堂，这种创新很难理解，但是却得到了认可。文化产业的健康发展应首要考虑社会效益，也就是对优秀的传统文化进行继承和吸收，之后我们才能去考虑开发创新，继承中的创新不失为上上策。但是，复制切不可粗制滥造、利益当先，我们要有辨别地去对文化产品进行复制，在复制之前要充分考虑其价值。虽说复制性是文化产品的特性之一，但是文化产业的蓬勃发展，不是数典忘祖，也不是天马行空任意为之，要牢记继承之中有创新，创新之本是继

---

[1] 吕静.李彦宏：从"复制创新"到"纵向创新"[N].中国经营报，2013-01-28.

承,[1] 这样的思维观念才能真正理解创新与复制的关系。

四、产业开发渐成熟，传承保护与市场开发如何选择

文化产业发展离不开对文化资源的开发。国家政策一直大力支持文化产业的发展，与此同时，我国文化资源也面临着严峻的考验与挑战。目前，过度开发、盲目开发的现象十分严重、屡见不鲜。不顾后果、只开发不保护的做法最终结果可想而知，生态环境必将遭到严重破坏。在文化产业的发展过程中，应当正确处理好文化资源保护与开发利用的关系，不能只顾眼前而忽视未来。

第一，必须坚持把保护为主放在首位的原则。文化资源具有不可替代的历史文化价值，这一独特属性要求我们必须坚持贯彻把保护放在首位的原则。

历史文化遗产是一个城市的见证、一个民族的共同记忆，传统历史文化在任何时代都有着强大不衰的生命力。中国是有着五千年历史的文明大国，传统文化资源更是异常丰富，但是，在对传统文化资源的保护与开发的问题上，我们与国外却有着巨大的差距，文化资源大国并不能意味着文化资源强国。据国家统计数据显示，2000年时，中国有360万个自然村，到2010年，自然村减少到270万个。10年里有90万个村子消失了，如此算来，一天之内就有近300个自然村落消失，而自然村中包含众多古村落。[2] 古村落的消失只是传统文化中的一个方面，我们还有众多的非物质文化资源，比如戏曲、方言、节庆、杂技、民俗等也是危机重重。很多人认为，对这些非遗的保护可能会得不偿失，但是，随着科技的迅速发展，互联网技术越来越多地运用到文化的保护上。

---

1 潘智彪，李丹媛. 当代文化产业的复制特征 [J]. 学术界，2010 (3).
2 王觅. 云水谣古村保护与发展的现实困境及对策研究 [D]. 厦门：华侨大学，2014.

对于传统文化的保护，我们要全面融入互联网的思维方式。根据统计显示，互联网已成为非遗产品以及传统民俗的主要传播和销售渠道。2015年的国际非物质文化遗产节（简称非遗节）推出了官方认证的非遗在线销售平台手机APP"非遗宝"，这是国内首个由政府机构对非遗产品进行"官方认证"的在线销售平台；河南省举办了"网上看河南"采风活动，在线传播濮阳国家级非物质文化遗产剧目名家名段；原创龙岩本土方言音乐作品《芦苇小站肆号——岩汁岩味》利用众筹成功筹得一笔资金，开创了福建省方言音乐作品创作与"互联网+"结合的先河；2015年5月，百度联合国内8家知名博物馆打造出百科数字博物馆，让人们通过互联网即可身临其境般地观赏文化精品；湖北林球明通过百度推广，将米雕这种民俗卖到了全国，年销售额达到百万……这些都是成功运用了互联网思维的典型。

第二，要在保护的基础上进行开发。保护不是目的，只是一种手段，我们提倡文化资源保护，但不提倡把文化资源给雪藏起来。一方面自然资源是人类社会可持续发展的重要条件，没有了这些人类赖以生存的资源，发展无从谈起。文化资源是这其中的一部分，经济价值与社会价值我们应该同时予以考虑，保护与开发并不是相悖的，国外的文化遗产保护与开发就做得很好，特别是英国、法国，它们都设立了专门文化遗产保护法案。在我国也有一些文化资源的开发利用得当的省市，就以南京为例：南京历史悠久，文化资源十分丰富，是"六朝古都"。南京政府并没有把这个城市"冷冻"起来，而是依托文化资源丰厚的优势，集中智慧，提出了"文化南京"的城市发展战略，南京这座城市也逐渐地在全国被人们熟知，甚至成为旅游的首选地之一。

第三，文化资源产业化开发要坚持合理、适度的原则。文化资源不是拉动经济增长的"摇钱树"，"文化搭台，经济唱戏"的做法不是一种符合文化保护要求的合理的开发行为，这种开发利用会使文化资源保护成为一句空洞的口号。真正的保护是需要付诸实践的，在互联网时代的今天，许多的保护修复技术使得保护变得更容易，所以，保护与开发并不是一对矛盾体，充分利用科学技术的创新，在保护的前提下合理开发才是持久发展之计。总之，我们要学会用互联网思维实现传统文化的保护与传承。

五、眼球经济成主流，渠道优势与内容为王如何评断

互联网发展到今天，有关"内容为王"还是"平台为王"的讨论由来已久。从一开始传统媒体热衷于"内容为王""品牌为王"，到后来有人倡导"广告为王""发行为王"，再到新媒体出现后的"技术为王""平台为王"，人们一直在探讨在传播手段瞬息变幻的背后，内容的重要性是否有所减少。有观点认为，平台可以解决传播中的一切问题，致使传播内容常常淹没于传播平台之下。反之，也有人认为，唯有内容才能主宰传播的最终效果。

要回答这个问题，我们不妨看看平台在如今世界里发挥的作用。就今天的商业模式而言，与过去相比，可以说发生了天翻地覆的变化，这让我们无法否认平台的重要作用。阿里巴巴、京东就是最好的例子，它们通过打造电商运营平台，带动了数以万计的电商从业者，表现出极为强大的商业辐射力。再比如盛大文学，通过搭建网络文学的创作与分享平台，吸引了无数的网络文学爱好者，进而诞生了大量网络新人、创作红人。同样，在网络营销平台的强力推动下，像《致我们终将逝去的青春》《小时代》等多部电影也都产生了意想不到的反响。

那么，在这样的环境下，是否内容为王要让位于平台为王？我认为不然。不仅如此，在传统媒体面临数字化转型、各大平台日趋多元的今天，"内容"的地位非但没有任何意义上的削弱，反而得到了前所未有的加强。我们毫不否认，平台始终是贯穿于产业发展的重要环节，其建立在现代科技发展的大环境下，通过全方位、立体交叉的传播方式，为诸多营销渠道提供了可能。但是，平台就好比高速公路，路再宽，流速再大，它也只是

为汽车提供了一个行驶通道。在高速公路上，要想跑得快、跑得稳，关键要看跑的是什么车。也就是说，在平台上重点要关注承载着怎样的内容。2015年7月，由上海报业集团旗下的《东方早报》采编团队运作的"澎湃新闻"苹果客户端悄然上线，其APP的下载量当日猛冲至苹果应用商店华语新闻类第二位。在众多新闻客户端少有人问津的情况下，"澎湃新闻"如此火爆的原因只有一个，那就是它的内容打动了受众。这个新闻APP的运作者连续推出的多篇深度报道，形成了强烈的内容冲击波，赢得了稀缺的注意力。从这一点来说，内容是永恒的。

但是，内容若要得到好的表现就必须要与平台相匹配。一些传统的文化素材、传统文化积淀只有经过创意改造，运用现代表现手段，切合现代人们的消费习惯和消费心理，才能在平台上得以完美表现。比如传统戏剧戏曲，其艺术形式、艺术内涵并不是不好，但以今天的消费节奏和消费习惯来看，如果不能够让消费者得到感官上的满足和心灵的震撼，它的消费就会大打折扣。所以平台在某种程度上制约着内容的表现形式，而内容也在促进和推动平台不断完善和提升。

因此，对于这一问题的讨论，不能武断地认为平台为王，也不能说只依靠单一内容就能独霸江湖，这都是不现实的。只有做到二者的结合，才能够让优质的内容通过广阔平台达到最优的效果。

第七章 "互联网+"与文化建设各门类融合综述

本书是"互联网+"系列丛书的总论,主要是从理论视角来探讨"互联网+"与文化建设发展这一命题。而本书中的这一章则主要是概述"互联网+"与文化建设紧密结合的 10 个门类的发展情况,起到一个提纲挈领的作用,"互联网+"与文化建设各个门类的发展详情还请参读"互联网+"系列丛书的另外 10 本。

第一节　网罗城镇

预计到 2040 年，中国总人口将达到 14.7 亿左右，而城镇化发展水平将达到 75%。其中，东部沿海地区城镇化率将达到 80%，中部地区 70%，西部地区则将达到 60%。同时，我国城市总量将达到 1000 个以上，小城镇将发展到 20000 个以上；小城镇将吸纳 20% 左右人口，中等城市吸纳 30%，大城市、特大城市和超大城市将吸纳 25%，剩余 25% 人口继续留在农村从事农业生产。[1] 届时，新型城镇化功能体系也将构建完备：国际大都市 3 个，国家中心城市 3~5 个，跨区域性中心城市 30~50 个，省级区域内中心城市近千个。[2]

中共十八大以来，新型城镇化建设作为国家级战略，一直是社会各界关注的焦点。2014 年 3 月，《国家新型城镇化规划 (2014—2020 年)》出台，2015 年《政府工作报告》指出，要推进新型城镇化取得新突破，坚持以人为核心。与此同时，在当下中国经济新常态的背景下，李克强总理提出"互联网+"行动计划。在互联网时代的背景下，新型城镇化的建设要求我们必须跳出传统的工业化思维，把握网络经济的规律，建立起基于互

1　岳文海．中国新型城镇化发展研究［D］．武汉：武汉大学，2013．
2　岳文海．中国新型城镇化发展研究［D］．武汉：武汉大学，2013．

联网技术和思维的新型城镇化发展的思维范式。

一、人与新型城镇化

城镇化是现代化的必然趋势，也是广大农民的普遍愿望，它不仅可以带动巨大的消费和投资需求，创造更多的就业机会，其直接作用还是富裕农民、造福人民。在城镇化建设过程中，注重人的需要、发挥人的特长，才是以人为本的城镇化。

新型城镇化，是以人为核心的城镇化。新型城镇化首先是人的城镇化，而非土地的城镇化，应当是以人为本、文化为魂、生态健康、社会和谐的城镇化。然而当前的城镇化过程中却出现了许多问题。一方面，许多城镇对城镇化存在着认识偏差，片面追求土地城镇化，热衷于"土地财政"，侧重于城镇规模的扩大和经济总量的增长，忽视了人文核心；另一方面，不少城镇在规划建设上，存在"闭着眼睛"规划，或者只有建筑规划、土地规划，甚至没有规划的情况，忽视城镇原本的生态环境和传统文脉，导致不少地方"千城一面"，甚至成为"空城""鬼城"，出现了生态恶化、文化消失、人民幸福感下降等问题。

在城镇规划中，要注重对城镇人文精神内涵的发掘与规划，如文化规划、教育规划、产业规划等，以达到物质与人文精神的和谐统一，这样才能使城镇真正以人为本，留住"乡愁"，富有人文生命力。一方面，城市的土地开发、空间布局、建筑设施建设等物质规划始终要以服务居民、方便居民、提升居民生活品质为出发点；另一方面，要注重城镇人文精神内核的规划建设，在保护、继承和发扬城市历史文化遗产的同时，发展现代化文化事业和教育事业，规划建设图书馆、美术馆、艺术馆、博物馆、文化馆等公共文化基础设施，完善公共文化服务体系，促进义务教育、高等教育、职业教育、农村教育以及传统文化教育的全方位发展，最终实现居民精神生活的丰富和文化品位的提升。

云南省在人文城镇的规划建设上走在了前列。云南省在城镇规划建设中从本省实际情况出发，固守地域自然的特色，坚持田园城镇的理念，不"摊大饼"、蔓延式扩展，大小城镇坐落于高原山水间，探索出了一条"城镇上山"的城镇化建设路径。

欧洲城市对城市规划建设的理念是"在城市上建造城市""在城市上复写城市"，强调的就是尊重城市的传统风貌。每一个城市或城镇都有着不同的生态地理条件、历史文化背景，在城镇规划中，要充分考虑每一个城镇的特色，保护生态环境，保护古村落，保护历史文化遗存，保护传统文脉，努力发掘有特色的人文内涵。所以，在人与城镇化的发展过程中，我们要充分把握以人为本这条核心，要在城镇化建设中展现出文化内涵，也要充分尊重与保护"人"在城镇化进程中的作用。

二、城镇化五彩斑斓里的"互联网＋产业"

运用互联网思维推进新型城镇化，是充分利用互联网的精神、价值、技术、方法和规则来创新生产和生活的思维方式。这为推进新型城镇化提供了一种新的发展思路与方向。

新型城镇化建设必然是包括人的城镇化、金融的城镇化等的全面城镇化。那么，利用"互联网＋金融"大力发展农村电子商务，将会极大地帮助农民脱贫致富。大数据、物联网的出现更是为城镇化提供了机遇。

大数据推动时代的前进，也逐步应用于各个领域，比如农业领域，硅谷有气候公司，从美国气象局等数据库中获取了过去几十年的天气数据，将各地降雨、气温和土壤状况与历年农作物产量的相关度做成精密图表，从而预测农场来年的产量，向农户出售个性化的保险；在商业领域，阿里集团根据淘宝网上中小企业的交易状况，筛选出财务健康并讲究诚信的企业，为他们发放无须担保的贷款。目前放贷超过300多亿，坏账率仅0.3%。

早在2006年，新加坡就开始启动"智慧国家2015"计划，希望通过包括物联网在内的信息技术，把新加坡建设成为经济、社会发展一流的国际化城市。如今，在电子政府、智慧城市以及互联互通等方面，新加坡所取得的成绩引人注目。2009年9月，美国爱荷华州的迪比克市联合IBM共同宣布，未来将建设美国第一个"智慧城市"——一个由高科技紧密联接的6万人社区。通过采用一系列信息技术联接，迪比克市将实现完全的数字化。通过城市信息资源的互联互通，实现城市管理信息的侦测、分析和整合，并智能化地做出有效响应，以更好服务于市民。日本在2009年7月也推出"I-Japan（智慧日本）战略2015"，旨在把数字信息技术融入到生产、生活的每个角落，将目标聚焦于电子化的政府管理、医疗健康的信息服务以及教育人才培育三大公共事业。

三、"互联网+"思维下的城镇社会治理

伴随着"互联网+"思维席卷各行各业，互联网已经在改变着大众的思维方式。在新型城镇化背景下，"互联网+"将渗透到社会治理的内容、方式或手段上。运用"互联网+"思维进行城镇化的社会治理，将会使得社会更加和谐、资源的配置更加有效。

传统意义上的社会管理思维是"管"，而"互联网+"背景下的社会管理思维则是"共享"。社会治理除了需要国家、政府、企业参与，更重要的还需要普通群众的主动配合，上下协同才是最好的治理之道。

伴随着互联网、移动互联网以及各种手机终端的普及，"大众创业、万众创新"时代已经到来。一方面，互联网时代创造了一种新的思维模式，让人与人之间的沟通和交流更加便捷。另一方面，也让更多具有相同兴趣和爱好的人连成了一个整体，形成了组织。据统计，2007年，全国有各类社会组织共计38.7万多个，到2012年增至49.9万多个。这些社会组织活跃于经济、文化、社会等众多领域，并且不同程度地为激发社会活

力、动员和组织社会资源发挥着重要作用。

　　社会治理创新过程中重要的内容就是激发更多的社会组织参与到社会治理的过程中来,在政府与社会组织形成的多元化的治理结构中发挥好政府的指导和引导作用、社会组织的主导作用,真正可以鼓励、引导民众投身到社会治理中来。同时,在互联网时代,通过网络的力量,充分发挥互联网在社会动员、正能量传播、社会问题解决、救援等方面的作用,让更多的大众参与到社会治理中来,真正形成线上线下的互助组织体系。

第二节 大悦读时代

进入 21 世纪以来，随着科技的发展和进步，媒体已不再是一个单一的概念。从最开始我们看的报纸到后来的广播、电视，再到现在的手机、pad 等媒介，无一例外的都经历着一场巨大的变革。在这样的大趋势之下，有人把互联网当作继造纸术、印刷术后的第三次阅读革命。正像蒸汽机和电力的发明曾经改变世界一样，互联网的出现和广泛应用正使世界发生根本性的变化，一个全面的 E 时代已经来临，阅读产业也不例外。信息化、网络化、全球化的发展趋势，一方面给阅读产业带来了难得的发展机遇，另一方面也使阅读产业遇到了前所未有的挑战。互联网正在改变阅读的形态。

一、当传统出版遭遇互联网

随着互联网技术、移动技术、数字化阅读技术的发展，传统出版业面临着前所未有的挑战。以图书、期刊、报纸等为主的传统出版业在产业中所占的比重逐渐下降。有人说，互联网对传统阅读产业链正进行"破坏式、颠覆式"的改变。但是这种冲击，更多的来自传统出版的"顽疾"，如产业链环节过多，各环节主体之间信息不对称、不透明等。

在前互联网时代，出版产业主要由出版机构、印刷厂、物流公司、分销商、零售商等组成。稳坐产业链上游的传统出版机构，掌握着作家、版权以及书号等核心资源，在整个产业链上有着绝对的议价能力。而对于消费者来说，他们所阅读的内容更多时候只取决于出版人想要表达什么，传统出版机构的权威不容置疑。

互联网的出现却急剧改变着这一切。首先是以亚马逊和当当为代表的网上图书零售商开始发力：电子商务的形式让它们获得了出版业下游批发商、零售商的双重功能，并最终取而代之。在强调内容为王的时代，互联网上的内容生产者们也不甘落后，纷纷抢占着传统出版机构的金饭碗。与此同时，无论是对原有还是新生的阅读内容来说，阅读产业的数字化趋势让数字化环节成为必须，这就为技术服务商提供了角逐阅读产业的可能。以中国知网、万方数据库等集成性数据库为代表，阅读内容数字化的技术让供应商们开始占有包括报纸、杂志、图书等在内的一系列传统阅读内容。强大的平台优势和用户的数字阅读习惯让技术服务商逐渐转为内容提供商，并开始跳过传统出版机构形成自己的出版发行平台。很难想象，如果没有出版政策的保护，在与新兴阅读内容巨头的短兵相接中传统出版机构该如何立足。

二、互联网时代的阅读难题

在商业化时代、泛娱乐化时代、互联网时代里，传统的阅读也发生了巨大的变化。根据近年来发布的调查数据显示，新华书店、民营书店等实体店图书的销售均在走下坡路，真正有效的阅读变得越来越罕见，碎片化阅读成为常态，这就抛给我们一个难题：传统阅读该怎么办？

不可否认，互联网的出现使得大众阅读打破了封闭和信息垄断，托马斯·弗里德曼在《世界是平的》一书中指出，互联网的流行和普及"跨越了国界，抹平了世界"。在互联网平台上，人与人之间获得阅读的可能性几乎趋于平等,这带来了新的机会和无限的可能,因而近年来,数字阅读备受青睐。传统书店、出版社和互联网阅读日日高歌相比,显得黯然神伤。图书电商和数字阅读的快速发展给了许多实体书店致命一击。据统计,10年来全国有将近50%的民营实体书店倒闭。此外,缺乏合作精神也是当前出版业在媒介融合冲击下面临的又一个现实问题。很多传统出版企业很难克服自己的行业惯性,从事比较单一的生产活动,即使跟相关媒体有某种合作,但因其机制和观念阻隔,多停留于形式上或较浅层面的合作,从而导致出版内容资源的浪费,其价值得不到更大的体现。[1]

面对当今网民对互联网阅读的需求量日益上升,数字出版的内容显得极度匮乏。阅读碎片化、娱乐化、低俗化问题也愈发明显。新媒介技术的普及和公众阅读习惯的改变,比如像手机阅读、网上阅读等新的阅读方式被更多的人所接受。而这种通过手机、网络等渠道获取海量信息的泛读模式就是我们平时所说的碎片化阅读。它具备快速、及时、交互性强等优势,这已经成为了现代阅读的一种大众趋势。

但是,碎片化阅读给大众生活带来便捷的同时,我们还应该看到它让许多人的深度阅读时间不断减少。特别是当今信息海量多元的强大来袭,人们更愿意接受超越单一文字信息的视听结合的多媒体阅读信息,从而达到对感官冲击的娱乐性目的。除此之外,它也让人形成了一种阅读惰性依赖症,对深度阅读缺乏耐心和定力。在当今的这个社会,阅读资源不会匮乏,而是泛滥成灾。人们如何在这片汪洋大海中去找寻有价值的阅读内容,将是整个"全民阅读"时代所面临最大的挑战。

三、互联网阅读的 2.0 时代

近些年来,由于新媒体的不断涌现与飞速发展,人们也在不断更新着

---

[1] 严利华. 媒介融合背景下的公众阅读与出版转型[J]. 出版发行研究, 2014 (12).

自己的阅读方式。根据 2014 年第十一次全国国民阅读调查报告显示：2013 年，我国数字化阅读方式的接触率为 50.1%，较 2012 年上升了 9.8 个百分点，各媒介综合阅读率为 76.7%，较 2012 年上升了 0.4 个百分点；2013 年，有 44.4% 的成年国民进行过网络在线阅读，41.9% 的国民进行过手机阅读。[1] 数字阅读的趋势非常明显。

第一，内容为王将是互联网阅读 2.0 时代的一大趋势。对于阅读一直存在很多争议，是内容为王、还是渠道为王、还是终端为王或者体验为王，随着阅读产业进一步发展，读者对阅读的质量要求越来越高，阅读最终走向内容为王。而在电子书市场，电子书的质量参差不齐，要想在电子书市场取得优势，必然要提供给读者高品质的阅读内容。随着互联网技术的进一步提高，越来越多的精品阅读会从书面转移到屏幕上，为用户带去良好的阅读体验。因此各厂商会将业务的重心转移到优质内容的争夺和创造上来，寻求与出版社的合作，通过图书垄断赢得内容上的胜利。

第二，随着中国对版权保护和人们付费意识的增强，"免费午餐"时代终将落幕。而在竞争激烈的市场化体制下，付费的形式发生着多种多样的变化。如何让用户感觉到实惠，给读者最好的用户体验成为电子阅读企业的思索目标。在电子书"包月"服务和电子书"借读"功能的引导下，越来越多的创新模式将会出现。电子阅读成为不可逆的潮流，企业看到的是巨大的商机，读者看到的是更好的阅读体验和服务，怎么将二者有效地结合起来，值得思考。总之，相对于纸质书的定价，电子书的定价要便宜许多，对于读者来说，购买电子书将会成为一种习惯，并且要比购买纸质书更加频繁。

第三，众"阅"时代来临。"移动阅读与阅读并非一回事。到了数字时代后，阅读已经越来越不像个人的行为，分享的存在让阅读已经完全不

---

[1] 郑海鸥. 传统阅读数字阅读齐发力[N]. 人民日报, 2015-04-02.

是个人主义的行为，而成为了一种小圈子式的集体主义行为。[1]

正是由于在线阅读的特性，在线阅读引发在线社交成为必然。在社交软件流行的时代，人们倾向于"分享"生活。正如用微博、微信分享照片、言论一样，分享文章和自己的见解也成了自然不过的事情。除了微信、微博之外，近来越来越多的专业阅读APP、阅读网站等都推出了自己的阅读社交平台和社交方式。

互联网阅读2.0时代，以社交为目的的阅读将是主流。如何让作者跟用户、用户和用户之间更好地互动，以此指导内容更好地创作和生产。通过内容社交，也可以把单纯买书关系的用户聚拢起来，形成粉丝经济、打造用户黏性，构筑数字阅读的护城河。

第四，大数据会在阅读领域被广泛运用。当今"大数据"已被应用在阅读领域，贯穿了阅读整个过程。首先，从读书内容的创作，作者会针对人群的大数据分析，创作读者喜欢的情节和人物。其次，图书经销商会根据对读者的大数据分析购置和销售读者喜爱的书籍。最后，一些网络图书经销商会根据用户数据推荐书籍。根据用户社交网站信息和用户网络购物记录等获取的大数据，再进行专业化的数据分析，便可得出用户的喜好、购买习惯等的分析。这样有利于服务商针对用户的特性制造、推荐阅读，节省成本、提高效率，也有利于用户获取更好的用户体验。

---

1 魏武挥.移动阅读与阅读并非一回事[N].经济观察报,2013-05-04.

第三节 重构与融合：
电影产业新格局

根据艺恩咨询的数据显示，截至 2015 年 4 月 18 日，中国电影票房达到 118 亿元人民币，荧幕数量则达到 27000 块。[1] 通过数据可以估算到中国电影市场的产值几乎达到一天 1 亿元人民币，说明中国电影观众的消费能力与之前相比有了明显的增强，而这个数值还在一天天地增多。随着国家产业政策的大力扶持倾斜，影院建设向二三线城市急剧扩展，还有非常重要的是"互联网"的全面进入激发了中国电影观众的消费能力，这些都在悄无声息地改变着传统电影格局。

1895 年 12 月 28 日对于人类来说是个特殊的日子，这一天法国的一位摄影师路易·卢米埃尔用一部活动电影机首次在公共场合给人们放映了电影《工厂大门》，这标志着电影的诞生。到了今天的互联网时代，电影产业又在酝酿着一次新的蜕变。"互联网+"思维主导下的电影制作、发行、放映等多个环节已出现新变化，这些改变预示着未来电影产业发展的新模式。"互联网+"正成为中国电影行业近年遇到的最大变革。互

---

[1] 王坤宁．中国电影市场进入"加速度"［N］．中国新闻出版报，2015-04-30．

联网正在快速改造传统电影产业格局。电影生产的民主化、消费的去物理化、发行的去中介化、营销的扁平化、运营的大数据化、电影消费的多元化、衍生品购买更便捷等趋势已逐渐显现，这将成为中国电影产业发展的新核心驱动力。

互联网与电影的联姻已经经历了非常长时间的讨论，网络付费、版权问题、网络营销以及网络视频等是主要讨论的议题。当下，郭敬明的《小时代》系列电影、赵薇导演的《致我们终将逝去的青春》等青春题材影片受到热捧并且都取得票房佳绩，这将互联网对电影行业的巨大的推动力量再次推入大众的视野。这样一些电影无论制作成本还是创作团队都不是最好的，但是依然能在票房上大胜，离不开他们成功的宣传运作模式，而这之中离不开对互联网的运用。华策影视总经理赵依芳在某采访中提到，在互联网重新定义的电影市场中，电影的意义被认为"绝不仅仅是娱乐，其实是提供了IP+社会化营销+粉丝经济的理想模型"。[1] 中国电影产业的发展进入了新的时期，无论是IP定制、O2O融合，还是多屏联动、用户经营，其背后都是互联网渗透于电影产业之后所产生的化学反应，其根本原因在于思维方式的转变。在"互联网+"的思维之下，资源之间的壁垒被打通，渠道、内容等进一步充实与互通，而在其背后是产业新模式的诞生。

一、制作环节的链条重组

在制作环节，互联网和电影融合发展的结果可能是产业链的破碎，原本具有上下游关系的链条式的发展方式可能转变为平台式的横向发展。由此带来的是电影生产各个环节资源的集聚，所有的投资、技术、剧本等可以实现互相流动。

这引发的直接影响就是剧组形式的变化，即拍摄电影可能只需有演

---

1 王昀.真实或是虚空：互联网时代电影市场的转型与解构[J].东南传播，2015（3）.

员、导演、摄影师等主要工作人员，其余的工作都能够通过互联网平台予以解决，由此带来的是电影拍摄效率的大大提高以及质量上得到保证。就目前电影行业的实际发展情况来看，演员的挑选就可以通过网络大数据的挖掘来实现。名利双收的电视剧《纸牌屋》的演员和剧本，都是依赖于大数据来判定的，未来电影的发展也将如此。

二、营销发行的反客为主

在电影营销和发行环节，制作方都会想尽办法做宣传，硬广、软广、城市巡场、点映等各种宣传形式可谓八仙过海，各显神通。尽管如此，电影最后的收益也不一定尽如人意，有限的发行经费也会束缚制作方的手脚。而在"互联网+"时代，与传统意义上的"营销发行"不同，从制作开始，观众就已反客为主，成为这部电影的"制作方"。

首先，众筹让观众主动参与电影"投资"，很多通过IP定制的电影在刚开始就有了较高的关注度。其次，已有的关注度会伴随着演员剧本等的选择被进一步拉长，演员的明星效应、电影拍摄之中的各类消息都会继续牵引观众的注意力。而在影片上映之后，原来众筹积累下的基数观众既会成为电影质量的把关者，也会自动成为影片的推广者。

去年畅销的电影《小时代》在拍摄之前，原版小说庞大的粉丝群已经是电影后期观众的一个预备军，而其采用的众筹方式进一步吸引住了粉丝的眼球，更遑论各种后期的明星效应、话题噱头。

三、放映环节的院线变革

很多人认为，电影荧幕数量在一定程度上反映了一个国家电影产业发展的现状，这样的观点反映出电影放映渠道的单一化。随着"互联网+"时代的到来，多屏放映将逐渐成为主流，电影的"大放映"概念将逐渐形成。

多屏时代的到来预示着院线将不再是观影的最佳场所，3D 电视、平板电脑、宽屏手机等已有的屏幕将使观影更便捷、更多元。但这并不意味着电影院会消亡，互联网时代下人与人之间的互动社交越来越依靠手机等移动设备，但直接的互动仍不可或缺。因此，未来电影院的发展重点将集中在对社交互动的设计上，人们进入电影院的主要目的将不再是看电影，而是社交。

四、衍生产品的多元变化

大数据运用在营销、商业植入、周边产品开发等方面都有相当不错的价值。数据显示，目前中国的电影产业营收 80% 依赖于院线票房部分，而国外的影视剧作品票房收入占总收入的 30%，大数据影业衍生品、定制性产品是亟待开发的蓝海。大数据意味着消费力和购买力。

优质 IP 可以用于开发各种衍生品，进一步地延长其电影产业链，为电影带来更大的经济效益。这在美国发展得非常成熟，美国的衍生品的收入基本占电影总收入的 70%。相比而言，在国内，90%~95% 的电影收入都是来自票房及相关的植入式广告或其他收入，衍生品收入基本可以不考虑在内，国内电影衍生品的市场尚处于开拓阶段，把握优质 IP 尽快进行挖掘，才能占得先机。

放映是电影产品实现价值的基础。在互联网兴盛之前，迪士尼就已经将自己的电影产品通过院线、电视、光碟等不同的形式进行售卖。我们可以预见，在多屏时代，电影产品将更加多样，不同的放映平台、窗口将逐渐走入我们的视野。电影衍生品的开发可以使视频网站变为创意媒体，在文化创意产业崛起的大时代背景下，视频网站作品衍生品开发表现形式多样，从发行到授权再到营销等，各个环节都有表现。随着互联网电影时代的来临，电影不仅仅是最后作品，而是从开始宣传到营销到最后放映的一个全程机制，任何一个环节都可以盈利。在这个过程中，互联网再次推动了传统电影产业的变革。

第四节 "互联网+电视"：
电视的变革与迁徙

"这是一个最好的时代，也是一个最坏的时代。"[1]狄更斯的这句名言似乎已成为人们普遍认可的当今国内外传统电视业生存发展现状的最佳注解。还是早在2007年的时候，美国微软公司董事长比尔·盖茨就曾预言："随着网络视频日益发展，互联网将在5年内'颠覆'电视的传统地位。"

《中国互联网电视发展白皮书》数据显示，中国人观看电视的时间在逐步减少，电视观看人群也开始"老龄化"。近4年来，15-34岁观众人均收视分钟数在下降。[2]对于从小就开始接触互联网的年轻观众来讲，电视似乎不再是他们唯一的期待。这一代的年轻人更喜欢在自由的时间去娱乐、去玩耍，让他们在固定的时间去看一部电视剧或一档综艺节目不太现实，他们宁愿在手机或其他视频设备上看重播，也不会浪费时间去等，这样一种状态就决定了互联网的特性确实更符合年轻群体的需求。

据了解，目前我国网络视频用户规模已达4.39亿，占所有网民人数的

---

1 张玲.OTTTV带来的视频发展趋势及市场格局对传统电视业的影响[D].重庆：重庆大学，2014.

2 本期话题：传统电视行业如何与新媒体融合发展[J].传媒，2014（11）.

近 7 成，用户规模在不断扩大，同时视频节目在移动互联网流量中的占比也不断攀升。据摩根斯坦利的统计，目前中国移动互联网网民已经领跑传统 PC 网民。截至 2013 年 11 月，4Mbps 及以上接入速率成为我国宽带用户上网的主流速率，全国宽带用户达到 1.61 亿户。中国宽带用户数跃居世界第一，为"互联网 + 电视"发展提供了重要的发展契机。[1]

一、互联网思维引发传统电视变革

伴随着互联网的不断发展，互联网思维与互联网精神激发了传统电视行业的变革与创新浪潮。"眼球经济"是电视行业得以生存的根基，传统电视行业过分地注重线下销售渠道、控制成本，但是在现代电视行业发展的状况下，通过互联网各项服务去实现盈利成为首要目标，传统的经营方式早已不适应时代发展的需要。

在互联网思维的影响下，互联网无论是作为渠道还是平台都颠覆了传统电视行业的生态链。就拿 2015 年春节联欢晚会来讲，首先是运用微信摇一摇功能，让更多的观众参与了互动，从收视率来看，虽然从电视端观看的群体减少，但是从其他诸如视频、手机客户端观看的在线观众增多，这就是互联网带来的行业的变革。电视屏互联网化是整个传播链条上每个节点的互联网化，不仅只是内容或是屏或是渠道及终端的互联网化，它是一个完整的链条。

传统电视的功能单一，除了观看电视节目，我们并不能干什么。而互联网行业与电视行业跨界融合后，电视的功能得到极大的拓展。现在的互联网电视通过联网功能也不断地向智能化发展，除了看电视还可以搜索电影、综艺等非时段收看性节目，灵活性大大地增强，遥控器与鼠标已没有太大差别。

---

[1] 张玲. OTTTV 带来的视频发展趋势及市场格局对传统电视业的影响[D]. 重庆：重庆大学，2014.

二、"互联网+"时代的电视新业态

在三网融合的进程中，电视用户逐渐从被动的接受者变为主动的选择者，不用再定时定点守在电视机前苦等一部连续剧或是其他综艺节目。同时，随着手机技术的日益成熟，手机作为使用最为普遍的移动终端，已经成为大众生活的必需品。这就说明手机用户也可以成为电视用户，整个受众群体与以前也发生了翻天覆地的变化。

据了解，我国在"十五"期间就开始引入数字电视，目前，我国大部分省、区已经完成或基本完成一省一网的整合工作。数字电视产业链的发展不是哪一方就可以决定的，而是需要内容提供方、网络运营商、设备供应商以及所有用户的共同推动才能实现良好的发展。我国数字电视产业链的雏形初现，相信在三网融合的推进下必将实现整个产业链的迅猛发展。

在数字电视出现后，诸如汽车、飞机、列车、地铁等这些交通工具均成为了移动电视媒体的接收终端安装地，这些交通媒体的出现可以最大化地满足流动人群的视听需求。目前，移动电视的商业运营模式在国内已相对成熟，它们播出的内容主要包括新闻、资讯、休闲三大类，而乘客流动性使得全天都成为了黄金收视时段，就算是在去上班的地铁上也可以收看新闻，上下班的途中也可以用手机看视频，这样一种不受时空限制的特点使得电视产业的生存空间得到了极大拓展。

三、互联网背景下的电视新未来

1995年，尼葛洛庞帝曾预言："理解未来电视的关键，是不再把电视当电视看待。"[1] 今天，无论是传统的电视产业还是新兴的互联网电视产业，虽然经历了一次又一次的显著变革，但一直没有变化的是，它依然停留在一个一成不变的零和社会阶段。在这个阶段中，成功仅仅意味着从别人的手中掠夺财物，据为己有——无休止地复制电视节目模式、节目内容，复制大同小异的终端设备，从各种名目的电视盒子到各种概念的智能电视层出不穷，其目的无非是抢占收视率和硬件产品的市场占有率。因为很少涉及到去创造新的财富来源，从长远来说，这势必会导致整个产业发展的畸形和活力缺失，也会给社会带来物质资源和精神文化资源的双重匮乏。鉴于此，未来电视的发展趋势必然是摆脱零和社会的束缚，走向正和社会，使得行业内不同企业间的博弈只有共赢而不存在所谓的"失败者"，最终实现全行业的帕累托最优——这或许只是一种并不存在的理想状态，但却是一个所有电视人可以为之共同努力的方向。

步入智能化时代以后，电视机也经历了从最开始的黑白电视机，发展到如今的智能电视、互联网电视。各种概念的电视机，如 4K 电视、3D 电视、云电视、裸眼 3D 电视、量子点电视、曲面电视等，令人眼花缭乱。从当代电视发展的走势来看，未来电视可拓展的应用空间极其宽广，无论是从内容功能上，还是硬件形态上，或者是用户体验上，亦或是服务提供上都存在极大的发展空间。

---

[1] 张玲. OTTTV 带来的视频发展趋势及市场格局对传统电视业的影响 [D]. 重庆：重庆大学，2014.

第五节 互联网时代的
动漫游戏新生态

在互联网无处不在的时代，有的人认为"互联网+××传统行业＝互联网××行业"，如果这样去理解的话可能太过简单，但不可否认的是"互联网+"正处于风口浪尖的热潮之下。对于"互联网+"概念的理解众说纷纭，至今没有统一的标准，也许它会成为如同工业革命一样的历史里程碑，因为它给人类带来的是从生活到思维各个方面的改变，更是一种颠覆。动漫游戏产业的链条在互联网的影响下正在不断地重构与颠覆，传统行业开始了翻天覆地的变化，迎接"互联网+"是各行各业都需要做好准备的大事。

一、互联网动漫的异军突起

伴随着互联网尤其是移动互联网的快速发展，动漫产业大规模低成本复制和爆炸式传播成为可能，一改往日动漫产品的传播渠道主要在电影、电视、杂志和书籍的现象。动漫APP与移动、社交平台的融合折射出我国动漫产业向新媒体平台迁移的趋势，移动互联网动漫异军突起，并在2015

年上半年表现愈发明显。不论是硬件的智能化，还是软件的便利化，动漫产品以移动互联网为载体，得到了更好、更快的发展。

如今，用户不仅从传统的电视、电影等渠道消费动漫产品，手机、IPAD等移动终端也成为动漫消费的重要渠道。不同的渠道也对应着不同的消费群体，渠道的增加为动漫产业开拓了更广的市场空间。以视频网站为例，根据GEO集奥聚合发布的数据，通过手机等移动终端的APP观映动漫的比例达到15%，仅次于电视剧（32%）、电影（22%）和综艺（19%）。移动互联网的发展势不可挡，它能够对全年龄段覆盖，相比电视台有更多的发展机遇。移动端蕴含巨大商业机遇。根据腾讯大数据的统计，用户在10岁左右时智能手机的渗透率开始迅速提升，14岁儿童的智能手机渗透率达到38%，手机动漫有机会逐渐向低龄群体渗透。

值得注意的是，即使移动互联网技术发展迅速，动漫的移动互联也不仅仅是将传统的动漫从电影、电视、报刊、杂志搬到移动终端上，加之国内3G、4G速度限制且资费较贵，更要求移动互联网动漫产品的设计上要区别于传统渠道播出的动漫产品。

此外，很多动漫形象借由微博、微信等社交软件的传播，衍生出了更多的表现形式：聊天表情、动漫壁纸、动漫电子书、动漫APP等，成为移动互联网动漫的新天地。诞生于2000年的第一代互联网动漫形象诸如兔斯基、张小盒、阿狸、悠嘻猴等，它们因表情被大众熟知并在网络聊天的平台上迅速传播开来，到今天依然牢牢占据着人们的手机屏幕。这些动漫产品充分利用了人们的碎片化时间，用短小精悍的动漫内容作为消费品，满足了人们的社交需求，使得动漫在人们的非专注环境和碎片化时间中形成品牌影响力。可以说，动漫与传统漫画因互联网的出现而界限逐渐模糊，一部简简单单的漫画，通过制作工具的加工制作就可以变为数字漫画，通过移动端的开发就能变化更多的产品形式，为自己换来更大的生存空间。

二、"泛娱乐"下的游戏产业景象

时代在变化,科技也在进步,平台的发展更是一天一个模样。在"基础设施支持""浏览支持""内容选择"和"内容"这四大方面,各个企业都争显其能,没有哪个平台能够一直领先永久的存在,因为任何事物都会在发展中不断被后人超越。在"互联网+"的大势下,"泛娱乐"已经成为互联网+文化创意产业领域集中而富有成效的应用。泛娱乐,顾名思义就是将各种娱乐方式、娱乐内容广泛地结合起来,这正是当今时代人们对娱乐的诉求。例如,从网络小说到电视剧、电影再到游戏的一条龙建设,可以充分挖掘资源,同时可以吸引固定的人群参与各种形式的娱乐内容,既拥有了市场,又节约了宣传成本。

在当今,国内游戏行业面临的最大问题就是创意题材不足,内容千篇一律,而且市场趋于饱和,想要抓住玩家的心不是容易的事,这些就是泛娱乐化能解决的问题了。游戏产业的泛娱乐化将体现在与影视制作、出版发行企业合作,共同开发创作娱乐元素,或者通过版权代理的方式,将其他娱乐领域的内容借鉴到游戏里来。通过泛娱乐化的发展,游戏产业将介入到更丰富的领域,这对于游戏企业而言虽然有一定挑战,但也是长久发展的必然选择。

游戏产业泛娱乐的优势非常明显。

首先,游戏研发成功率高。泛娱乐产业在中前期基本上以动漫、小说、影视 IP 为主导,具有 IP 的游戏定制研发具有较丰富的 IP 素材内容支撑,产品研发成功率较高(套用 IP 的产品除外),这就使 IP 价值最大化过程中压缩了时间成本,提高了产品成功率。

其次,游戏变现能力强。众所周知,具有 IP 的游戏产品在吸量与吸金的层面表现不俗,游戏企业为了争夺市场上的优质 IP,往往在游戏开始研发之前,就提前花钱代理了 IP 使用权,这种 IP 授权模式在 2014 年尤为火爆，其中也有不少 IP 游戏在市场上取得了成功，但也不可否认有相当一部分 IP 未能在游戏产业获得成功，是 IP 问题还是游戏品质问题，我们姑且不做探讨。

最后，游戏本身可以作为泛娱乐的主导角色。优质的游戏本就具备大批量的玩家，泛娱乐在广义上可以理解为是基于互联网的粉丝经济生态，因此游戏本身是具备在泛娱乐生态上做主导角色的属性的，比如说《魔兽世界》游戏衍生出来的影视、书籍小说、周边手办等。

三、3.0 时代的动漫游戏产业新生态

互联网以及智能设备的新载体时代的到来，不仅使上下游的动漫、游戏企业的联系更加密切，更让社交网络、网络运营商、智能终端开发商、动漫游戏爱好者等多个主体都参与到动漫游戏产业链中。这打破了以往动漫游戏产业的单线性产业链形态，而形成了互动、共生的商业生态系统。因为"互联网不仅仅是具备营销和传播功能的新媒体平台，还是技术平台、零售平台、娱乐平台、资源整合平台，是一个无边界的载体。而随着互联网技术的不断发展，其与生活的融合也越来越深，媒体功能之外的其它平台功能得到充分发挥。"[1] 在 3.0 时代，动漫游戏产业链已经相对完整，日益成熟，而其与周边领域密切联系衍生出的新业态，更是逐渐跳出"娱乐"的窠臼，向"严肃"迈进。

区别于传统意义上的动漫产业，互联网动漫更加注重资源整合。数字动漫不单纯代表技术和渠道，还是一种全新的动漫生态。当然，不仅仅是内容方面，互联网所特有的先进的技术、资本和理念为动漫产业的产业链各环节带来质的改变。在新媒体时代，传统动漫被新媒体动漫一步步取代，无论是广告宣传、形象推广、游戏开发、音乐包装等方面的要求，还是来自娱乐、

---

[1] 张文倩. 2014 年互联网语境下的动漫产业新趋势 [J]. 中国电视（动画），2014（Z2）.

医疗、军事、生产、流通、科技、教育、传媒、管理、政治、法律以至于宗教等多个领域的合作，新媒体动漫都可胜任，而不像传统动漫那样只是传播内容，新媒体动漫还可以让人们学到很多知识。

2015年4月2日，艾瑞咨询发布的《2015年移动游戏第三方服务白皮书》（数据服务篇）显示，移动游戏热潮的到来，也带动了游戏周边产业，产业链上也出现了众多创新型的第三方服务公司，服务于移动游戏运营商和用户。在移动游戏产业链中，数据服务起到了重要的作用。数据服务主要是通过对游戏内玩家的行为监测和分析，帮助移动游戏厂商实现精细化运营和精准营销。

在海外市场，移动游戏第三方数据服务企业发展得相对成熟，主要以移动营销为切入点展开数据服务。在国内市场，新兴的移动游戏第三方数据服务企业居多，主要以免费服务为切入点。

第六节　互联网时代：
公共文化服务的治理变革

自2015年1月中共中央办公厅、国务院办公厅下发《关于加快构建现代公共文化服务体系的指导意见》以来，公共文化建设在各方的重视下正有序开展。在"互联网+"的影响下，公共文化建设也面临新的变革。国务院2015年7月4日印发的《关于积极推进"互联网+"行动的指导意见》中特别强调"互联网+"益民服务的作用。公共文化服务是公共管理的重要职能之一，其提供方式与政府的社会服务方式息息相关。《指导意见》明确提出"到2018年，互联网要成为提供公共服务的重要手段"，"社会服务要进一步便捷普惠，公共服务更加多元，线上线下结合更加紧密。社会服务资源配置不断优化，公众享受到更加公平、高效、优质、便捷的服务"。[1] 作为政府公共管理的重要职能方面，公共文化服务普惠性的实现必须要借力于与"互联网+"的有机结合。

公共文化服务和互联网的耦合并非一朝一夕，公共数字文化建设已经成为公共文化服务的重要内容。政府积极利用互联网技术改造公共文化服

---

[1] 国务院关于积极推进"互联网+"行动的指导意见［N］.经济日报，2015-07-05.

务的服务内容、服务手段和服务体验，在公共文化资源的数字化、公共文化服务管理的自动化等方面进行了积极探索和建设。2002年开始，政府相继实施了全国文化信息资源共享工程、数字图书馆推广工程、公共电子阅览室建设计划等三大公共数字文化重点工程，各级财政累计投入85亿元，初步建立了公共数字文化建设工作框架，显著提升了我国公共数字文化服务能力和水平。地方政府顺应互联网发展趋势，结合本地实际在数字公共文化建设方面做出了有益探索。如上海市推出了"城市公共文化云"，即把互联网与云计算运用在公共文化和商业文化上；浙江省推出"浙江文化通"，以网络为支撑，以图书馆、文化馆、博物馆以及影剧院等为平台，为公众去享受数字信息资源提供便捷。重庆市北碚区则是通过"公共数字文化体验平台"为群众提供相关文化服务。

"互联网＋公共文化服务"，不是简单地通过互联网技术实现公共文化服务数字化，而是将互联网互联互通、共建共享的内涵特质与公共文化服务有效嫁接、融合，使公共文化服务的运行体系全面现代化、信息化、互联网化，使公共文化空间在互联网世界全面延伸和拓展，为人们提供更多优质、便捷、实惠的公共文化服务，让人们全面享受互联网发展所带来的文化红利。随之而来的是一场全新而深刻的变革，一场对公共文化服务战略思维、内容结构、管理秩序产生极大冲击和震动的治理变革。公共文化服务与互联网的有机结合，可以充分发挥互联网的高效、便捷优势，提高资源利用效率，从而降低公共文化服务的提供成本。"互联网＋公共文化服务"优势的发挥，需要形成全方位的支撑局面，无论是网络基础设施的基础支撑，还是政府公共服务方式的整体变革，都需要予以充分考虑。总之，"互联网＋"对于公共文化服务而言，将会是一个全方位的重构。

一、思维变革

互联网开启了重大的时代转型，人们的生活方式不断被技术刷新和改革，人们的精神文化需求也变得千差万别。"服务型政府"是在充分借鉴西方公共管理理论的基础上结合中国现实国情提出的具有中国特色的政府管理模式。服务型政府的核心价值是人本精神、责任意识和服务理念。以人为本是我国建设服务型政府的灵魂。公共管理的出发点是人，只有在充分尊重人并且努力满足具有不同利益诉求的人的各项合理需求的前提下，公共管理活动才能取得成效。以人为本，是要消除城乡差距，通过发展和完善公共文化服务体系，实现公共文化服务体系的全覆盖，不留盲区、不存死角，保障和实现每个城乡居民的基本文化权益，让公共文化服务的阳光普照城乡大地；以人为本，是要充分发挥城乡居民的主体作用，激发和调动群众的创造力，推进公共文化服务体系的建设和发展，实现全民共建共享公共文化服务的丰硕成果；以人为本，是要以城乡居民真实的文化需求为出发点，为群众提供所急所想、丰富多元的公共文化服务和产品，实现人的发展。

在未来公共文化服务模式选择上，"全民总动员"将会是新景象。互联网不仅仅是一场技术革命，更是一场社会革命。公共文化服务将形成一个数字化、虚拟的服务网络，公共文化服务提供者与文化接受者的身份界限逐渐消解，公共文化服务提供者逐渐超出了传统公共服务部门的范畴，实现了主流渠道、民营企业、文化类社会组织以及个人广泛参与，"人人皆是提供者"的"全民参与"，实现了由"政府部门单向提供"向"多元主体互动提供"的转变。互联网环境下公共文化服务将形成社会化治理体系，公共文化服务更富生机和活力。

政府在公共文化服务建设当中应该摆脱以往生产者的角色，转变成为服务者、合作者，在现代公共文化服务体系中发挥催化剂的作用。凡是市场可以解决的问题，政府不应介入；凡是社会组织能够独立自主解决的事情，政府不要插手，充分发挥社会组织和企业的作用，转变目前以政府管理为主的运行机制，构建起政府、市场、社会协同治理的现代公共文化服务治理机制。

互联网时代给公共文化服务的均等化、全覆盖带来了新的机遇和可能。既能使最广大群体的文化权益得到充分保障，又能兼顾满足最小个体的个性化需求，"最大最小"的保障力度有望成为公共文化服务的新追求。

二、内容变革

2015年1月，中办、国办印发《关于加快构建现代公共文化服务体系的意见》提出到2020年，基本建成覆盖城乡、便捷高效、保基本、促公平的现代公共文化服务体系的目标。但城乡观念的偏差、政府投入的不均等问题导致现在有许多民众不能平等地享受应有的公共文化资源与服务。与理论研究与政策出台的"最后一公里"的高瞻远瞩不同，公共文化服务"最后一公里"更加关切群众的文化需求。

以互联网、大数据、云计算等为技术支撑，优化资源配置，缩小地区、城乡差异，重点加强老少边穷地区公共文化服务体系的建设，精准扶贫，打通公共文化服务的"最后一公里"，最大限度地满足城乡居民的基本公共文化服务需求，实现公共文化服务均等化，使公共文化服务的阳光全方位覆盖，使最广大群体的文化权益得以充分保障。

互联网时代，经过全国有效的文化资源和公共文化服务内容的整合，全国将形成统一的云系统，通过现有网络推送给每一个民众。目前上海市正在建设的文化上海云业务便是这样的一个好的例子。到2016年底，上海市民可以足不出户通过电脑、电视、手机、社区大屏等终端访问上海80%的文化资源。"互联网+"已经改变了传统阅读模式。数据显示，2014年我国国民人均纸质图书阅读量为4.56本，较2013年有所下降，电子书阅读量为3.22本，较2013年有所提升。纸质图书阅读量远低于韩国的11本，法国的20本，日本的40本，以色列的64本。当然，国人不必过于悲痛，中国的移动互联网很发达，智能手机普及率也很高，国人在移动端的阅读正在形成习惯。

三、管理变革

"互联网+"深刻影响着人们生活的方方面面，也颠覆了文化事业和文化产业的发展模式，而在管理层面，公共文化服务也需要做出变革。互联网技术推动政府决策民主化科学化，促使公共文化服务走向大众，由普通服务向保障权益变革。互联网条件下公共文化服务对象的多元性和服务范围的广泛性，要求政府公共文化服务的目标从单一管理，向追求社会公平转变，从而提高公共文化服务质量和效率，加强公共文化责任，提高人民群众的满意度。

互联网发展推动了管理变革，促进了公共文化服务管理创新，使管理由传统管理向现代管理转变。互联网技术的发展对经济社会发展提出了管理变革的要求，从宏观上，要求利用互联网技术改造传统服务方式，将互联网工具广泛应用于公共文化服务管理全过程，推动文化管理方式从粗放型向集约型转变。从具体服务机构上，要求采用大数据、云计算、云存储、物联网等技术，对管理和服务的全过程进行信息化管理，从而大大提高服务效率。从社会效果上，互联网技术将公共文化服务由单一的物质服务变为数字服务，丰富了形式；由传统的手工服务变为现代自动服务，提升了层次；由被动式服务发展到参与式服务，增加了渠道。

第七节　互联网时代旅游新玩法

随着人们生活水平的提高，旅游逐渐成为一种普遍的现象。《2014年国民经济和社会发展统计公报》显示，2014年国内游客达36.1亿人次，国内旅游收入达30312亿元，入境游客达12849万人次，国际旅游外汇收入达569亿美元。全国纳入统计范围的旅行社共有26054家，纳入星级饭店管理系统的星级饭店共计13293家。[1]旅游行业已经成为我国的支柱性产业，互联网也正以自己的逻辑改造和重塑着传统的旅游。无论是携程、艺龙"机票+酒店"的创新突破，还是中青旅等传统旅行社的网上布局，亦或是万达携资本力量的强势进入，蚂蜂窝、世界邦、在路上等创新企业的异军突起，都代表着中国旅游业正进入空前转型期。

一、站在风口上的旅游业

旅游，古已有之。在山东昌乐骨刻文中，就有"旅"和"游"二字，东夷民旅游娱乐活动的最早记录，也是中国最早旅游文化的体现。但旅游产业作为一种产业，真正发展还是在改革开放以后。中国互联网

---

[1] 数据来源为《2013年中国旅游业统计公报》。

络信息中心统计数据显示，截至 2015 年 6 月，我国在网上预订过机票、酒店、火车票或旅行行程的网民规模达到了 1.9 亿，网民使用在线旅行预订的比例已达 30%，使用手机预订的比例达到 14.3%，[1] 在线旅游收入占到旅游总收入的 7% 左右。但相比全球水平，我国还存在极大的提升空间。全球知名的市场研究机构 eMarketer 发布的数据显示，2011 年全球在线旅游服务市场规模为 2840 亿美元，占全球旅游市场 31% 的份额。

也许正是因为看到了"互联网+旅游"的巨大潜力，一些传统行业巨头裹挟着资本的力量，闯入了这个行业。最典型的就是万达。2015 年 7 月 3 日，万达文化集团联同腾讯产业共赢基金、中信资本等多家机构，向中国领先的休闲旅游在线服务商"同程旅游"投资总额超过 60 亿元人民币！其中万达出资 35.8 亿元人民币。万达其战略雄心在于实现"互联网+"时代的旅游产业 O2O 模式。而同程旅游则希望借助资本的力量，通过加大对提升用户体验、品牌、移动、研发及市场等方面的投入，使自身在旅游市场行业中的领先地位不被超越。

拉开时空的视野，我们可以发现，万达投资同程旅游，其实也只是顺势而为的举措。随着旅游产业的转型升级、旅游信息的海量增长以及旅游大数据时代的到来，产业想要发展得更好，"互联网+旅游"必定是一种无法阻挡的趋势。而能洞悉趋势、紧抓机遇的企业才能随风起舞，直上青云。

二、"互联网+"改变了旅游什么

"互联网+"对旅游进行了渗透和改造，这体现在多个方面。第一，互联网让游客的消费习惯发生了巨大的变化。培养使用者，然后培育消费者，这是互联网发展的大经验。互联网使用者在旅游观念、旅游选择、旅游习惯

1　梁俊晓. 旅游：互联网加速切分增长蛋糕[J]. 神州，2015（1）.

上的变化都十分明显。在旅游出行上，过去主要依靠旅行社，现在依靠互联网和移动互联网；涉及的要素，以前是吃、住、行、游、购、娱，现在已经渗透到各行各业；出游形式，以前是导游、领队和讲解，现在是借助移动终端的自助游；出游特征，以前是信息不对称，现在是APP、网络和微信等。随着互联网时代和移动互联网的普及，电脑、手机、平板电脑等成为互联网时代游客获取旅游信息的主要渠道，传统的"吃、住、行、游、购、娱"旅游6要素，现在已演变成"6+N"要素，不仅有线下旅游要素的服务和支持，同时还有网上的预订、查询、分享、投诉、咨询等需求。

第二，互联网对旅游的产业链条产生了巨大影响。旅游供应链主体之间的协作、旅游供应链的重构都因互联网技术的引入而改变了。旅游O2O从本质上来说就是信息流+服务流的综合。用户首先在线上对旅游产品进行浏览、预订、支付，购买后再进行线下体验，体验后再线上评价，这样就构成了旅游O2O的完整环节。

第三，商业模式与管理模式发生了变革。旅游传统的商业模式主要是组团社、地接社、景区三者间的佣金分成模式，随着互联网的发展，旅游业的商业模式也日趋多元化。比如，O2O、C2C、社群模式、小米模式等。管理模式上，首先从目的地管理角度看，创新管理的难度增大，服务所涉及的范围也增大；其次从政府管理角度看，政府部门管理的方式变得更智慧，互联网带来的旅游信息公共服务平台给管理者提供了便捷，也提高了工作的效率；最后，从旅游企业的角度看，摒弃传统的发展模式，旅游电子商务已成为旅游企业的重要组成部分与发展方向。

三、"互联网+旅游"的"新玩法"

"互联网+旅游"是一种新旅游经济形态，是将互联网的创新成果深度融合到旅游发展的各个环节当中，营建旅游的产业新生态，提升旅游的创新力和发展效率，最终实现满意度的提升。可以从以下三个层面进行理解。第一，旅游元素的网络互联。旅游六要素主体、旅游消费者、旅游中介服务公司等，各种类型主体可以自由顺畅地连接，实现互联。第二，旅游要素的互通。大数据时代旅游行为都会在网络上留下数据痕迹，互通就是要将分散在各个旅游部门的数据共联起来，打破数据割裂，形成行业的全息旅游大数据，使得经济决策更加科学化、数字化、精准化。第三，旅游主体间的互惠。旅游要素主体间、旅游消费者等组成了一个共享经济的关系，互联网信息低成本高效率的传播，消除了信息的不对称，旅游主体可以有更多的交流和发展。

通过网络，旅游业将实现更多的信息联通，让现在的链式产业结构，向网络矩阵结构转型。在传统的旅游业态中，旅行社基本掌控着旅游全过程。但是，在现在组团社、地接社、航空公司、酒店等相关环节开始有所打散，并不是全部依赖旅行社。

在大数据时代，数据成为了企业最核心的资源，消费者数据记录就是宝库。所以一般而言，企业是不愿意与人分享数据的。但也只有实现了数据的分享，才能真正发挥互联网的价值，打通不同环节、不同数据主体间的联系，实现旅游的数据化。

"旅游生态圈"是以旅游者为中心，利用旅游企业自身优势并协同和整合最广泛的外部资源（包括投资人、创业导师、媒体中介、优惠政策等），共同参与到为旅游者服务的过程中来，将旅游打造成一个众多利益相关者共同创造和分享价值的有机生态系统。相比以前旅游的基本特征，这意味着"旅游生态圈"必须具有开放性、共生性、互动性。社群旅游、自助旅游将会是以后旅游的大的发展趋势。

第八节 互联网：整合营销生态

"互联网+"概念的提出让以互联网为主的一套信息技术在全社会不断分裂、扩散、嫁接。广告营销作为较早进行互联网化的行业之一，在"互联网+"的背景下又将催生出何种可能，迎来怎样的挑战？易观国际数据显示，2014年我国互联网广告产业规模达到1535亿元，市场份额占整体广告产业的28%，同比增长40%，[1] 达到新的量级。在某种程度上，这一方面表明了广告行业互联网化的程度并不很高，未来几年的发展速度会放缓，另一方面也说明了"互联网+广告营销"有着无限的空间和可能。

一、营销媒介：重现定位后的颠覆变化

在"互联网+"思维的影响下，我们对营销媒介应该有一个全新的认识。"泛媒介"越来越多，传统的纸质营销媒介发生了颠覆。任何事物的发展都有其内在动机，跨越时空的限制获得任何想要的资讯信息，是移动终端发展的最大特点和终极目的，移动终端发展迅速、前景远大的原因正是有此内在驱动力。众多学者在考察和研究传统媒体、新媒体及云计算、

---

[1] 分析："互联网+"到底是什么？[EB/OL].（2015-03-19）[2015-11-22]. http://big.hi138.com/jisuanji/hulianwangyanjiu/201503/459652.asp.

移动互联网等最新技术手段后，论断未来的媒体终端是移动终端，这是一种集合以前所有媒介形式的合成终端，换言之，无论是传统媒体还是新媒体，最后的形态都离不开移动终端。而关于移动终端会落脚在手机、平板、或其他的智能终端上这个问题，可以看出智能手机已彰显其作为主流移动终端的趋势。

Adobe 在 2013 年最新一期的美国数字视频报告中指出，网络视频领域正发生着巨大变化，这种变化来自于智能手机视频观看量的增长，这种观看方式已占到视频播放总量的 20% 以上，并成为移动视频的主要增长来源。此外，利用手机媒体渠道进行营销已成为一种热门的传媒方式，如在微博平台上进行的宣传或营销。韩国驻华大使馆曾借助韩国总统朴槿惠访华的"心信之旅"，在腾讯微博上举办了"2013 中国微博名人韩国文化之旅"活动，使腾讯微博成为国际信息文化交流的渠道，也让相关的营销活动有了更为立体和全面的传播。有业内人士表示，随着微博、微信等平台越来越被用户接受，这种全新的传播平台将会为移动营销开拓全新的想象空间。人们的注意力在哪里最集中，广告就会瞄准哪里，重新定位"互联网 + 广告营销"中的媒介。

二、营销受众：全民消费新时代

在互联网媒介普及和多样化的社会中，人们对于网络的依赖愈加明显，它不但能够传播信息，使人对周围环境做出适当的反应，互动性更可以在人与人的信息交流和经验分享中获得认同感。近几年，互联网的发展促使了很多新媒体形态的诞生，如移动终端手机、平板电脑以及在此基础上衍生并发展的微博、微信等各类社交媒体，它们不仅改变着信息的传播机制和媒介行业的竞争格局，更深刻地改变了网络受众的思维方式与消费行为。同时，中国网民数量在逐年增加，据中国互联网络信息中心（CNNIC）2015 年 1 月发布的《第 35 次中国互联网络发展状况统计报告》

中的调查显示,截至 2014 年 12 月,我国网民规模达到 6.49 亿,全年共计新增网民 3117 万人,互联网普及率比 2013 年底提升了 2.1 个百分点。这些网民其实都是互联网广告营销的潜在消费者,庞大的互联网消费市场必然不能够被商家忽视,只有抓住消费者才有营销的意义。不得不承认,互联网开启了全民消费的新时代。

互联网背景下消费人群年轻化,消费模式、消费心理均发生了极大的变化。随着网络和移动设备的发展与普及,受众的自我意识和主导意识大大增强,他们有了强烈的参与要求,个性化需求越来越鲜明。传统媒体传播是"点对面"的单向线性传播,与受众的互动主要通过热线电话、来访、来信等,而在基于互联网所产生的新媒体上,受众发表自己的见解变得更便捷、成本更低廉,交互式交流成为一种需求。网络交互性体现在很多方面,应用范围较广的有 QQ 聊天、BBS 留言版等。部分新闻网站和门户网站与受众互动的方式是在新闻标题末尾设立网页评阅区,网民点击一下,就可以出一个对话框,网民可在此页面上就某个新闻事件发表自己的看法。同时,互联网也消减了广告主与消费者之间的隔阂,消费者可以通过网络向企业提要求,表达自己的意愿,从而不再是广告信息的沉默受众。全民消费新时代,受众需求分析与了解是营销的重要内容。

三、营销内容:创新才能重生

在大数据与互联网思维共同影响的环境下,广告营销的内容生产领域正在发生变化,其中最为显著的改变就是正在令消费者对广告从厌恶变为享受。这种改变的发生是必然的,广告商、媒介、用户之间需要更加私人化、自然缝合的沟通,以取得广告主营销效果、媒体商业化、用户体验三方皆赢的局面,这种需求推动着广告内容生产的变革,让人"爱上广告"。

2013 年在全球媒体界爆红的新概念"原生广告",被营销界视为广告的新生命。它强调"设计特制的一种媒介形式,让广告成为内容的一部分"。从消费者平常的使用习惯切入，没有隔阂地成为消费者原有体验，这样的观点得到业内认同。通过内容呈现品牌信息，让用户自然地接受，于是，广告手法变得含蓄，内容以"用户体验"为突破口，将产品特性与品牌理念植入情境故事、热点事件中，传递给消费者。"原生广告"成为媒体界和学界讨论的热词，被誉为企业广告在互联网时代将企业本质与媒体自身逻辑相融合的转型之作。关于原生广告的定义版本不一，从狭义来看，原生广告应当是网站独特且原有的体验，形式上融入媒体环境，内容上提供用户价值，促成产品与用户之间的关联与共鸣，是原生广告必须满足的条件。"嵌入媒体环境""提供价值内容"以及"依托互联网平台"是原生广告的三大要素。

既然原生广告是大势所趋，我们在营销内容方面就必须做出改变。"针对喜好，个性定制；趣味话题，社交背景；情感切入，引发共鸣；营造场景，强化互动"，这些都是我们努力的方向。

2014年8月以来，"ALS冰桶挑战赛"活动风靡网络，吸引了包括各界明星在内的众多网友的参与。"ALS冰桶挑战"活动要求参与者在网络上发布自己被冰水浇遍全身的视频内容，然后该参与者便可以要求其他三个朋友来参与这一活动。活动规定，被邀请者要么在24小时内接受挑战，要么就选择为对抗"肌肉萎缩性侧索硬化症"捐出100美元。"ALS冰桶挑战"旨在让更多人知道被称为渐冻人的罕见疾病，同时也达到募款帮助治疗的目的。虽然该活动不属于商业营销，但其仍不失为一个经典的营销案例。其在营销内容设计上充分发挥了趣味性与社交背景结合的巨大能量。

四、营销效果：数据化成为可能

大数据是近年来学界、业界关注的"红人儿"。营销活动是艺术与科学的结合，无论是营销活动实施前对于目标市场的选择有定位受众，还是通过创造、交付和传播优质的顾客价值来获得顾客、挽留顾客和提升顾客，科学与艺术的基因都在营销活动中显现，而其最终结果则表现在营销效果之上。营销效果是营销科学性的表现，是营销活动的出发点和落脚点。一直以来，营销的科学性都与自然科学中的数据收集手段严谨地记录、搜集和分析消费者的各项数据和行为轨迹密不可分，同时营销又与社会心理学的方法相融合，透过现象去解释人的内心世界。

"互联网+"的时代里，海量数据不断产生，各类数据处理技术不断涌现，都为数据的收集与整合创造了更多的便利与可能，也为营销效果的实现提供了保障。数据参与营销，在真正意义上实现了人脑与数据的"双剑合璧"。

丰田汽车开展的虚拟现实互动式广告就是利用大数据双向互动，以你情我愿的表现形式展现出来的。丰田汽车曾发布了一款在苹果手机上的应用程序，下载该程序的用户可以通过手机终端"在纽约时代广场的大型电子显示屏上画画"。通过手机，丰田汽车将用户黏在了户外广告上，以一种双向互动、你情我愿的形式，让营销效果几何式倍增，广告效果不再不可捉摸，因为应用程序的下载量、参与量都可以通过互联网与大数据分析获得。

第九节　文化产业众筹——
从兴趣到信任

众筹是"互联网+金融"中最能体现互联网精神的一种新的融资模式。也正因为此，众筹很热。在中国新生事物的发展往往"其兴也勃，其亡也忽"，其实，一部华尔街的历史也是"狂热—恐慌—修正—狂热……的成长之路，循环往复……"。资本总是与投机相伴，在众筹热中，我们开始一起反思众筹，探究它的特点、本质、规律与模式、存在的问题、解决的方案以及未来的趋势。

一、"互联网+金融"是什么

中国投资有限责任公司副总经理谢平、中国人民银行金融所博士邹传伟认为，互联网金融模式是随着互联网为代表的现代信息科技，特别是移动支付、社交网络、搜索引擎和云计算等的发展，出现的既不同于商业银行间接融资，也不同于资本市场直接融资的第三种金融融资模式。[1] 其实

1　陶娅娜. 互联网金融发展研究［J］. 金融发展详论, 2013（11）.

当前对于互联网金融还没有较为明确的、获得广泛认可的定义。2014年4月,《中国金融稳定报告(2014)》中提出,互联网金融是互联网与金融的结合,是借助互联网和移动通信技术实现资金融通、支付和信息中介功能的新兴金融模式。随着互联网的不断发展,人们对互联网金融的认识也在随之加深。

互联网金融实质上就是直接融资,一方面,互联网金融利用大数据去获取更多的信息,然后通过信息去整合市场。另一方面,互联网金融运用云计算去处理信息。第三方支付、P2P小额信贷、众筹融资这三种是目前较为普遍的融资模式。所谓第三方支付是指买家和卖家通过第三方支付平台的交易而实现交易上的成功,这样可以节省时间,像我们平时熟知的支付宝、财付通等都属于这类。P2P小额信贷则是一种直接信贷模式,个人对个人,将互联网与小额信贷等紧密联系,这是一种信任上的合作。众筹融资就是通过一些社交网络募集资金。每一个都可以是发起人。国内起初一个很成功的案例就是逻辑思维的众筹,他们利用微信公众平台去筹资,然后出书或是进行其他的商业活动。逻辑思维众筹就属于粉丝众筹,对罗胖与逻辑思维感兴趣的粉丝仅仅半天时间,就为其投资160万元,回报是成为逻辑思维的铁杆会员。粉丝们除了继续收听收看以外,其实并没有获得其他的收益,但出于对逻辑思维的兴趣,他们愿意为其出钱,甚至愿意为逻辑思维出力。逻辑思维成为互联网时代知识型社群的一个图腾。

二、遍地开花的众筹

2011年4月,我国首家众筹网站——点名时间建立,我国众筹发展迅速。据艾瑞咨询统计,截至2014年12月,全国约有110家正常运营的众筹平台,其中,权益类众筹平台达75家,主要分布在北京、上海、广东、浙江等省市,以及东部沿海地区,内陆地区分布较少;涉及科技、技术、影视、摄影、出版、人文、音乐、房产、农业、公益等多个领域,这些领域均获得了一定的成绩。"如果加上开展债权众筹的广义 P2P 平台，我国的众筹平台数量达到上千家"。

众筹平台已经呈现专业细分的趋势。为了避免存在非法集资的嫌疑，我国的众筹平台侧重于产品众筹（权益众筹）。尤其是早期的众筹平台往往采取预购式，即把集资过程变为投资者提前出钱购买产品或服务的过程。点名时间就是预购式的。我国预购类的产品众筹平台还有追梦网、众筹网等。这些众筹类的网站有一个相同点，就是基本都以支持某个项目的名义向大众集资。几乎所有平台都只支持以项目的名义集资，支持的项目类别多样，而投资者所能获得的收益主要限于实物产品。

据艾瑞咨询统计，2014 年中国产品众筹市场融资总规模达到 4.4 亿元，京东众筹、众筹网、淘宝众筹、点名时间和追梦网这 5 家平台融资规模总额达到 2.7 亿元，占比达到 60.8%。[1] 相较于其他众筹模式，产品众筹在中国众筹行业中发展速度较快，成为我国主要的众筹发展模式。其中，综合类众筹平台的项目类别比较丰富，主要有科技、影视、书籍、音乐、农业、设计、活动、公益等类别，能够接受项目范围广，融资能力较强，代表性平台有京东众筹、众筹网、淘宝众筹等；垂直类平台项目类别较单一，主要以一种或者两种类别的项目为主，融资范围较窄，因此融资规模能力较弱，代表性平台有房产众筹平台——平安好房、搜房网的天下贷；音乐众筹平台——乐童音乐；影视众筹平台——淘梦网等。

三、互联网+兴趣+信任：众筹不仅仅只是筹钱

有学者认为，一个企业的成长过程是一个不断融资的过程。尤其是高成长性企业"需要持续性的、较大规模的、不易事先规划的资金不断注入，需要外部的可靠资金作为联盟"（Sapienza & Korsgaard,1996）。企业需

---

[1] 杨佳琦,刘宏.我国众筹行业中回报众筹发展对策研究[J].现代商业,2015（20）.

要对外融资。但是，企业面对的许多问题不是单纯的资金的投入就能解决的，企业需要的不仅仅是投资者的钱，还有投资者的资源。尤其是早期企业，需要投资者作为"辅导者"给予多方面的支持；需要投资者作为经营伙伴"以共同面对伴随着成长而更加不易管理的经营环境"(Timmons & Bygrave,1986)。在企业向风险投资、私募股权基金等专业的投资机构募资时，这一点尤为突出。融资"不仅仅是为了获得资金，也为了获得企业上市的辅导、企业管理的规范、企业的战略协同资源等"。

向专业机构融资能够获得协同资源，向社会广大普通微投资者众筹有这样的作用吗？《大鱼·海棠》于2014年6月17日开始在点名时间上众筹，短短10余天就吸引了1800多人支持。在众筹融资的同时，参与众筹的人同时也成为了项目宣传方，众筹不仅具有融资的作用，也是一种营销，人们的注意力被吸引过来。另外，众筹项目的受欢迎程度也能从侧面提前预测市场。

众筹，不仅筹钱，投入资金与注意力的人同众筹的项目进行了紧密的捆绑。毕竟投了资金，不管是多是少，比起其他与自己无关的事，自己总会多一些关注，多一些支持。每个人的资源汇聚在一起，对于众筹的项目是一种巨大的社会资本。

众筹还是一种兴趣与信任的亲身体验。根据杰里米·里夫金的分析：很多众筹的参与者并非为了钱，而是享受帮助他人实现梦想的感觉，亲身感受微薄的贡献是如何积少成多并最终推动项目向前发展的。我觉得或许没有里夫金认为的这样伟大。很多人参与众筹并非为了钱，他们更多的是为了一种乐趣。席勒在其著作《审美教育书简》中精辟地指出：只有当人充分是人的时候，他才游乐；只有当人游乐的时候，他才完全是人。杰里米·里夫金在《第三次工业革命——新经济模式如何改变世界》一书中，认为这只是一种新的深层游戏。人们摆脱机械劳动的桎梏，从事深层游戏，在共同探索中感受对方，超越自我，与更加广泛甚至所有的生命团体建立联系。深圳的智客空间作为一个众创空间，面向股东众筹，不到一个月的时间已经有 30 位股东的资金到位，还有股东想加入进来。这些股东都是各界的企业家、职业经理人、社会活动家，他们并不缺少投资机会，并不缺少投资收益比此更大的投资机会，投资智客空间，主要是出于一种兴趣。

尤其在文化部落中，大家有共同的兴趣爱好，最容易发展基于兴趣的众筹融资。我知道有一群孕妇为了食品安全走到一起，通过众筹的方式从食物原产地共同采购，建立了基于她们微信朋友圈的投资、购买、物流、销售系统。如果你想发起一家社区宠物狗商店，只需要联系上这个社区的 30 个养宠物狗的邻居。

第十节 互联网+教育

近年来,教育领域正在悄悄进行着一场巨大的变革。2007 年,孟加拉裔美国人萨尔曼·可汗创办了可汗学院,通过在线图书馆收藏了 3500 多部可汗老师的视频,向世界各地的人们提供免费的高品质教育,[1] 吸引了全球约 5600 万中小学生的眼球,堪称"教育奇迹",拉开了"翻转课堂"的序幕,被认为是"未来教育"的曙光。2011 年,美国斯坦福大学的教授塞巴斯蒂安·史朗讲授的"人工智能"课程在网上播出后,受到了来自 190 多个国家 16 万名学生的热烈追捧。而在 2012 年 4 月,斯坦福大学又有两位教授共建的在线免费课程,引发了 MOOC 浪潮。2012 年 5 月,麻省理工学院和哈佛大学联合发动网络在线教学计划 EDX,整合两所名校师资,推出 1 个版本,使 10 亿人受益。在这之后,我国的两所知名高校北京大学和清华大学也加入其中。

在中国,随着"互联网+"被正式纳入国家发展规划,变革也在进行,视频公开课正逐渐受到越来越多人的关注。"互联网+教育"时代正式到来,传统教育行业正在面临着前所未有的重大变革。

---

[1] 任友群,卢蓓蓉.实用主义视阈中的中国高校信息化学习环境[J].现代远程教育研究,2012(5).

一、互联网带动文化人才教育走向虚拟化

教育家朱永新提到，学生和老师都"过一种幸福完整的教育生活"。在这个信息高速发展的社会里，要让自己过上理想的幸福生活，都要持续不断地接受再教育，只有在工作、生活中不断地让自己接受新知识，才会让自己变得主动。互联网的出现使得人们主动的权利无限放大，虚拟化的教育模式正如火如荼。

教育从来都是世界上最赚钱的生意模式之一，互联网的产生，在线教育的兴起，传统教育市场的格局正发生改变。互联网授课形式突破了时间、空间的限制，很好地适应了优质教育资源的共享、节约路程时间等用户需求，对原有的模式进行冲击与颠覆是必然的。这是在线教育的魅力所在。在未来，可能还会有更多的在线教育平台诞生，但是，在线教育平台是否饱和我们不得而知，但是可以肯定的是，不是所有的在线教育平台都可以取得成功，市场在发展中会不断地去做选择和淘汰，不管是哪种教育形式，一定要切记的是教育的内容不会改变，变的只是平台与接受教育的形式。克莱·舍基说，互联网让我们进入一个人人时代。互联网让每个人都变得更为平等，我们又有什么理由不借助 Online 来改善自己的生活呢？

二 "互联网 + 教育"的三大挑战

互联网给教育生态圈带来种种利好，但在这种强有力的冲击下，教育自身也将面临着一系列挑战，主要体现在以下三个方面的挑战：

第一，开放教育生态中，教育的育人功能面临被弱化的危险。传统的教育中，教师面对面将知识传授给学生，在此过程中，教育工作者会将德、智、体、美的育人工作融入其中，给孩子以美德、艺术等层面的熏陶

感染。然而，在互联网时代的教育中，师生之间更多是知识和信息层面的交互，教育的育人功能被弱化。

学习者，尤其是低龄学习者，他们还没有足够的道德判断能力，若在没有教育工作者的引导和熏陶下独自面对开放的鱼龙混杂的互联网信息，如何保证培养学生正确的人生观、价值观、良好的道德品质和正确的思想方法？"外事问百度，内事也问百度"，如此一来，学习者几乎可以在网络上找到任何他们需要的学习资源。然而，长此以往，凡事一"搜"了事，真的有利于学习者对知识的加工和学习者自身的智力发展吗？长期运用各种互联网设备辅助学习，网络游戏逐渐替代了日常的线下游戏，对学习者身体健康的影响也不言而喻，如何增强体质、强健体魄、培养意志力？"足不出户遍知天下事"的互联网时代，学习者的学习变得方便快捷，但是他们与学习伙伴日渐疏远，与大自然渐行渐远，真正用多种感官去接触世界的机会越来越少，那么学习者的艺术教育何来灵感呢？

第二，学习的碎片化让学习者专注度下降，学习深度下降。互联网降低了人们学习的门槛，随处可见的知识分享和信息传播给人们的学习提供了便利，学习者可以随时随地选择自己感兴趣的知识进行学习。学习的广度大大增加，人们可以涉猎学习自己熟悉的、不熟悉的各领域知识。然而，学习时间、学习内容却严重碎片化，学习者会利用乘坐公交车、课间休息、睡前10分钟等等的零碎时间，学习了解一些零碎知识。学习时间的碎片化会导致学习者养成懒于思考和进行知识加工的坏习惯，对于唾手可得的大量碎片化知识和信息一目十行地阅读而不加以思考；学习内容的碎片化会使得知识与知识之间的关联难以建立，从而学习者学习到的都是很多零散的点，而难以加工成有意义的知识网络。如此，学习者的学习深度很难保证。

第三，在海量信息和知识前，学习者学习能力面临巨大挑战。传统教育中，学习者面对的知识量相对固定，知识的复杂度不高，学习资源匮乏，因而传统教育下的学习者会以这些固定的需要学习的知识为核心进行深入思考挖掘和反复练习。而互联网下的教育与各行各业的知识在不断融合，知识不断更新拓展，知识的复杂度加强，信息以指数式增长，可用的资源虽丰富却也鱼龙混杂。在这样的情况下，如何快速学习大量新知识？如何应对指数式增长的信息？如何选择自己需求的资源？这对于在传统学习环境下成长、学习能力和信息加工与处理能力不足的学习者而言，将是一个巨大的挑战。

三、"互联网+"对教育的影响

我们不可低估"互联网+"对教育的影响，这种影响甚至可能深至骨髓，直接摧毁传统守旧的教育生态，重塑一个开放创新的新的教育生态。

在"互联网+"的冲击下，教师和学生的界限也不再泾渭分明。在传统的教育生态中，教师、教材是知识的权威来源，学生是知识的接受者，教师因其拥有知识量的优势而获得课堂控制权。可在"校校通、班班通、人人通"的"互联网+"时代，学生获取知识已变得非常快捷，师生间知识量的天平并不必然偏向教师。此时，教师必须调整自身定位，让自己和学生成为学习的伙伴和引导者。

在"互联网+"的冲击下，教育组织和非教育组织的界限已经模糊不清，甚至有可能彻底消失。社会教育机构的灵活性正对学校教育机构发起强有力的冲击。育人单位和用人单位也不再分工明确，而是逐渐组成教育共同体，共同促进教育协同进步。

从实质上看，"互联网+"对教育的影响主要体现在教育资源的重新配置和整合上。一方面，互联网极大地放大了优质教育资源的作用和价值，从传统上一个优秀老师只能服务几十个学生扩大到能服务几千个甚至数万个学生。另一方面，互联网联通一切的特性让跨区域、跨行业、跨时间的合作研究成为可能，这也在很大程度上规避了低水平的重复，加速了研究水平的提升。在"互联网+"的冲击下，传统的因地域、时间和师资力量导致的教育鸿沟将逐步被缩小甚至被填平。

"互联网+"可加速教育的自我进化能力。"流水不腐，户枢不蠹"，这句话告诉我们一个系统的自我进化能力是其生存和发展的根本。传统教育滞后于社会发展，教学内容陈旧、教学方式落后、教学效率低下，培养出来的人才不能满足社会发展的需求。这种自我进化能力低下的原因在于教育系统自身的封闭性。"互联网+"敲开了教育原本封闭的大门，也就加速了教育的自我进化。人人都是教育的生产者，人人又都是教育的消费者，这种新型的教育生态必然会更加适应社会的发展。

第八章

未来的地球村

　　1962年，麦克卢汉提出地球村的概念。因为科技的发展，地理、文化的隔阂不再成为人们之间交流的阻碍。而互联网发展至今，麦克卢汉的地球村似乎正在成为现实。大到国家治理、经济发展、文化建设，小到人们生活的衣食住行，无一不和互联网有着紧密联系。李克强总理提出"互联网+"正是顺应了时代发展的需要，为我国当前的经济转型、未来的社会发展提出了新的道路。

第一节 生活方式的颠覆

目前，在互联网的影响之下，人们原本的生活已经发生了重要改变。从某种意义上来说，生活中的每项事物都和互联网有着千丝万缕的联系。看似如此深入的影响之下，生活方式只是在一些具体事物上有一定的变化。但是，在未来，生活方式的颠覆将会深入到生活观念之中。生活方式的颠覆从对个人的改变从而深入到对社会基本结构，即家庭结构的改变。

生活方式是人们生存的一种表达形式。从某种意义上来说，生活方式定义了个人的发展形态。在封建社会中，人们的生活以物质满足为核心，个人的自主性顺从于严苛的社会规则而得不到解放。在现代社会，特别是随着互联网的发展，人们物质生活逐渐丰富起来，与之相应，个人的自主性也在不断得到释放，个人的发展与社会整体宽容自由的发展环境越来越相融，人们寻求积极向上的发展潜力被启发出来。个人发展方式的改变从根本上改变了家庭结构和社会结构。

通常，人们生活的核心就是家庭生活方式。家庭生活方式的习惯则依托于家庭结构。传统的家庭结构一家三口人之下的生活方式十分传统。就像是一句俗语所说：开门七件事，柴米油盐酱醋茶。而互联网对于生活方式的颠覆从另一种意义上来说就是对传统家庭结构的颠覆。传统的父母为主导的家庭结构在互联网的影响之下转变为父母与孩子之间的平等交流。传统的以生存为基本需求的家庭结构在互联网的影响之下将逐渐转向以精神文化需求为主的家庭结构。甚至人们婚姻家庭形成的理由不再是以物质之间的需求结合在一起,更多是因为精神需求间的志同道合。

一、衣、食、住、行、游、购、娱的全方位颠覆

科技改变生活,互联网的兴起带来购物的快捷,商家的各类信息都能通过互联网在第一时间获得。衣、食、住、行各个方面都和互联网产生了紧密的联系,各类手机 APP 和相应的网站层出不穷。从某种意义上说,人们在互联网时代可以做一个真正的"宅男""宅女"。根据一项调查显示,2012 年中国移动互联网市场的规模为 549.7 亿元,相比 2011 年增长率为 94.6%。而这种爆发式的增长也带动了国内手机 APP 市场的快速发展,尤其是 iOS 和 Android 端,手机 APP 更加丰富和多元化,除了传统的多媒体、游戏领域外,也逐渐地渗透到衣食住行等与生活息息相关的领域,包括地图、团购、天气、酒店、美食等,可以看到,移动互联网正潜移默化地改变着信息时代下人们的日常生活。[1]

互联网与人们生活的联系已经越来越紧密。人们的衣、食、住、行、游、购、娱都慢慢离不开互联网。所有的信息、交易都能够在互联网上完成。当前火热的 O2O 线上线下结合的生活方式在未来将会转变成物联网技术发展兴盛之下的线上线下彻底融合的生活状态。线上和线下的鸿沟将不复存在,由此带来人们生活体验感的提高。这样的生活方式极大地解放了人们在物质生活上所花费的时间。由此,人们对生活质量以及闲暇时光的消费更加注重。在闲暇消费之中,最为重要的莫过于文化消费。而互联网自身的无形性和易渗透性本身就与文化的特点相类似。因此,在物质生

---

[1] 丙宸.移动互联改变生活[J].科学之友(上旬),2013(9).

活不断丰富的同时，文化生活在互联网的影响之下丰富着自身的发展。所以，人们的很多文化消费与互联网的发展也是密不可分的。

不论是人们的物质生活还是精神生活，都与互联网，特别是手机移动互联网有着十分紧密的联系。所有的生活必需品和必要条件都可以通过网络找到相应的服务商家，服务可以自动上门。在智能手机普及的当下，淘宝等一批电商的崛起将互联网渗透到了人们生活的点点滴滴之中，无限连接的互联网最大程度地满足了人们对物质的各种需求。与此相应的是，在文化生活上，人们不再局限于原本以地理环境为基础的文化交流，原本的熟人社交和地理社交转向以个人兴趣为主的文化社交。而互联网为这样的社交成长提供了相应的平台。从2003年百度贴吧内测开始，人们的这种文化社交发展到现在，已经衍生出了众多互联网平台。在属于人们自己的小小的亚文化圈里，人们享受文化的同时也在创造着属于自己的文化。

从这些最基本的衣、食、住、行的变化中，我们就能看出互联网对于社会管理、产业转型、企业发展的影响。因为人们的衣、食、住、行与这些方面都有着十分密切的联系。可以说，社会管理、产业转型、企业发展最终的结合点都是基于人们生活的基础需要。而当这些最为基础的需求都开始互联网化的时候，那么，基于这些基础上的社会管理、产业转型、企业发展都会依照互联网的精神发生改变。因此，互联网的影响是一种自下而上、自物质到精神的渗透式影响。

二、生活方式背后的社群关系变化

人与人之间的社交活动是人们适应社会的重要基石。美国当代知名政治学家帕特南在20世纪90年代曾经提出过"社会资本"这一概念来描述社区的公共参与，并认为，即使是人与人之间的简单交往，也可以起到增强社会资本的作用，从而促进公民社会的建设，为社会整体的良性运行奠定基础。对于个人来说，社会资本的积累依靠的是人们的日常人际交往。互联网的连接性带来的是人们社交圈的扩大，原来以地域和熟人为核心的人际交往在互联网的影响之下转变成为以文化和个人兴趣爱好为核心的文化圈的社交。从贴吧到豆瓣小组，以提供兴趣交流为主的互联网社交平台的发展在当下已经十分成熟。这种虚拟社会资本的积累正在逐步变得常态化。

在我国，随着互联网的不断发展，从"SOHO"到"宅"一代的出现，个性文化越来越占上风。人们在工作方式上更加自主化，生活方式上更加个性化，娱乐方式上更加自由化，甚至在精神上也可以做到与世独立。在互联网时代，个体可以完全为自己打造一个封闭的世界。[1] 这样的后果是人们在现实生活中的人际交往已经基本完全被网络的虚拟社交所代替。而虚拟社交最大的优点就是能够实现异质交往，即可以消除地域、身份的限制，和一些在现实生活中无法交往的人有所交集。

这样的交往进一步打破的是人与人之间因为身份等外在物质、名誉带来的隔阂，从而进一步打破社会金字塔的等级制结构。这种从内部开始产生变化的人际社群关系将会对整体的社会结构带来渗透式的变化和影响。这种单个人际关系的发展变化看似打破了之前人与人之间的关系，但实质上是将个体从现实的人际关系中解放出来，将个体放在一个更开阔的范围内去开展人际活动，这样才能够真正增加人们之间的横向联系，跨越地域的限制，真正犹如地球村般地易于沟通。

并且，伴随着人际社群关系的变化，首当其冲受到的影响会是家庭结构。家庭结构是人们人际社群的重要部分之一。所以，当个人的自主性在家庭结构中逐渐突显出来的时候，传统的金字塔型的家庭结构会受到冲击。传统的金字塔型的家庭结构要求的是父母辈在家庭中的绝对地位。而当前大部分家庭的孩子都属于90后，在互联网发展之下成长起来的一代。因此，在传统的家庭结构中，他们的自主意识会引起传统家庭结构的矛盾、破碎和重

---

1 雷鸣.浅析互联网对社会整合的影响[J].中共杭州市委党校学报,2012(2).

组。这种家庭结构的破碎、重组会带来社会家庭观念的变化。当这种变化成型的时候，这种家庭观念会融入到社会总的价值观之中，由此，家庭观念的变化产生一种自下而上的力量推动社会结构的变化。

随着互联网的不断发展，人际关系显得越来越淡漠化。人与人之间的联系越来越多地是通过互联网的虚拟手段实现。在这其中，有利也有弊。有利的地方在于，由于互联网，人们的社交范围得以拓展，人们能够更加方便地与世界各地的人互相联系。海洋和陆地的距离不再成为人们交流的阻碍。并且，我们有理由相信在不久的将来，人们之间的联系将会变得更加方便。

然而，这种世界范围内的社交关系也有一个弊端，即由于过多追求网络上的虚拟社交，反而会忽略在自己身边的现实生活中的社交活动。从人类心理学的角度来说，自己身边的社交才是最为重要的。它构成了我们生活的主旋律。在互联网的发展之下，我们很多人忽略了身边的社交，转而将自己的全部精力投入网络社交上面，这样做的后果是人越来越成为单极化的人。但在未来的社会结构之下，这种单极化的人是否就是个人的常态，我们也不可知。因为在互联网的时代，单极人只是因为互联网的存在而将社交和生活方式都转移到了互联网上。如果所有人的社交和生活都转移到了互联网上，那么，这种单极人的概念是否还依旧成立呢？

三、社群关系变化带来的价值观变化

互联网影响下的社群关系和家庭结构的变化带来的价值观变化的直接体现就是人们在生活观念上的变化。随着国家经济发展水平的不断提高，人们生活的物质水平也在不断提升。互联网以及各种科技手段层出不穷，为人们的生活带来了各种各样的便利。但是，长久以来人们固有的观念就是工作和生活的对立性。现在很多大城市的年轻人都认为自己的状态处于

一种生活以下、生存以上的状态。而前些年热炒的"蚁族"概念更是反映当前人们生活观念上的二元对立：工作与生活的完全撕裂。努力工作满足基本生活需求成为大部分年轻人打拼的主要理由，生活自身成为工作的附庸。这种生活的撕裂，既是源于人们在物质上更高的要求，也是当前社会分工愈加精细化的结果。

但是，互联网时代的深入发展是可以弥补二者之间的鸿沟的。因为从某种意义上来说，互联网既是一种工作方式，也是一种生活方式。以BAT为代表的互联网企业正在不断衍生出互联网相关的新兴业态。而越来越多的年轻人也开始加入到互联网产业的建设之中。在享受工作的同时，对于这些年轻人来说，这份工作也承载着他们对于生活的希冀。他们也开始学着如何将工作变为一种享受。

这种生活观念变化的影响直接结果就是人们工作方式和生活方式上的变化。其实随着硅谷的兴起，很多新兴的互联网企业的企业文化开始倾向于更加自由、开放的氛围，甚至营造舒适感。其目的一方面是因为互联网自身的创新性要求企业的氛围不能像传统企业那般严肃刻板；另一方面也是由于互联网带来的生活工作观念的变化。

从某种意义上来说，人们这种将工作变为生活享受的生活理念也正折射出社会发展过程中物质生活的进步促使人们对精神文化产生极大的需求。这种精神文化的需求是建立在物质较为丰富基础上的。而在这种需求的挖掘之下，人的自主性被极大地激发出来。平等、共享逐渐成为人们价值观的核心理念。这种核心理念对家庭结构、企业结构和社会结构都产生了一定的影响。

四、颠覆背后的隐患

互联网对生活方式的全面颠覆意味着家庭结构、社会结构的全面变化。当传统的生活方式、家庭结构、社会结构都不复存在的时候，传统文化的延续成为一个不得不让人关注的问题。众所周知，文化是依托于一定的社会结构、社会形态甚至是一定的生活方式等物质形态方式存在的。如果现有的生活方式在互联网的影响下被全面颠覆了，那么，传统文化的延续将何去何从？

也许，从生活被完全颠覆的那一刻起，传统文化的内涵将会有所改变。但是，中国五千年的传统文化精华应当如何利用互联网来继续延续和保存下去？传统文化如何才能在互联网的时代获取自己的一席生存之地？这些都是我们在面对互联网带来的生活方式巨大影响上必须要考虑的问题。

传统文化归根结底其实还是一种中国传统精神的传承和延续。当互联网带来的开放、共享的理念和精神慢慢深入到人们的价值观念之中时，传统中的一些文化精神可能会在这种开放、共享的氛围之中渐渐被异化。而那些原本承载了传统文化理念的物质也会在互联网的影响之下慢慢变成一种适应互联时代和互联网精神的新的文化载体。传统文化可能只会变成在博物馆被展览的历史遗迹。

这些不得不引起我们的警惕。我们在为生活便利而欢欣鼓舞的同时，在感慨世界变化的同时，我们是否能够回头看一眼几千年来的文化积淀在面对现代科技时的无力感呢？

第二节 企业组织的颠覆

社会经济永远是一个社会最为活跃的部分。因此，互联网被运用最早的领域也是在社会经济方面。特别是以长尾模式、免费模式、体验模式、平台模式等为代表的新型商业模式都是伴随着互联网的发展而出现，并对商业的运作方式产生了巨大的影响。而商业模式运作最基本的单位就是企业。企业也是互联网直接产生影响的地方。就以最简单的信息传递来说，在互联网出现之前，企业之间的信息传递依旧需要依靠书信、人力等传统方式来实现，但是当互联网出现之后，信息的传递只需要通过邮件就可以完成。由此带来的变化就是原来负责传递消息的一部分人力可以被解放出来，去充实其他更加重要的运作环节，传递消息变成了一个人人都可以胜任的工作。这只是对传递信息这一个部分所带来的影响。当公司自身就是以互联网为生之时，整个企业的运营架构可能和传统企业大相径庭。其实，我们都知道的是，企业运作方式的很多创新理论最早也是从互联网公司的实践开始的。

当企业的整体运作都发生变化时，相应产业的发展也会受到影响。2015年国家刚刚发布的《国务院关于积极推进"互联网+"行动的指导意见》中提出了互联网与金融、农业、物流产业、电子商务等产业的融合发展。在这种融合发展之中,各个产业的发展模式开始产生新的变化。而这种产业方式的变化又会进一步对整体经济结构产生影响。产业发展和经济结构的发展又会进一步促进互联网的发展。随着这种循环的发展,互联网与经济之间的联系逐渐加深。

一、从组织形态到运营方式的变化

"互联网+"时代的到来,企业的组织形态也在发生着改变。一项新的职位——首席数据官(CDO)已经越来越成为企业发展当中不可或缺的重要角色。目前CDO这一头衔可能更多地是被政府和学术机构使用,大多数公司尚未设立这一职位,但是一些企业如果想要在互联网大数据的领域里有所作为,必定是要设立这一职位的。整体来说,CDO就是要在企业和消费者共同面对的科技交汇处,监管数据操作,并且根据数据分析结果对企业的运营提供战略性建设,CDO必须既通晓IT技术,又习惯阅读纸质报告。

2013年,星巴克增加了CDO的角色,由亚当·布罗特曼担任。他直接向CEO霍华德·舒尔茨汇报,负责网络、移动设备、社交媒体、忠诚项目、电子商务和Wi-Fi上的核心数字化交易。亚当·布罗特曼还要领导公司现有的店内数字和娱乐团队。CDO的主要任务就是将公司内部散乱的数据业务和资产归整起来,确保关于数据业务的发展不会停滞不前。在计算机普世成为大势所趋之时,CDO的角色将会变得越来越重要。[1]

在"互联网+"时代,企业组织形态的另一种变化就是企业内部合作方式的变化,即营销和技术部门的结合日益紧密。在目前供大于求的总体市场态势下,营销在企业发展中的地位是不言而喻的。而当代营销的发展随着电子商务等的出现已经越来越离不开互联网、大数据等技术的发展。在之前的企业中,营销和技术隶属于两个不同的部门,由此导致的是部门

---

[1] 鲍勃·罗德,雷·维勒兹.大融合——互联网时代的商业模式[M].朱卫未,孙昕昕,王茜,译.北京:人民邮电出版社,2015:181-182.

之间沟通合作存在轻微的壁垒。而随着互联网的进一步发展，我们有理由相信，企业的技术和营销部门将会不断地在合作中逐渐消弭壁垒，从而形成一种能够即时组织、即时解散的灵活多变的合作方式。

当前，大多数产业遵循的都是链条式的生产模式，由此带来的是企业生产的链式工作方式。但在互联网发展的影响之下，原来链条式的生产模式正在被逐步打破，平台式的发展方式已经越来越突出。这样的生产方式带来的是企业分工的更加细致化。那种包揽所有环节的大型生产企业已经不太可能像过去那样遍地开花了。因此，大部分企业的生产只作为生产链上的一颗螺丝钉，整个生产线会被逐渐拉宽成为一个平台，同一个生产环节会有众多企业共同竞争，市场竞争会不断加强，平台效应也会越来越强烈。

平台式的产业生产方式带来的不仅仅是企业分工的细致化，还有就是企业和消费者对于企业所生产产品的要求也会越来越高。近年来所出现的产品经理的职位也在说明企业对于产品的重视程度在不断上升。可以预见的是，在未来，产品经理的重要性也会是不言而喻的，并且，在未来，产品经理的功能更主要偏向于满足消费者的体验要求。在物质丰盈的年代，人们的消费已经不仅仅满足于获得物质需求，消费过程中的良好体验已经越来越成为消费者进行消费的一个重要影响因素。在保证产品质量的同时，也要能够最大限度地满足消费者的各类要求。

企业工作流程的变化也是企业组织形态变化的要求。而这种工作流程的变化会随着企业的发展不断发生改变。先前链条式的生产模式在企业内部的工作流程体现也是类似于链条式的生产过程。而平台式思维的出现让企业的工作模式开始转向以产品为核心的团队式生产模式。不论企业工作流程如何变化，企业的核心依旧是产品，这是一个企业生存之本。因此，工作流程的变化最终都是为了能够让产品更好地满足消费者的需求。

在我们的传统观念里，组织形态的企业才是企业发展主要模式。然而，淘宝网的兴起带来了个人式企业的兴盛。依托于淘宝网，人们自己就能在网络上开店销售。从某种意义上来说，这样的网店就相当于是一家企业。另外，依托互联网，很多人都可以凭借自身所拥有的技术、资金等资本运营一家属于自己的公司。企业最为核心的生产部分由自身掌握，其余的营销、采购等环节均可以通过网络的方式来予以解决。

因此，在未来，龙头式的大型企业与个人高科技的小型企业必定并存。这种小型企业只需要核心团队的 3 到 5 人，其余的很多环节都可以通过互联网的平台来予以完成。然而，我们还必须要明确的一个概念就是，这里所说的个人式企业与一般认为的个体户并不相同。这里的个人企业是指企业的核心团队和个人依托互联网来运营整个企业，个体户则是从企业的所有权的角度对企业进行定义。虽然个人式企业很大程度上也是属于个人所有的企业，但个体户企业并不缺少企业运营的基本环节。而个人式企业以传统的企业从传统运营角度来看，只拥有企业最核心的技术或者产品，其余环节通过互联网来寻找合作伙伴予以解决。

这种个人企业的诞生很大程度上也是因为互联网发展带来的社会分工的细致化所带来的。因为科技水平的不断提高，社会的分工将会越来越细致，很多细微的生产环节都可以被独立出来，由此带来了个人企业出现的契机。

二、企业组织背后的商业模式变化

企业运作模式的变化反映的其实是商业模式的发展变化。在未来，商业模式的发展将与互联网全面接轨。传统的依靠非互联网资源发展起来的商业模式将会全面退出。互联网的技术发展将成为商业模式发展变化的拐点。商业模式和商业价值的实现都依赖于它的运作。当企业的发展受到互联网的影响而发生一系列的变化时，商业模式必然会受到影响。在商业模式因为企业的影响而发生改变的时候，商业模式自身也在主动接受改变，商业模式带来的改变最终会反映到企业的运作模式之上。

就目前来看，大部分新兴的商业模式都是借助互联网带来的便利的渠道功能来拓展自身的覆盖面的。由此带来的是大部分商业模式都在尽力挖掘线上线下相结合的发展模式，力求在立足线下的同时能够在线上开拓出相应的市场。这种线上线下相结合的发展模式几乎在所有的商业模式中都有所涉及。而在这种发展之中最为关键的是产品的运输很大程度上还是需要依靠人力资源，即物流。这样的运输方式在某种程度上并没有摆脱传统物流的方式，由此可见，互联网技术的发展还没到位，线上线下的结合无法做到完全紧密。但是，未来的人工智能将会在物流方面完全取代人力资源。此时，线上线下相结合的发展模式才能够真正成为互联网时代的产物。

线上线下相结合的商业模式之所以能够覆盖并融入到大部分商业模式之中，主要是因为当前互联网作为一种渠道的开发，依旧是在为许多实体产品服务。这些实体产品虽然可以经由互联网的渠道进行销售，但是依旧需要通过线下的物流方式来将物品送到消费者的手中。但是在未来，商业模式所生产的产品应当不再以实体商品为主，产品的概念会被不断扩大。满足各类需要的非实体类产品将会逐步发展起来，与实体产品并分天下。当非实体类产品不断出现的时候，互联网内部会产生闭合的生产消费链条而完全不必设计线下。这样的商业模式会成为对目前商业模式的又一次颠覆。

然而，商业模式不论如何颠覆，其背后的一个根本观念都会贯彻始终，那就是用户至上的原则。在互联网时代到来之前，经济市场早已呈现出来供大于求的状态。而互联网的到来更是激化了这种状态，让原本供与求之间的距离拉得更远。当供大于求的市场特点越发鲜明，互联网带来的渠道的拓展都在不断打破商家们原有的优越感。用户的需求和体验不知不觉上升到一个更加重要的位置。因此，很多互联网时代的新兴商业模式都暗含了这种用户至上的商业观念。如体验型商业模式的兴起，体验型商业模式是要让用户在消费的过程中获得最好的体验，并为此心甘情愿地付费。而免费型商业模式也是要在一开始通过免费的方式来让消费者获得良好的体验之后再来继续诱导消费者消费其后的收费项目。

三、商业模式变化带来的产业模式的变化

很多商业模式并不是针对特定的产业，很多商业模式在不同的产业里都是共通的。新型商业模式一旦出现，会对许多产业产生一定的影响。例如基于互联网而产生的长尾模式在多个产业中都能够运用。商业模式的变化对于产业的发展也会产生影响。这种变化主要体现在两个方面：一是基于互联网产生的新兴产业，例如电子商务、网络游戏等一些产业在互联网出现之前是不可能实现的，而是为互联网的发展、技术水平的上升，这些产业才会出现。随着互联网技术的进步，这些产业也会在以后不断转型升级。二是互联网的发展带动了一批生产相关硬件的制造业产业在技术上的升级，这样的升级推动了传统产业的转型升级。一些原本依靠高消耗的产业在互联网的帮助之下与文化产业等产业融合，不仅会让原本产业能够转型升级，而且会产生一些新兴产业。这些新兴产业的发展顺应的是我国经济发展新常态下高科技、低消耗的发展模式。

对于传统的工业生产来说，随着资源的耗尽带来的是生产的后劲不足，产品的生产技术提升慢，产品销量滞后，利润降低。而互联网的加入不仅能够为传统工业生产带来技术上的进步，同时，互联网的软性黏合可以拓宽工业生产的产品链，将其与其他产业相结合，深度挖掘工业产品的价值链，达到产业转型升级的目的。国内外许多的老工业厂房通过互联网与服务业相结合获得了二次重生。设想，如果资源耗尽，那么以此为依靠的传统工业必将面临转型的问题。当前互联网的迅速发展正为传统工业的转型找到了一条可行的道路。

而还有一些新兴产业，新兴产业大部分都是依托互联网发展而生的高科技产业，因此对人才素质的要求是比较高的。这就从产业上倒逼教育发

展的改革，同时也为大学生毕业后的工作提供了新的出路。而随着"互联网+"的不断深入，更多的新兴产业将会诞生。百度和谷歌都在研制的无人驾驶汽车、人工智能设备的相继研发等都有可能发展成为未来的新兴产业。而这些高科技产业的发展首先带来的是人们生活上的便利，随着产业的发展壮大，相信对我们的经济、政治也会产生一定的影响。

四、颠覆背后的隐患

商业模式的这种颠覆将伴随着互联网技术的不断发展而不断创新。但是在商业模式的不断创新之中，有一个底线必须始终坚守，那就是产品的质量。不论是现在依旧是主体的实体产品，还是未来即将爆发的非实体类产品，质量永远都是一条底线。然而，这里所说的质量不仅仅指僵尸肉等一些实实在在的食品质量问题，而是包括所有产品在内的质量问题。

举一个最简单的例子，2015年暑期档电影的质量对比非常鲜明，以《小时代4：灵魂尽头》为首的烂片团和以《西游记之大圣归来》为首的高质量影片团之间的高下可以说非常显明。在互联网如此发达的今天，电影的宣传渠道早已渗透到观众日常生活的各种角落。并且，在互联网的推动下，IP电影热钱不断。但在如此丰厚的条件之下，《小时代4：灵魂尽头》依旧不是一部怀揣诚意的作品，用网友的形容来说，4部小时代的作品看起来都像是MV。这样的条件却没有相应的质量，只能说是制作者底线的丧失。相对而言，《西游记之大圣归来》的质量虽与国外皮克斯动画相比，还有一点差距，但是在国内动漫电影来说，绝对是经典之作，让人看到了国产动画电影的希望。这样高质量的电影是经过了8年的精雕细琢的，这才是消费者真正需要的、符合其质量需求的电影。

虽然说在互联网时代要求用户至上，但是在互联网的搅动之下，在这个物欲横流的时代，产品质量往往无法与制作人的利益相比。因此，很多的产品生产商为了金钱的利益而对产品的质量并不上心。这样的产品流传到市场对于消费者来说不仅是不公平的，在某些特定产品上，比如电影，也不利于提升观众的消费审美的标准。特别是文化产品，其关乎着对消费者文化审美的熏陶和教育作用，如果互联网时代下，文化产品的生产者一味追求互联网带来的各种便利而忘记了初心，那么，这样的颠覆对于文化的发展和传承来说是致命的。

第三节 经济结构的颠覆

当企业运作、商业模式都在发生变化的时候，产业模式也会发生相应的变化，当产业也发生变化的时候，经济结构的转型或者说颠覆也就顺势而来。在当前互联网的影响之下，产业之间的融合正在逐步推进。以文化产业为代表的服务业在互联网跨界思维的融合之下与第一产业和第二产业的融合正在进行之中，由此产生一些新兴产业，并带动一些传统产业升级转型，盘活存量，推动经济结构的转型发展。

一、互联网加速三大产业的融合发展

互联网对于工业的融合发展最初只影响到营销和交易等产业链尾端的环节。随着影响力的不断扩大，互联网随着产业链逐渐向上游深入，其后设计、生产环节乃至整个产业链都开始受到影响。产业链上游那些本身就在创造价值和增值的重要环节借助互联网提升了自身技术水平和效率，并借助互联网与不同的产业之间融合，最大程度地提升了自身的附加值。因此，在未来，互联网在工业领域将会占据其生产的核心地位。当前，以大数据等为基础融合设计的智能决策服务平台，已经在汽车、装备等领域开始应用。未来，这些技术将会进一步发展，并应用在工业的发展上。

互联网推动工业创新融合的主要作用表现为四个方面：一是构建良好的企业间产业链协同创新、资源整合共享的核心平台，如京东、百度、CAXA、普金科技、广新信息、猪八戒网、亚洲流体网等；二是成为企业内业务流程优化、运营效率提升的重要工具，如大唐、北江纺织等；三是成为消费者体验升级、服务模式创新的关键支撑，如伊利、思念、洋河酒厂、回家网、海宁皮革城、南航等；四是形成跨越企业边界、重塑供需关系的集成创新系统，如海尔、普天新能源等。总体来看，通过互联网实现融合创新、具备互联网思维的企业，其内外部组织正从有界趋向无界、从有形走向无形、从垂直变为扁平，用户取代企业领袖成为左右企业决策制胜的终极力量。[1]

"互联网+农业"实现的是农业产业的跨越式发展，不再只是简单互联网接入农业，或者农业融合互联网，从而实现去中间化、提升效率等新的模式，而是成功地将互联网与社会资本带入驱动农业发展的轨道中。一方面，"互联网+农业"可促进专业化分工、提高组织化程度、降低交易成本、优化资源配置、提高劳动生产率。另一方面，"互联网+农业"通过便利化、实时化、感知化、物联化、智能化等手段，为农地确权、农技推广、农村金融、农村管理等提供精确、动态、科学的全方位信息服务，正成为现代农业跨越式发展的新引擎。[2]

联想集团作为一个老牌的互联网企业，利用自身的互联网优势对传统的农业进行了一定的转型升级。在上游的生产环节，利用互联网大数据对农产品生产的全过程进行技术监控，对化肥、农药进行控量施用，以保证产品的品质。同时，利用生物技术对农产品的生产环境进行严格检测监控，以保证农产品拥有一个优良的环境，并对其进行景观设计，力图拓展

---

[1] 王建伟.互联网如何推动工业融合创新［N］.人民邮电报，2014-07-07.
[2] 吴文军.互联网+农业，如何迎风起飞［N］.人民日报，2015-07-15.

农业旅游产业，增加农业生产环节的附加值。在下游营销环节，以创新互联网的营销方式，拓展多种营销渠道，完美对接生产环节。另外，阿里巴巴也在推进互联网与农业深度融合的产业链，将旗下业务与农业进行对接、挂钩。

互联网与服务业的融合最大的特点就是将个人需求极大程度地解放了出来。在工业化时代，"定制"通常意味着奢侈。互联网则让平民化定制成为现实。在需求分析环节，工业时代的信息收集难以覆盖到每个用户，因此会采用"平均值"来表征用户需求；而互联网"自下而上"的信息收集方式，可以将需求信息精确到个体。在设计环节，互联网的开放性催生众包等协作方式，个人设计师能够以更低的成本入驻开放平台，用户也更多地参与到作品设计中。在营销环节，社交网络分享和用户在线评论为服务提供者节约了一笔可观的广告开支。在支付与配送环节，第三方支付和物流的成熟让服务提供者可以更加专注于核心价值创造。[1]

二、产业融合背后的经济结构的调整

互联网对企业的影响、对商业模式的影响、对产业的影响最终都会对社会经济结构的调整产生影响。当前，我们国家经济结构的主要组成部分就是三大产业：工业、农业、服务业。当三大产业都在互联网的影响之下开始转型升级之后，经济结构的发展必定也会产生相应的变化。

互联网带来的农业、工业、服务业三大产业的融合发展将会有利于传统农业、工业的转型升级。这样的转型升级有利于扩大内需、稳定外需。我国经济发展长期依靠投资、出口拉动，传统产业后劲不足，现有存量资源无法盘活。但是当传统产业与服务业、互联网融合发展之后，开辟了新的市场。工业、农业的发展提升到了一个新的层级。资源的消耗不断降

---

[1] 王晓玲．互联网如何颠覆传统服务业［N］．人民邮电报，2014-11-24．

低，产品的种类不断丰富。就以传统工业的转型升级为例，很多传统的工业园区因为资源消耗过大，产品累积，市场饱和，大多都已经停产。停产的工业园区内的老厂房、生产车间只能荒废。但是，文化产业与荒废的工业园区之间的融合发展为老旧工业园区带来了新的生命。废弃厂房和生产车间经过简单的改造成为文化产品创作者的工作室，那些粗犷的建筑从名不见经传的生产车间变成颇具艺术气息的文化场所，这样的转变既盘活了一些工厂的现有存量，还能够在以后的发展中不断挖掘传统厂房的历史、文化价值，将其转化成文化产品。这样的产业转型升级之后既能够最少程度地浪费现有资源，改变原来资源消耗型的生产方式，同时盘活了传统资源。最重要的是转型升级之后的传统产业内在创新因子大大增强了，有利于推动创新在经济结构调整中的作用。

互联网对经济结构调整的第二点作用就是带动了服务业的整合发展。金融、电子商务、物流等产业在互联网的影响之下发生了翻天覆地的变化。这样的变化带来的是在互联网的影响之下服务业的发展开始全面渗透进入各个产业。而服务业自身无污染、灵活性、创新性的特征也随之慢慢并内化在各个产业之中。相对于农业和工业来说，服务业自身属于第三产业，其发展是建立在农业和工业充分发展的基础之上的，同时也是基于人们对自己生活质量的要求不断提升才慢慢发展起来的。但是，当前经济结构依旧以工业和农业为主，而服务业在与互联网融合发展之后，已经慢慢成为国民经济发展的重要组成部分。特别是文化产业的发展，近两年已经成为国家重点关注的一个产业门类。文化产业自身符合服务业的特征，并且对于工业和农业的带动升级作用也十分明显。文化产业由于自身的易渗透性，与互联网的融合，或与其他产业的融合，都相对来说比较容易。因此，以服务业扩大内需，带动整个经济结构的升级转型在未来将慢慢得以实现。

互联网对经济结构调整的第三个影响就是提升了科技在经济发展中的重要地位，特别是在未来随着物联网和人工智能产业的不断发展。从工业时代开始，科学技术的发展一直是推动经济发展的重要引擎。然而，从工业时代开始，社会经济的发展大多依靠的是实体经济的推动，而在实体经济的发展之中，科技只是作为技术的助力来推动产品的更新。然而在未来发展中，物联网的发展将会成为经济发展的主要动力。目前，由于互联网技术发展的限制，网络世界和现实世界之间还存在一定的鸿沟，但是，随着技术的不断发展，线上和线上世界的鸿沟也会逐渐弥合。英国的连锁超市Waitrose计划在年内普及家用扫描仪，将扫描仪与顾客网购账号绑定，顾客通过扫描商品包装盒就能轻松完成购物。这样的购物方式已经融入了物联网的相关技术在其中。后期我们有理由相信，物联网的发展带给产业融合更深层次的意义在于将科学技术彻底融入产业的运作方式和产品的发展形态之中，让科技、甚至可以说让互联网成为产业发展的主导因素。

三、经济结构调整带来的管理方式的变化

经济基础决定上层建筑。经济结构的调整意味着从一家企业的运作到整个国民经济的发展都在发生着变化。在这样的变化之下，原本传统的管理方式也必然要发生变化。同时，互联网在影响经济发展的同时也在主动渗入到上层管理之中。在这样的变化之中，管理方式的变化将会呈现以下特点：

一是管理理念将从管理转向服务。互联网开放、共享的思维改变了商业模式，也打破了产业之间的壁垒，推动了产业之间的融合发展，由此带来了经济结构的转型。这种开放、共享的思维模式在慢慢渗入到经济发展之中的同时也在对管理方式提出要求，即要求管理层从原本的制定要求和规范变成了为经济发展提供完善的配套服务，在发展的方向上顺势引导，让互联网的创新精神在经济发展中发挥出最大的作用。就如目前国家对创客空间的大力推进。创客空间自身的产生、发展本身就是

源于互联网，国家出台的一些政策都是从辅助的角度为创客空间提供良好的发展环境。

二是在互联网的影响之下管理层在信息的掌握上将会更加集中。互联网发展的特征之一就是信息的透明化和快速流动。这也是推动企业乃至产业变化的一个主要因素。在信息的快速流动和透明程度越来越高的前提之下，管理层在信息的收集、抓取以及管理上将会比过去更加困难，也更加严格。因为互联网带来的信息爆炸意味着不良信息也会呈几何倍数地增长。因此，虽然互联网要求管理者需要给经济发展提供完善的配套服务和宽松的氛围，但是，管理层需要把控的是国民经济乃至国家发展的重大方向。所以，在对信息的掌控上，管理层需要做到比以前更加集中，处理更加妥当。其实在互联网的帮助之下，所有的信息都会留下痕迹，这为管理层的管理带来了一定的便利。

三是管理层人员将会更加专业化。这里所说的专业不仅仅指专业的学识和能力，而是了解和使用互联网的能力。当日常生活和经济发展都在主动或被动地接受互联网改造的时候，经济基础之上的管理层如果不能及时了解并掌握这种变化的前因后果，不能够对互联网的下一步发展或者说影响有一定的预测性的话，那么，管理层的导向和控制能力将会慢慢减弱。经济飞速发展最后会强制推动管理的转变。当上层建筑被迫改变的时候，社会的稳定可能会遭到破坏。因此，未来管理层人员在对互联网的了解和掌握上要比一般人更加专业，更加具有前瞻性才能够及时发现一些非显性的隐患并排除。举一个最简单的例子，互联网的发展方便了人们的交流，这种便利是平等的。也就是说对于犯罪分子来说，互联网的存在也可以成为他们手中的犯罪利器。如果管理层不能及时了解并掌握这一点，那么，对犯罪分子的打击将会变得更加困难，由此带来的恶性后果将不言而喻。

四、颠覆背后的隐患

互联网对经济结构的影响带来的经济结构的转型并不是一蹴而就的，而是慢慢地先通过影响企业，而后影响到一个产业的发展，最后影响到整个经济的发展历程。在这个过程中，互联网会逐渐影响企业的运作模式、产业的发展方式。在这样的变化过程中，原本传统的发展方式渐渐被摒弃，必定会损坏一部分人的利益。对于这部分人来说，互联网的发展对于他们来说并不是好事。因此，为了保住自己的利益，他们会用自己的方式来对抗这种变化。这种对抗从某种意义上来说会加速互联网对传统经济发展方式的解体。但是，大部分时候当对抗并不明显的时候，这种加速却并不一定会发生。如果发生，那么也是以不易觉察的量变形式存在。

这种对抗的结果可能是加速变化的量变，但是其形式可能带来的不良社会反应却是真实存在的。这种不良反应主要表现在一些人可能采取的有组织的过激行为对于社会治安的不良影响。互联网是一把双刃剑，在促进经济结构转型的同时，也会被一些不法分子利用，做出危害社会的事。因此，我们并不能够保证所有人都能对互联网带来的变化欣喜于内。经济发展既是社会发展也是社会中每个人发展的基础所在。互联网对于经济发展带来的影响从方向上来说会推动社会经济的整体进步。但是，这样的进步实际上是一种螺旋式的发展状态，由一开始的小范围再慢慢增加。在这个增加的过程，互联网对于个人发展的介入和影响在总体上也是引导进步的。但是这样的进步同样是螺旋式的发展状态。这样个人和社会两条螺旋状发展轨迹相互交织，并不一定是齐头并进。因此，两者轨迹的相撞可能带来利益的相互冲突。在这种冲突中，个人的利益一般会被牺牲。

由此带来的可能是潜在犯罪心理的培养。当这种潜在的犯罪心理被外因诱发出来成为实际行动时,其对于社会的发展会产生不利影响,对于个人的发展甚至可能是致命的打击。而在这其中互联网可能起到的是一个推波助澜的作用,因为互联网自身并不具备善恶的属性,其自身的双刃剑属性也不过是人类自古所有的善恶对立罢了。虽说这种善恶对立是激发社会不稳定因素的一大原因,但是,互联网被利用的推动作用则是不可小觑的。所以,互联网化经济在发展过程中,需要一些社会组织特别是政府所在的管理层对互联网的双刃剑属性能够有清晰的认识,并对这种双刃剑性质可能带来的社会危害尽早采用相应的措施将不利影响降到最低。但是这种不利影响并不会完全消除,因为一定不利影响的存在有利于从对立面推动社会的发展。

第四节　治理方式的颠覆

　　经济基础的发展带来上层建筑的变化，这种变化最大的表现在于治理方式的颠覆。这种颠覆的产生或发展最后的结果是带来社会发展的进步和转型。但是这种转型和进步并不像社会革命一样一蹴而就，而是在漫长的量变过程中达到质变的结果。然而，有一点我们需要明确的是量变的过程虽然漫长，互联网自身的催化剂功能从某种意义上来说在推动社会进步进程的加速。就拿最简单的通讯方式来看，无论是微博、微信都是在近几年发展起来的，10年之后这两种即时通讯方式已经成为人们的一种生活方式，如果互联网在这10年中没有发展，也就是说没有智能手机、没有平板电脑等这些硬件的出现，微信等即时通讯方式不一定会成为当前的主要交流方式。

　　在这种进步的过程中，上层治理的颠覆或者说转变主要有以下几个特点：第一是由被动转为主动。经济发展总体上总会快于上层治理，在经济发展到一定程度时，传统的上层管理方式将不再适应经济发展，经济发展要求传统上层管理方式做出改变。例如，在互联网出现之前，网络警察这一职位并不存在，而随着互联网的壮大，各类信息在其中都能够自由流动，因此才会有网络警察的职位来管理这种信息流动中的不安全因素。在经济全面转变之前，上层管理者如果不能从社会发展的趋势中发现转变的必要性，那么上层建筑的转变都将会落后于经济发展，无法在经济发展需要的时候给予相应的帮助。当上层建筑对经济发展变化有了一定的认识以后，上层建筑将会依据现有的发展趋势主动做出改变，由此成为经济发展的方向导向。

第二个特点则是颠覆之后的管理者对社会的掌控能力将会更强。这一点主要是基于以下几个原因：首先是经济基础的强大，特别是科学技术的发展在物质上为管理者提供了更好的设备等硬件措施。这样的硬件措施是管理者掌控力增强的基础。其次是互联网思维对社会发展的影响需要管理者有着更高的掌控能力。互联网无边界连接的思维模式催化了社会发展的不断进步。但是，这种催化不仅仅包括正面的进步，那些反面的犯罪、滞后也在互联网的催化之下得到了发展。这些处于阴暗面和灰色地带的不良因素借助互联网将会更加具有隐蔽性，也会更加强大，对社会的反噬程度也会比以前要高很多。因此，这需要管理者对这些有更强的掌控能力，才能保证社会发展朝正确的方向前进。

第三个特点就是科学技术的发展将在这场颠覆中成为主要推动力。在互联网对于经济发展的影响中，科学技术的地位越来越重要。而相应地，在管理的转变中，科学技术影响依旧不可小觑。其中的根本原因还是在于互联网本身就是依于科技而产生的。科学技术的发展可以推动经济的发展，也可推动管理方式的革新。这样的革新会让管理变得更加科学化和专业化。

一、民众自主性最大程度地被激发

随着互联网对经济、政治影响的不断加深，其开放平等、自有共享的特点也随之体现在经济、政治的发展之中。因此，互联网时代的政治、经济发展最大的特征之一就是信息壁垒被打破带来的信息透明度的不断增强。人们在这种宽松、自由的信息环境之下，对自身和环境的了解将会更加透彻，在这种了解的基础之上，人们的自主性将会得到最大的解放。这种解放在未来主要体现在三个方面：

第一是人们对政府角色的新认识。之前封建社会带给人们一个根深蒂固的观念就是官民之间的阶级差异。即使后面社会性质已然发生变化，这种对政府管理阶级的认识还没有完全改变过来。但是，在互联网平等开放观念的影响之下，人们对政府的工作有了更多的了解，对政府的管理职能、方式、理念有了更多的认识。所以，人们更多地是将其看作为社会服务的一种机构，而原来封建时代留存下来的对政府权威的拜服在互联网时代以更加隐秘的形式存在，即对于破坏社会安定的犯罪分子来说，政府的权威将会比以前更加兴盛。而对于普通百姓来说，政府不需要利用权威的威慑来压制他们，政府和百姓处于平等交流的地位。这种对于政府角色的新理解会让人们的自主性得到解放，社会的氛围会非常宽松。但在这宽松背后，政府对犯罪等掌控将会比以前更加有力。

第二是人们自我管理意识的提升。虽然在城市社区和乡村都有像居委会和村委会这样的自治组织，但这种自治组织并不一定完全是市民或村民自发组织的，很多时候是政府动员做工作才能组织起来的。而且，在一般百姓的眼里，这些自治组织依旧是属于政府单位。但是在未来，人们在与政府平等交流的基础上，自主管理的意识将会更强。以社区为主要单位的自主管理体系在政府的帮助下会不断发展起来，而这个时候的自治组织将成为连接政府和群众的中介机构，积极沟通交流，帮助解决百姓遇到的困难。另外，人们的自我管理不仅仅包括现实中的社区，也包括网络中的社区。在物联网的强大功能下，网络早已融入现实生活之中，人们的现实小区在网络上也有相对应的虚拟小区，对于这二者，都需要自治组织的管理。

第三是人们对国家概念产生新认识。当前，国家对于一般人来说代表着一种依赖和安全感，甚至在某种意义上它的重要性超过地球。国家与国家之间的隔阂、裂缝一直存在，并且随着矛盾在不断地变化之中。不同国家的发展程度不一样，国家之间的交流也都不一样。但是在未来，互联网成为打破国家壁垒的利器。在互联网平等、开放、包容理念的影响之下，和平共处成为国家之间发展的绝对主题，国家与国家之间的壁垒无法阻挡人们互相交流的渴望。在互联网的帮助下，不同国家的人更愿意凭借兴趣爱好组建相同文化圈。对于普通人来说，国家已经只是地域上的限制，而文化和思想的交流早就伴随着互联网技术的进步挣脱了桎梏。全球化的发展趋势将会越来越显著，国家的概念不再如今天代表着诸多含义。

民众自主性的大解放从根本上来看还是人们核心价值观念的变化。连接、融合、包容、体验、更新的五大互联网思维特征伴随着互联网的发展融入到人们的生活之中，慢慢改变着人们的思考方式，平等开放的价值理念融入到人们的核心价值观之中。由此，人们开始慢慢接受并主动改变自己的生活。当改变主动发生的时候，互联网带来的无限精彩才刚刚开始。

二、政府管理职能的隐形化

未来，民众自主性将得到最大程度的解放，对于政府等一类管理机构来说，这则是一场治理方式的颠覆性变革，这场变革的重点就在于政府将由从前的管理者的角色转变成为服务者，政府管理职能将会更加隐形化，以期提升被管理者的管理体验。在这个过程中，政府对于互联网的了解不断加深并掌握互联网的发展规律及其带来的影响，将其完全运用到政府的日常管理工作中。当政府能够利用互联网来完成日常的管理工作之时，政府的管理职能将逐渐隐形化，服务的功能将逐渐增强。

首先，物联网的发展简化了政府的工作流程，提升了政府的工作效率。未来物联网技术的发展将真正做到虚拟和现实的结合，政府现有的许多工作流程通过物联网可以简化。政策的下达和反馈、政府与群众之间的沟通和交流，通过物联网都可以轻松解决。当工作流程开始简化提效之后，群众的需求、工作的质量成为政府关注的重点。政府的精力将重点放在如何更好地提升管理效果上。

其次，政府的工作将会向更加专业化、人性化的方向发展。在未来互联网技术高速发展的时代，人们在物质上的极大满足带来的是在精神需求上的高要求。良好的生活消费体验甚至是管理体验成为人们的精神需求的一大表现。因此，政府的管理工作也会在未来逐渐突显出人性化特征。物联网带来的工作流程的简化将人的注意力从原本繁琐的工作流程中解放出来。而从管理更深层次的意义上来看，政府对群众的管理实际上依旧是一种服务，政府通过提供服务让群众能够以适合且安全的方式参与社会生活，共同推动社会的进步。因此，未来政府工作的人性化发展方向是不言而喻的。

第三，政府与群众之间的平等交流关系逐渐建立。随着信息透明化程度的不断增强，群众的自主性得到释放，要求主动参与到社会治理之中。在这种积极、宽松的氛围之下，政府和群众之间的平等交流能够真正得以实现。这种平等交流从某种意义上来说也是政府管理职能的一种表现形式。通过与群众之间的交流，政府能够更加清楚地了解到群众对于政府治理的一些看法，同时，在这样的平等交流之下，民智得到最大程度的开启。政府的管理在此时必然适宜以更加柔性的方式引导人民群众做好自治工作。

第四，政府管理职能的柔性化意味着政府对社会的掌控能力将会强于过去。否则，政府无法做到将管理的效果以润物细无声的方式缓缓渗入到人们的日常生活中。这种掌控能力既包括对先进技术的掌握、运用，对社会发展的全面了解以及面对危机时的强大能力和采取的相应的手段。

在未来，互联网技术的不断发展需要政府的引导和推动。因此，互联网从草根阶级发展起来最终仍是要被政府所掌控。这种掌控并不意味着消灭，而是政府借用互联网之势来改变自身的管理方式，以柔性化的手段让自身的管理政策、措施能够更顺利地实施，让民众在无形中感受到政策的惠民。但是，这样的管理方式需要的最大支撑就是政府对信息的强力掌控和对于变化的快速反应。只有政府自身的实力足够强大，才能在社会的急速发展之中找寻到正确的方向，并在可能的危机还在萌芽之中时将其消灭。未来随着物联网、人工智能的快速发展，社会在发展兴盛的同时面临的危机也会比目前更加复杂甚至危险，政府如果没有强大的应对能力，那么，社会难以稳定发展。

从根本上来说，政府管理职能的柔性化代表的是政府与群众之间关系的平等化以及政府工作的人性化。这种平等化让群众与政府之间交流不再有隔阂。而政府的人性化服务则会让群众对于政府管理的接受度更高，而此时政府管理职能的完成是以服务的形式完成的，管理职能自身是隐性化的。在物质水平越来越高的未来，舒适的体验将成为人们的重要需求。因此，政府在职能转型过程中，为群众提供舒适的服务体验是必要的。但是，面对犯罪，政府的威严将依旧存在，甚至更胜于从前。

三、社会结构的变革

我们国家早在封建社会的时期就构建了非常严谨的金字塔型的社会结构，以儒家三纲五常为基本理论内核、以封建君主制为外在表现的非常稳定的社会外在结构统治了中国大地两千余年。新中国建立以后，经历了高度集中的计划经济体制和目前建立和实行的社会主义市场经济体制。目前我国处于社会主义初期阶段，民主结构打破了原有的金字塔型的社会结构。

但是，仔细观察，依旧可以发现，金字塔型社会结构的影响在我们国家依旧随处可见。几千年来封建阶级思想在人们思想上留下的烙印并非能够轻易磨灭的。我们现有的国家机器依旧是一套自上而下的纵向隶属关系。而在军队之中，这种严谨的上下级关系更为明显。同时，大部分社会企业遵循的也是这种金字塔结构的层级制。但最大的不同可能在于企业遵循的这种层级制虽然是自上而下的管理体制，但还存在一条自下而上的反馈机制。从管理角度来说，不可否认的是这种单维度的自上而下的管理是最为稳固的。

在金字塔型的结构中，"力"总是自"上"而"下"的施压，"下"对"上"只有承受、负荷的作用。信息同样如此，大量的信息被上层所截取、垄断，下层所获得的信息都是经过上层筛选的。信息以最稳妥的方式在结构内部流通，保证不会造成任何对社会结构的动摇。即使是在资本主义社会里，这种单向度的施压依旧是存在的。虽然工业革命之后，人们突破了固有的狭隘的单向线型交流的束缚，横向间的交流逐渐增多，人性的独立自主有所改变。信息的流畅打通了人与人之间的关系界限，人们不再是单向度的人，而是可以通过接受多方面的信息发展多重组织关系，而这种扁平化关系的发展带来的是扁平化组织的形成。虽然很多线型的隶属关系在很多社会组织中依旧存在，但总会慢慢被扁平化组织所代替。

随着互联网的发展，社会组织形态的发展出现了两种不同的说法。一种是数字化鸿沟理论，一种是扁平化观点。依据美国商务部的定义，数字鸿沟是指在所有的国家中，总有一些人拥有最好的信息技术，他们有最强大的计算机、最好的电话服务、最快的网络服务，也受到了这方面最好的教育。另外有一部分人，他们出于各种原因，不能介入最新的或最好的计算机、最可靠的电话服务或最快最方便的网络服务。这两部分人之间的差别，就是所谓的数字鸿沟。[1] 互联网带来社会组织的"扁平化"的观点则认为，互联网具有天然的平等性和开放性，互联网上最关键的资源——信息，可以被每个用户充分地共享。信息作为当代社会最重要的资源之一，其分配将会最大可能地均等化，这将大大有利于社会平等，并使社会趋于扁平化。

从某种意义上来说，数字鸿沟的概念依旧是建立在金字塔型的社会思维之上，可以说是当前社会组织形态进化之后的第一种社会形态，其后则

---

1 雷鸣.浅析互联网对社会整合的影响[J].中共杭州市委党校学报,2012（2）.

会因为信息的愈加透明而转化成为扁平化社会组织形态。两者在时间或者说在社会性质上是有所不同的。但是扁平化是网络虚拟社会最基本的特征，而这种特征必将会在后面逐渐深入到现实社会之中。扁平化的社会组织将会不断出现，届时，社会的总体结构必然会慢慢改变。

纵观人类社会发展历程，金字塔型的政府组织结构曾在工业社会发挥出独特的效率优势，但由此形成的等级集权制的权力结构却限制了组织成员个性化和多元化的发展。不论是数字鸿沟还是扁平化社会，其背后都是互联网对原本金字塔型的社会结构的瓦解和动摇。另外，从某种意义上来看，数字鸿沟和扁平化社会组织都有一定的缺陷，而且也只是在当前互联网发展的现状之下分析出来的结构。其思考的方式依旧是传统的"金字塔式"的思维方式。其实，一旦思维方式发生改变，这种数字鸿沟也会在信息的大爆炸中逐渐愈合。网络平行结构会不断简化传统的等级制度，使权力迅速下移，组织扁平化，集权和专制让位于分权和民主，一元决策中心发展为多元决策中心。

社会经济的发展带来了人力资源的解放和生活水平的提升。人力资源的解放意味着技术领域的研发将会有更多的人参与进来，由此带来的是技术的进步。生活水平的提升带来的是推动技术应用于人们生活的领域。在技术发展和技术需求的双重推动下，互联网的发展由一开始只能局限于部分企业慢慢发展成为一项大众都能够掌握并运用的技术。在这个发展过程中，社会经济和互联网自身的发展都是不容忽略的。也正是由于社会经济发展到了相应的水平，互联网的发展才能在相应的社会发展水平的基础上对人类社会的发展进程、对整个人类文明的发展进程产生深刻的影响。

而这样的影响必定是原本的生活结构、社会结构甚至于社会秩序产生变化的。而这些关于人类生存根本的变化并非是互联网就能影响的。互联网在其中承担的角色只是一种催化剂。在相应社会发展水平达到一定程度的基础上，互联网作为催化剂将会以无声的方式推动、催化整个社会进程的发展。这种进程的转变必定是在新旧的矛盾冲突之间一点一点博弈而成的。从最平常的家庭关系来看，互联网进入人们的生活以后，90后的生活观念、生活方式甚至是家庭理念与自己父母那一代是完全不同的。这种观念上的矛盾隐藏着家庭关系、家庭结构的博弈。新的互联网时代的家庭理念与旧的非互联网时代的家庭理念之间的博弈打破的可能是几千年来流传下来的传统的家庭理念。家庭是社会的基本单位，当家庭结构的博弈正在进行的时候，真个社会结构的转型博弈其实就已经开始了。

虽然目前互联网正在变得普及和大众化，人们的生活方式和生活理念正在发生着变化，但是，社会的整体结构并没有因为互联网的进入而发生特别明显的改变，只是生活方式和生活理念的变化比较显著。虽然这样的变化看起来只是在带动社会的进步，人们的生活似乎一直在向更好的方向发展，但其实随着时间的变化，互联网的影响也是慢慢自下而上进行的。当人们的生活慢慢发生改变的时候，社会管理层也必然要因为这种改变而改变自己的管理方式。互联网带来的自下而上的变革正在进行中。而当这种变革累积到一定程度的时候，自上而下的社会变革也会随之开始。

社会转型的动力来源于新旧社会之间的矛盾博弈。在当前，这种博弈已经开始。但是，这样博弈的力量十分温和，隐藏在人们日常生活之中，对社会的破坏处于最小的程度。而在这种博弈的过程中，社会管理层转变的意识的苏醒显得尤为重要。如果社会管理者对于互联网带来的这一系列的变化不能用发展的眼光来看待，而只是一味地采用强制的手段来进行管理，那么很有可能将潜在的矛盾激化成显性矛盾。矛盾的爆发可能会加速社会转型的进行，但也有可能会阻碍社会转型的进行。因此，社会管理层在面对互联网带来的这一系列变化的时候，应当在结合现实际情况的基础上对于互联网的这种影响顺势而为，但不放任自流。因为互联网的影响并不都是有利的。

互联网带来的信息爆炸之中本身就隐藏着一些不良信息，对这些不良信息的管理也是对社会管理层的一种考验。另外，有一种非显性的不良影响就是国家文化安全问题的非显性,特别是国外意识形态在互联网的传播几乎是非常隐蔽不被人察觉的。而社会管理层在对此监管的同时还需要顾及文化自由传播的原则。所以,监管上的难度更易于国外意识形态的传播。

四、颠覆背后的隐患

互联网是一场革命,它带来的社会由外到内的变革正在缓慢进行。正像第一次工业革命带来的生产关系的变化,工业资产阶级借助这次技术的发展确立了对世界的统治,资本主义社会的时代来临。而现在这场互联网的变革和第一次工业革命并不完全相同。第一次工业革命之后的社会性质变化,大部分是通过激烈的革命完成了资产阶级掌握政权的过程,而这次互联网的变革是在一个十分稳定的社会环境之中以渗入式的方式展开的。因此,互联网技术的发展带来的此次社会的转变将会是温和的变革。但是,生活方式的变化,经济结构的变化,社会结构的转型都在预示着社会的转型正在进行之中。虽然目前的社会现状比较稳定,互联网的影响也不是一蹴而就,而是慢慢渗入到社会发展的各个层面,但是,这种变化并不是一帆风顺。所有的变化都会破坏一部分人的利益,都会受到守旧派的攻击,只有在这样的矛盾发展中,新事物的变化才能持续下去。在和平稳定的现代社会,这样的矛盾是隐性的,但是,这样的矛盾始终是一个不安定因素,如果碰到合适的机会可能就会爆发出来,这对于社会稳定、治安都是不利的。

就像全球化浪潮在世界范围内已经势不可挡,但是欧洲国家的一些民众因为全球化而失去了工作,失去了优越的生活,因此,他们聚集在一起通过游行等方式反对全球化。这样的反对也许并不能阻止全球化的继续发展,但是这样的游行对于当地社会治安,甚至是当地民众的日常生活都会产生不利影响。互联网的发展从某种意义上来说与全球化是相互促进的关系。互联网推动了全球化的加速发展,全球化也从侧面推动了世界对互联网发展的需求。

  这种隐患需要政府部门通过一些相应的措施来缓解矛盾。政府部门无法改变时代发展的轨迹来解决这些潜在的矛盾,但是在时代发展进程中,政府部门可以通过一些措施来减少那部分人受损的利益。依旧以全球化为例,因为全球化的浪潮,很多人失去了工作,无法回到过去的生活,但是,大部分欧洲国家的福利系统都是非常完备的。即使是失去了工作,在政府的救助下这些人也可以维持最基本的生活。并且,很多国家的政府都会积极帮助失业人员再就业。政府的这些做法就有效地安抚了因为全球化而利益受损的那部分人群。但是,政府在采取有效的抚慰措施的同时,对于其中可能潜在的犯罪因子也要采取强有力的措施将犯罪的可能降低到最小。如果犯罪行为真的发生,也要有应对之法将犯罪带来的危害及时降到最低程度。

主要参考资料

［1］安相根.信息技术产业平台经济的发展方向及其特点研究［J］.现代经济信息，2015（1）.

［2］鲍勃·罗德，雷·维勒兹.大融合——互联网时代的商业模式［M］.朱卫未，孙昕昕，王茜，译.北京：人民邮电出版社，2015.

［3］丙宸.移动互联改变生活［J］.科学之友（上旬），2013（9）.

［4］曹婧逸.补贴烧钱再现O2O租房市场［N］.中华工商时报，2015-07-07.

［5］曹磊.互联网＋：产业风口［M］.北京：机械工业出版社，2015.

［6］曹磊.互联网＋：跨界与融合［M］.北京：机械工业出版社，2015.

［7］曹磊.中国互联网20年（网络产业篇）［M］.北京：机械工业出版社，2014.

［8］曾鸣.读懂互联网＋［M］.北京：中信出版社，2015.

［9］陈恒.加快发展对外文化贸易［N］.光明日报，2014-03-19.

［10］陈杰.互联网思维 传统行业如何做电商［M］.北京：中国华侨出版社，2014.

［11］陈仕炜.万物互联开启智能未来 助推转型共创无限价值［J］.IT时代周刊，2015（2）.

［12］陈涛.传统金融业转型如何在"互联网的风口上"起飞［N］.企业家日报，2015-05-03.

［13］晨曦.你所不知道的印度电商业［N］.中华合作时报，2014-08-22.

［14］程华.论互联网对商业模式的影响［J］.商业研究，2002（3）.

［15］丁家永.当前消费者行为分析与思考的三个课题［J］.科技智囊，2011（9）.

［16］丁昀.被"设计"的体验［J］.销售与市场（管理版），2013（11）.

［17］范周.顶层设计描绘文化产业发展新前景［N］.中国出版传媒商报，2015-01-27.

［18］范周.文化建设要注重"精气神"的高度统一［J］.中国国情国力，2014（12）.

［19］付云.互联网对农业的五大改造［J］.经理人，2014（3）.

［20］工业与信息化部电信研究院政策与经济研究所，腾讯互联网与社会研究院.中国互联网法律与政策研究报告［M］.北京：电子工业出版社，2014.

［21］郭宇靖，阳娜.传统物流业拥抱"互联网+"转型［N］.中华工商时报，2015-04-09.

［22］韩培庆.网络环境对学校德育工作的挑战与对策［J］.郑州铁路职业技术学院学报，2003（2）.

［23］贺小花.上海 智慧上海建设独领风骚 创下耀眼成绩［J］.中国公共安全，2015（9）.

［24］胡虎.工业互联网为通信业提供更好的发展空间［N］.人民邮电报，2015-04-15.

［25］胡惠林.国家文化治理：发展文化产业的新维度［J］.学术月刊，

2012（5）.

［26］雷鸣.浅析互联网对社会整合的影响［J］.中共杭州市委党校学报，2012（2）.

［27］李彬.能源互联网数万亿市场蓝海开启［N］.人民政协报，2015-06-30.

［28］李国旺.新时代催生了文化金融新业态［N］.上海证券报，2014-12-03.

［29］李淼.外卖O2O颠覆传统的新"烧钱"战场［J］.中国战略新兴产业，2015（16）.

［30］李文明，吕福玉.网络文化产业研究［M］.北京：经济科学出版社，2014.

［31］李亿豪.互联网＋：创新2.0下互联网经济发展新形态［M］.北京：中国财富出版社，2015.

［32］李易.互联网＋：中国步入互联网红利时代［M］.北京：电子工业出版社，2015.

［33］梁俊晓.旅游：互联网加速切分增长蛋糕［J］.神州，2015（1）.

［34］刘九如.互联网"底盘"和大数据"轮子"［J］.中国信息化，2015（3）.

［35］刘上洋.互联网的发展趋势及影响［N］.江西日报，2015-02-05.

［36］刘越.互联网条件下的高校思想政治工作初探［D］.哈尔滨：哈尔滨工程大学，2001.

［37］刘振友.互联网＋助推传统行业弯道超车［M］.北京：中国财政经济出版社，2015.

［38］楼旭东.三网融合发展与媒介素养提升的整合研究［J］.今传媒，2015（1）.

［39］芦艳荣.巴西电子政务发展模式探究［J］.电子政务，2014（7）.

［40］鲁元珍."互联网＋"给文化产业带来什么［J］.决策探索（上

半月),2015(4).

[41]陆地,陈学会.中国网络文化产业发展报告[M].北京:新华出版社,2010.

[42]罗文."互联网+":制造强国的新引擎[N].学习时报,2015-04-13.

[43]吕静.李彦宏:从"复制创新"到"纵向创新"[N].中国经营报,2013-01-28.

[44]马坤.体育产业政策扶持5万亿市场空间[J].股市动态分析,2015(19).

[45]潘智彪,李丹媛.当代文化产业的复制特征[J].学术界,2010(3).

[46]蒲薇,杨彩华.信息安全:高速网络时代的最强刚需[N].成都日报,2014-10-06.

[47]任友群,卢蓓蓉.实用主义视阈中的中国高校信息化学习环境[J].现代远程教育研究,2012(5).

[48]孙宝文,李涛,欧阳日辉.互联网经济:中国经济发展的新形态[M].北京:经济科学出版社,2015.

[49]孙琳,闫秋图."互联网+农业":颠覆农业传统生产经营格局[N].人民政协报,2015-06-30.

[50]孙雨.上半年入境旅游稳步复苏[N].北京日报,2015-07-13.

[51]唐志强,何梦舒.德国:互联网+制造业从愿景到现实[N].经济参考报,2015-07-13.

[52]涂丹.文化产业创新发展的城市特色与转型路径[J].学习与实践,2015(7).

[53]汪名立.文化产业与公共文化融合发展[N].国际商报,2015-01-29.

[54]王崇."大数据"时代美术编辑思维方式初探[J].科技与出版,2014(3).

[55] 王建伟. 互联网如何推动工业融合创新 [N]. 人民邮电报, 2014-07-07 日.

[56] 王坤宁. 中国电影市场进入"加速度" [N]. 中国新闻出版报, 2015-04-30.

[57] 王觅. 云水谣古村保护与发展的现实困境及对策研究 [D]. 厦门: 华侨大学, 2014.

[58] 王喜文. 人工智能: 互联网巨头全产业扩张的注脚 [N]. 中国电子报, 2014-06-17.

[59] 王晓玲. 互联网如何颠覆传统服务业 [N]. 人民邮电报, 2014-11-24.

[60] 王燕. 科技是文化创意产业腾飞的翅膀——英国文化创意产业的印象与启示 [J]. 江南论坛, 2011 (10).

[61] 王昀. 真实或是虚空: 互联网时代电影市场的转型与解构 [J]. 东南传播, 2015 (3).

[62] 魏雅华. 电商暗战: 让红包飞 [J]. 企业研究, 2015 (3).

[63] 温信祥, 王昌盛, 张晓东. 从肯尼亚移动货币看移动支付在中国农村金融服务中的应用前景 [J]. 国际金融, 2014 (11).

[64] 吴文军. 互联网+农业, 如何迎风起飞 [N]. 人民日报, 2015-07-15.

[65] 吴兴杰. 产业4.0时代是什么?——从2010年到2050年人类经济发展的总趋势分析 [J]. 商业文化, 2015 (1).

[66] 熊丽, 王晋. 网络加速餐饮业变革 [N]. 经济日报, 2015-04-07.

[67] 徐思彦, 李正风. 公众参与创新的社会网络: 创客运动与创客空间 [J]. 科学学研究, 2014 (12).

[68] 严利华. 媒介融合背景下的公众阅读与出版转型 [J]. 出版发行研究, 2014 (12).

[69] 杨佳琦, 刘宏. 我国众筹行业中回报众筹发展对策研究 [J]. 现

代商业,2015(20).

[70] 杨希.人工智能在国外[N].人民邮电报,2015-02-04.

[71] 岳建明,袁伦渠.智能交通发展中的大数据分析[J].生产力研究,2013(6).

[72] 岳文海.中国新型城镇化发展研究[D].武汉:武汉大学,2013.

[73] 张玲.OTTTV带来的视频发展趋势及市场格局对传统电视业的影响[D].重庆:重庆大学,2014.

[74] 张文倩.2014年互联网语境下的动漫产业新趋势[J].中国电视(动画),2014(Z2).

[75] 张贤子,袁强.从中西文化差异中看艺术设计教育的社会形态与观念差异[J].大众文艺,2009(23).

[76] 张宜春,蒋伟.大数据:助力文化产业转型升级[N].中国文化报,2014-01-21.

[77] 赵大伟.互联网思维——独孤九剑[M].北京:机械工业出版社,2015.

[78] 赵丽涛.社会主义核心价值观"走出去"的战略思考——文化软实力的视角[J].湖北民族学院学报(哲学社会科学版),2013(3).

[79] 赵晓辉,眭迪."互联网+"顶层设计催生经济新格局[N].中华工商时报,2015-07-06.

[80] 郑海鸥.传统阅读数字阅读齐发力[N].人民日报,2015-04-02.

[81] 郑彦."海底捞"密码[J].名人传记(财富人物),2009(3).

[82] 郑玉歆.中国自然文化遗产保护正处于关键时期[M].北京:社会科学文献出版社,2003.

[83] 中央电视台大型纪录片《互联网时代》主创团队.互联网时代[M].北京:北京联合出版社,2015.

[84] 朱铎先,胡虎.赛博物理系统:智能制造"炼金术"[N].人民

邮电报，2015-07-13.

［85］朱健.互联网对我国社会主义民主政治建设积极影响研究［D］.天津：南开大学，2012.

后 记

目前，我国文化产业相关理论的研究尚处于起步阶段，相关的理论体系尚未形成。"互联网+"作为一种新兴的经济形态，与此有关的理论研究还处在一个崭新的阶段，文化产业与"互联网+"相互融合的相关理论更是处在探索阶段。在文化发展新常态的时代背景下，文化发展的相关理论迫切需要与时俱进。本书试图在梳理中国互联网发展历程的基础上，总结互联网产业发展的理论脉络和阶段特点，对国内文化产业与互联网融合发展的未来趋势进行研判，为当前新常态背景下我国文化发展的新思路提出具有参考意义的发展路径。

因此，本书的涉及面较为广泛，仅凭一人之力很难将以上问题阐述透彻。在成稿的过程中，本书借鉴了政界、学界、业界诸多优秀的研究成果和理论，这对书稿的成型起到了极为关键的启发和指导意义，在此深表感谢。

事实上，成稿的过程也是我对中国互联网产业发展认识和探索的过程。我深刻感受到，在全球风起云涌的网络竞争中，文化产业的发展绝对不能"独善其身"，互联网的快速崛起已经展现出其在经济社会发展中巨大的能量，文化产业更应当因事而谋，应势而动，顺势而为，以更加积极主动的姿态拥抱互联网，探索新的发展路径。

本书的出版，有幸得到了文化部政策法规司"'互联网+'与文化发展研究"项目的支持。借书稿即将付梓之际，谨对文化部领导的高度关注和鼎力支持表示衷心感谢。同时，对中国传媒大学卜希霆、田卉、陈娴颖、刘京晶、蒋多、杨剑飞、靳斌、朱敏、彭建、萧盈盈、赵书波等老师的无私帮助，以及康琼艳、谢菲、武艺、吴亚丽等同学所付出的不懈努力，一并深表谢意。知识产权出版社唐学贵先生的垂注，加之责任编辑李石华先生的辛勤劳动，使得本书得以顺利出版，在此一并致以由衷的谢忱。

在成书的过程中，我们力图厘清"互联网+"与传统产业融合的内在作用机制，尝试弥补互联网背景下文化产业发展的研究的不足。但是，囿于个人专业所限，以及知识储备不足，本书虽经反复编辑和修改，但其中的分析和论述难免存在疏漏、欠妥甚至错误之处，恳请广大读者和专家批评指正。

2015年11月